U0865555

更上层楼

媒体写作与古典诗词

姚里军 著

全国优秀出版社 全国百佳图书出版单位
广东教育出版社
·广州·
广东省出版集团

图书在版编目（CIP）数据

更上层楼　媒体写作与古典诗词 / 姚里军著. —广州：广东教育出版社，2011. 5
ISBN 978-7-5406-8079-4

Ⅰ. ①更…　Ⅱ. ①姚…　Ⅲ. ①新闻写作　Ⅳ. ①G212.2

中国版本图书馆 CIP 数据核字（2010）第 245491 号

责任编辑：王　亮
封面设计：何　维
责任技编：吴伟腾

广 东 教 育 出 版 社 出 版 发 行
（广州市环市东路 472 号 12-15 楼）
邮政编码：510075
网址：http://www.gjs.cn
广东新华发行集团股份有限公司经销
佛山市浩文彩色印刷有限公司印刷
（南海区狮山科技工业园 A 区）
787 毫米×1092 毫米　16 开本　18 印张　360 000 字
2011 年 5 月第 1 版　2011 年 5 月第 1 次印刷
印数 1-2 000 册
ISBN 978-7-5406-8079-4
定价：33.50 元
质量监督电话：020-87613102　购书咨询电话：020-87621848

序

“汝果欲学诗，工夫在诗外”

这个标题来自宋代诗人陆游写给他幼子的诗句，表达了陆游对写诗的态度，作诗不能追求辞藻华丽、形式优美，真正要学写诗，必须在诗外下工夫。陆游说的诗外工夫，有两层含义，一是要到生活里感受和体验，“君诗妙处吾能识，尽在山程水驿中”。二是多读书，所谓“读书破万卷，下笔如有神”是也。借用到这里，意思是学习新闻专业也要着重在诗外下工夫，我们说的诗外工夫，从新闻院系的学生来讲，也是这两方面的要求。

清人黄遵宪说，“诗之外有事，诗之中有人，”意思是从诗歌中可以感受社会风貌，体察出作者的思想感情，这些都必须有丰富的生活积累才能达到。陆游一生写了九千多首诗，是和他动荡的生活环境分不开的，“王师平定中原日，家祭毋忘告乃翁。”他在战乱生活中凝聚起来的抗金复国意志的悠悠情思，是他诗歌创作的主要源泉。同样道理，学习新闻，“诗内”的东西并不难学，难的是新闻需要反映的生活面太广了，没有广泛的知识积累，你就无法去认识和发掘事实海洋中具有新闻价值的信息。当前来说，首先需要利用学校的教学条件，多读书，不断充实自己的知识积累，扩大自己的知识结构。

新闻专业的特点是知识的多元性，需要逐步建立起自己的知识仓库。主课只是框架，是基础，更多的“填充物”来自多元的知识交叉的选修课程，这是矗立其中的层楼。知识的多元和积累能够帮助我们在未来的工作中，产生智慧，引发敏感，学会质疑，找到答案，而这一切，都是一个好的新闻工作者所必须具备的专业素质。新闻专业本身不可能直接提供这样的素质教育，需要自我培养，人的知识大部分来自自我教育，它的动力就是求知欲。有不同的求知欲：一种是出于利益，即学会对我们有用的东西；另一种是出于骄傲，想知道其他人不知道的东西。我们的求知欲来自专业利益的需要，缺乏知识积累的记者，是一个贫穷、愚钝的记者，不可能在专业上有竞争力。所以美国最著名的哥伦比亚大学新闻学院，给学生提供大量的选修课目，达150门之多，大多是交叉性内容，可以起到相辅互补的作用，让学生自由选择，大力开拓他们的知识荒原。这些，借用陆游的话说，就是“诗外”的东西。

我国新闻界前辈邓拓所以声名卓著，不仅因为他有很深的从业资历，曾是《人民日报》总编辑，更主要的是他的博学多才，有多方面的成就。邓拓自幼好学，家贫买不起书和文房四宝，就搜集家藏的或借来的文史古书阅读，他的求知欲非常强，几乎不放过任何可以增长知识的机会，历史学研究达到国家学部委员的水平。他在《北京晚报》上开辟《燕山夜话》和《三家村札记》等专栏时，只有48岁，由于积累了多年学术研究和新闻工作的经验，他的文章厚积薄发、举重若轻、纵横恣肆，涉及各方面的知识，开创了知识性杂文的新河。

1976年6月，美国一个水库的大坝突然倒塌，国内一片哗然。美国《洛杉矶时报》记者盖洛德·肖，有这方面的知识，他思维活跃，视野广阔，没有立即赶往现场，而是花了一个多月的时间，调查了全国水坝的修筑情况，写出了一系列的报道，指出大多数水坝都存在着极大的安全隐患，但没有引起有关部门的重视。1977年7月11日夜，宾夕法尼亚州的约翰斯敦诸的劳雷尔兰水坝突然倒塌，造成了极其严重的后果，证实了肖的最坏设想。他赶往现场写出了一篇很有警示性的目击记，题目就叫《约翰斯敦诸水坝被人称为“定时炸弹”》，获得了1978年的普利策全国报道奖。

人称新闻记者是“杂家”，意指他们是“百事通”，涉猎广泛，不求精深，看重的是知识面的宽度；专家则是对某一学科有专门研究的人，目标集中，研究专一，追求的是知识占有的深度。在求知领域，杂家好比拓荒，开得越大越好；专家则是挖洞，挖得越深越好。新闻和历史有内在的联系，历史是新闻的背景，新闻是明天的历史。光是史学这一块，就够你学的。新闻和文学都以语言文字作为符号系统，这是共同点，区别点就在对待知识占有的态度上：新闻工作者需要不断地拓荒，广种薄收三百亩；文学研究者则要不断地挖洞，李白杜甫各千秋。

新闻学子们能否在自己的专业上脱颖而出，关键就在大学阶段，我们能否自觉地培养起知识拓荒的精神，从发展的长远利益看，这是一项具有基本建设意义的事情。作为一个过来人，我奉劝新闻院系的学生，在本专业必修课之外，要尽可能多上一些交叉内容的选修课，包括一些跨专业的课程。我国的高等教育体制和教学条件和美国有所不同，但只要有知识拓荒精神，总可以找到学习的办法。院系独立设置的选修课目少，可以引导学生读书自学。美国的大学学习，在很大程度上，靠的是学生的自学。每次上课，教师会指定一些参考书，要学生课外阅读，特别是文科学生，课外阅读的分量很重，下次上课要谈自己的体会，作为考核成绩的标准之一，这就大大提高了学生的课外阅读量。《培根随笔选》里说，“人类智慧和知识的形象将在书中永存；它们能免遭时间的磨损，并可永远翻新。”培根又说，“书籍好比食品，有些只需浅尝，有些可以吞咽。只有少数需要仔细咀嚼，慢慢品味。所以，有的书只要读其中的一部分，有的书只需知其中梗概，而对于少数好书，则要读通，细读，反复地读。”这就是说，我们要有旺盛的求知欲，养成爱读书的好习惯，并有读书的好方法，我们的知识仓库就能自动化地运转起来，形成一种良性循环，不断地增加自己的知识储备。

我们的新闻院系，课程设置大体一致，基本上是同质化教育，对“诗外”工夫的重要性，在整体上没有引起足够的重视，以为只要完成本专业的课程教学，考试的成绩不错，就万事大吉了。这是一种封闭型的教学思想，尤其不符合新闻专业人才的培养需求。加上教学基本模式现在还是教师在课堂灌输各自的教材，这种以教师为主体的单边活动，窒息了学生的创造性思维，不能发挥他们的认识能动性，不可避免地会造成课堂的沉闷局面，影响学生的听课积极性。据报道，现在文科大学生的逃课率有时达到80%，有的教师采取上下课双点名的办法，但学习是一种知识的流动与吸收，岂是强制学生坐在那里就可以收效的？

我在工作中深深感到，新闻院系学生的课外时间较多，由于教师没有课外要求，学生缺乏强烈的求知欲，没有形成浓厚的读书风气，浪费了许多大好光阴，这与理工科学生的紧张状况，反差很大。理工科学生不学不懂，新闻院系学生看教材就懂，这是反差形成的原因。但新闻院系学生却有一个大不懂，那就是学习新闻专业，还有“诗外”工夫，那是无限广阔的学习天地；这样，他们也就难于从新闻角度去理解陆游说的“工夫在诗外”的道理了。对于新闻系学生来说，浪费了这些宝贵的大学时光，是非常可惜的。

随着教育改革的推展，我们的新闻教育应有务实性的改变，要树立“学生是学习的主人”的教学观，以实践取向为圭臬，改革课程的设置和教学，大力并自主地建设多元化交叉性内容的专业选修课系列教材，引导学生能学到更多有用的知识和能力，达到“授之以渔”的教学目的。希望这本书的出版，能在这方面起到抛砖引玉的作用。

本书以辩证唯物主义的新闻观，分析了当今的某些新闻现象，并从新闻理论和写作实践的结合中，阐释了记者的职业化要求。外评普利策新闻奖获奖作品的写作优点，借鉴人家的技巧；内与中国古典诗词相交叉，从写作角度分析了一百多首诗词，又不同于一般的诗词鉴赏，而是着眼于它们对写作现代作品的实用价值，汲取其丰富的艺术营养，在新闻实践中渗入和展示中国传统文化的魅力。

目录

上编

媒体竞争话写作

下编

古典诗词他山石

上编

媒体竞争话写作

记者角色的职业化要求

在人类的社会化生活中，每个有行为能力的人，都会在一定的社会活动中占有自己的位置，接受社会的教化，以自己的工作和劳动，承担起对社会的某种责任，这就是社会角色。

记者的社会角色是什么？就是在整个社会系统中发挥着某种沟通情况和传播信息的作用。

为此，记者的职业化要求，首先就是把公众了解世界的权利看成是自己的社会责任。这就要求记者必须是社会活动的积极参与者，对社会生活的关注有着饱满的热情，把深入生活看成是记者职业化的基本途径。

生活是什么？是人类赖以生存的社会条件，是客观存在的事物，更重要的是人们社会实践的内容。人们对自然和社会的认识，也是在社会实践中产生的。有了客观存在的事物，才有主观感发的情辞，情辞由客观事物的变化而引起。文学创作如此，新闻写作也如此。新闻和文学还都离不开语言文字符号系统的运用。不同的只是文学创作以典型化方法概括生活，塑造人物形象，反映社会的矛盾冲突；新闻媒体则以实录的形式，直接反映现实生活中发生的事件和人物活动，揭示其意义。新闻和文学都是反映社会存在的社会意识形态，她们和生活的关系，是土壤和作物的关系。没有土壤，任何作物不能生长。生活是根本，是源泉，生活第一性，写作第二性，他们是一种依存的关系。脱离了生活，文学创作陷于枯竭，媒体写作失去价值。在这一点上新闻和文学没有不同，不同的只是反映的形式和方法。

中外的著名作家和记者，他们取得巨大的成就，最重要的原因，是都有丰富社会生活的体验。曹雪芹写出现实主义巨著《红楼梦》，是因为他出身于满族贵族家庭，经历了曹府由盛而衰的过程，这使他有可能接触广阔的社会现实，对封建社会的腐朽和罪恶产生深刻的认识，从而奠定了坚实的创作基础。他在《红楼梦》里说“世事洞明皆学问，人情练达即文章”，就是他的生活经验之谈。法国作家巴尔扎克的小说总集《人间喜剧》，反映了19世纪前半期法国资产阶级社会的生活现实，被称为“时代的风俗画卷”。巴尔扎克说他所描写的东西，决非出自想象，出自虚构，而是无处不在，无处不发生的东西。他说自己不过是一个客观地观察他周围活动着的人物和发生着的事件的人。他写的是实实在在的生活。

我国老一辈记者的新闻作品，都充斥着社会生活的矛盾，透溢着生活的气息。邹韬奋创办《生活书店》，担任《生活周刊》主编，都取名“生活”，所写的《萍踪寄语》记录了出国考察的种种见闻，许多是他深入社会底层生活挖掘的第一手材料。林放晚年笔耕不辍，跑不动，就到茶馆里和群众谈天，感受生活，他写作的杂文《未晚集》，许多都是他在那里听来的题材。

美国著名的调查性报道记者乔治·蒂姆在供职《芝加哥每日新闻》20年期间，两次获得普利策为公众利益服务奖。一次是参与揭发伊利诺伊51家报纸接受州长贿赂的丑闻，另一次是霍奇诈骗的调查性报道。霍奇当时在州政府中地位显赫，有可能成为州长候选人，个人财产估计在500万美元以上，还有多处房产。读者检举他是个骗子后，许多记者开始行动，最突出的就是已经年近六旬的老记者乔治·蒂姆。社会生活中无处不发生的种种事件总是能引起乔治·蒂姆的关注，并产生挥之不去的激情。他们的报道促使执法机关查实霍奇所盗窃的钱款达250万美元，被投入监狱。乔治·蒂姆把投入生活看成是自己立身之本，拒绝担任公职，而宁愿终身做一名记者。

古云“诗思出门何处无？”说的是投入生活的重要。对于今天的记者来说，关在舒适的招待所里，阅读采访单位提供的已经失去时效的文件，或者隔空采访，都产生不了“出门”——即投入生活的效果。这是新闻概念化的根因。

认识有两种形式，感性认识和理性认识，只有它们的辩证运动过程，才能把人们引向对事物本质的认识。记者的报道既要反映对客观世界的认识，首先就要感受生活，获得周围事物的感性认识，即生活材料。我们的新闻传统中，曾经将“联系群众，联系实际”的口号，做成大幅标牌，挂在媒体的墙面上，就是强调深入生活的职业化要求。伏尔泰在《哲学通信集》中写道，“人生来是为行动的，就像火光总向上腾，石头总往下落。对人来说，一无行动，也就等于他不存在。”记者的行动是什么？就是追踪生活。一切成果都与生活相连，漠视实际，脱离生活，必将像一首歌名说的“一无所有”。优秀新闻记者的明显特征，首先是他所表现出来的生活激情和为之奋斗的极端责任心。这是记者职业生命的原动力。

其次是思考生活，回答生活提出的问题，然后才有可能从中提炼出理性认识，即思想观点，对生活作出精警的分析和评价，表达自己的真知灼见。新闻工作是社会的传导神经，我们常讲的所谓新闻敏感，实际上就是深刻认识生活，从而发现并正确评价新鲜事物的能力，它是新闻工作者的一种可贵的政治素质，也是必须具备的一种重要的职业本领。这种素质和本领不是天赋的聪明，也不是一时的灵感，要在长期的实际生活中，结合各方面的知识学习，才能积累起来。陶铸同志在广东主持工作期间，曾对广东的新闻工作者讲过一次话，后来整理成文，叫《思想、情操、文采》。在谈到新闻工作者要具有多方面的知识一节里，他提出，“应当读点历史知识、文学知识的书，例如《资治通鉴》，就很可以读一读，增加历史知识。诗词歌赋读一点，从中吸取有生命的词汇，丰富文章的色彩。李杜之诗，苏辛之词，就很值得一读。《官场现形记》、《儒林外史》、《今古奇观》等等，也可以翻翻。‘五四’以来的名作家的作品，应该多读。外国书也可以读一点。”他指出，“读这些书，并不是叫大家在那里找立场、观点，而是从中增长知识。”一个好的记者，必定是一个喜爱读书的人，因为人类智慧都将在书中永存。书里的知识都是作者对周围生活的认识，进入他们心灵的过程是人生，反映出来的却是真理；进去的是琐事，出来的却是活的思想。记者读书愈多，积累起来的知识财富就愈多，对生活现象的思考就愈深刻。凤凰卫视《锵锵三人行》节目主持人窦文涛说，他在武汉大学新闻学院读书时，就因为看了许多课外的书，才有了后来的工作。温家宝总理2009年4月29日参加“世界读书日”活动，他说，“读书决定一个人的修养和境界。”读书之于思想，犹如运动之于身体。记者的工作往往很繁忙，即便如此，也要挤时间读书，磨刀不误砍柴工。工作好比长途旅行，思想则是旅行的线路。读书可以启示我们的思想，帮助我们在错综复杂的生活现象中，分析矛盾，找出问题的症结，从而写出有深度的报道。

再次是提高文采。媒体写作离不开语言的运用，写作是记者对生活事件及其认识的基本表达方式，电子媒体的摄像手段，也需要有语言的解说。新闻作品篇幅短小，读者又有很大的选择性，就更要具有吸引人们阅读的语言魅力。语言的运用有一定的规律性，又有极大的灵活性。文学语言的形象性和理论语言的思辨性，就是两种不同的语言类型；同一事物由于程度大小的不同，感情色彩和语体风格的差异，可以用几个，乃至几十个同义词去表现。句子也如此，“屡战屡败”是一个常败将军，“屡败屡战”就成了不屈的英雄；“群众运动”是民主精神的产物，“运动群众”则是个人权谋的行为。凡此等等，不一而足，可见汉语言的博大精深。媒体写作既然以语言作为自己的符号系统，我们就要使自己成为语言的“驯兽师”，让语言服从我们的调度，做到挥洒自如，曲折尽意。这是我们必须具备的基本功。它包括掌握丰富的词汇，熟悉句子的构造和用途。在这个基础上，讲求句子的简洁，句式的变化，能表达不同的情味，以及造成某种声音美等。这些就是句子的修辞了。篇章结构是文章的枝干，要讲求条理性。文章的条理，反映人的思维步骤，清出头绪，理出主次，分出先后，写出来的文章才有逻辑性。在这个基础上，还要讲求曲折性，要有层次波澜，“文似看山不喜平”，有起伏跌宕，才有文章的结构美。这些就是文采。《人民日报》原副总编辑梁衡说，“文者，纹也，花纹之谓；章者，章法。”他认为，写作是“一门以文字为手段的形式艺术，就要遵循形式美的法则，并通过这个法则表达作者的精神美”。这就是说，要求词语精美传神，结构跌宕有致，是提高文采，达到语言艺术境界的一种美学追求，是媒体工作者应当具有的一种职业化能力。

能力源于实践。美国著名专栏作家李普曼1910年从哈佛大学毕业后开始新闻工作，9年中写出社论31 200篇，终于在美国新闻界崭露头角。写得多了，就能生巧，这是直接经验，必不可少。但也要学习别人的间接经验，就是多读。语言有一种濡染作用，特别是中国的古典诗词，它是我国传统文化的结晶，语言精警，辞采富丽，形象鲜明，意境优美。从写作层面说，它比其他样式更加精练含蓄，言婉情深，总是以最精当的字句，表达最丰满的内容，达到“一经锤炼，便成警绝”，读多了，就会受到影响。得到熏陶，古语说“熟读唐诗三百首，不会吟诗也会吟”，诗词的题材来源于自然与社会生活，在几千年的文化积淀中，其表现手法凝聚了丰富的艺术经验，对于写作现代文章，有很多的启示和帮助。从思维层面说，多读古典诗词是一种形象思维的训练。形象思维这个概念虽由19世纪的黑格尔，别林斯基最早提出，但在中国古代诗词的写作实践中早已有之，《诗经》开创的比兴手法，“比者，比方于物也。兴者，托事于物也。“（郑众《论比兴》），就是形象思维的运用。逻辑思维把完整的表象综合为抽象的规定，形象思维则把抽象的规定在思维过程中导致具体的再现。二者各具特性，缺一不可，都是基本的思维训练。

总起来说，记者角色的职业化要求就是关注生活，深化思想，提高文采。生活是土壤，思想是花朵，文采是绿叶，这个生存关系，构成了记者的职业化基础，是职业素质的根本标志。

遗憾的是，这一职业化要求总体上还没有形成媒体的共识。“2010 年两会期间，央视著名主持人、全国政协委员崔永元就公开评论说，‘我觉得媒体素质太差了，太差了。’崔永元一连两个‘太差了’，道出他对当前媒体极度失望的心态。到底是哪些方面太差了？崔永元只提到对于事实真相漠不关心，事实上，这还只是素质太差的表现力之一。说到底，当前媒体的根本问题还是从业者专业精神和专业素养的严重欠缺。”（2010 年 7 月 16 日《杂文报》署名文章《媒体素质何以广受诟病?》）这个专业精神是什么？专业素养从哪里来？窃以为，职业化要求的缺失，正是问题的根本。

新闻的“化学方程式”

——新闻定义再认识

我国传统的新闻定义是“新近发生的事实的报道”（陆定一），强调事实是新闻的本原、本性，这是事实中心论；近年来，引进了西方传播学理论，新闻被归进传播的范畴，指的是一种社会性传送信息处理的行为，于是又出现了一个代表性定义：“新闻是新近发生（或变动）的事实的信息”（复旦大学教授宁树藩），虽未排除事实的属性，但强调信息是新闻的本体，这是信息中心论，它以现代色彩似乎正成为一种新的理论趋势。

但两类文章的论述中，基本观点并未得到清晰的阐发，却因枝叶繁多给人以深奥化的感觉。有些论文充斥着诸如“自在信息”、“人工信息”等等生涩的理论语词，却把事实与信息混为一谈，基本的思维不确定，怎能具有确定的内容？其实，真正科学的观点，总是化繁为简，给人以规律性的认知，并具有指导实践的意义。

世界上的任何物质，都有自己的化学方程式。借用过来，新闻的“方程式”就是事实＋信息→新闻，事实和信息是新闻的两个元素，他们各自独立又相“化合”，好比 $H_2+O \rightarrow$ 水。新闻就是这两个元素的“生成物”。

不同的元素，有不同的性质和特点。宁树藩定义“新闻就是经报道（或传播）的新近事实的信息”，出现了事实与信息两个概念，但什么是事实？什么是信息？它们有什么区别？彼此是一种什么样的关系？未作必要的表述。不表达物质合成的化学反应过程，人们对新的生成物就缺乏确切的了解；同样道理，我们对事实与信息这两个新闻元素的性质，及其相互作用的关系，没有科学的阐释，我们就不能在实践意义上确认新闻的定义。

众所周知，事实是客观世界中物质现象的一种固有存在，有独立的形态、结构和运动变化的过程和规律，是一种感性形式；信息则是客观事实反映或作用到人们主观领域中的认知内容，即人们通过一定的认知手段所获得的关于这个事实的存在和变化状况的了解，是一种理性形式。

简单地说，事实是一种客观存在，它的本质就是存在性；而信息则是人们对事实的感觉和知觉，是事实的表征和信号在人们认知屏幕上的显现，是客观事实的主观反映，它的本质是意识性。

这就是说，它们是分属于客观与主观两个范畴的不同概念。

新闻形成的过程，就是通过客观事实的报道，引发人们的认知活动，获取某种信息，满足他们的新闻需求。这是一个客观存在和主观认知相结合的过程。他们的关系是源头和水流的关系。没有客观事实的存在，哪来的信息？事实是基础，是第一性；信息是内涵，是人们认知事实的结果，第二性。事实是新闻的本原，是新闻的基本元素，也是信息的载体，是信息的物化形式。事实中存在着的本质和现象，只有被人们分析认知的时候，才成为信息，不了解事实，信息量等于零。信息必须有事实的支撑，才有可信性；事实不完全，信息就不对称，就缺乏可信性。一个事实传递一个特定的信息，多重事实的报道，传递的就是一串信息流。这是它们之间的第一重关系。宁树藩定义突出了信息的核心地位，却弱化了事实的主体性，这就颠倒了主次关系。

还有第二重关系，就是手段和目的关系。事实中存在着的本质和现象，只有被人们分析认知的时候，才成为信息。没有主观认知活动的参与，哪来的“原始信息”？新闻报道事实，只是手段，目的是要借助事实的报道，向人们传递重要的、新鲜的、有用的信息。我们生活的大千世界是事实的海洋，报道不尽，我们不是为报道事实而报道事实，必有报道的目的，这就是新闻的主题。新闻报道中常说“用事实说话”，“用事实”是手段，是报道的题材，关键词“说话”，则是把某些事实中所包含的重要的、有用的、新鲜的信息释放出来，传递出来，达到被受众认知的目的，实现新闻的主题。从这个意义上说，事实与信息的关系，又是题材和主题的关系，信息的价值判断，居于主导地位，陆定一定义的受质疑就在于信息元素的缺失，这是报道新闻事实和确立新闻主题的主观依据。由此可见，事实与信息不可混为一谈，就像题材和主题不可混为一谈一样。

事实是信息的物质外壳，信息是事实的精神核心。如果用一句话表述，“新闻就是向公众提供新鲜信息的事实的报道”。这样的表述把事实放在第一位，信息第二位，符合唯物主义新闻观；也可以反映事实与信息之间的对立统一关系，它们互相依存，互相渗透，相生相成，合二为一。这是辩证法。任何一方面的缺失或弱化，都会大大降低新闻报道的质量。

新闻没有传递出具有实质性内容的信息，只有事实的外壳，就成了空壳化新闻。有一条新闻："欠薪逃匿者将被究刑责"，报道了全国人大常委会一位副委员长在常委会上就《中华人民共和国劳动法》的实施情况作了一个发言。但新闻中的"将被刑责"并不是新近发生的事实，不知哪年哪月实现。讲话肯定劳动法实施的"基本情况是好的"，提到"侵害劳动者权益的现象比较普遍"，都只是笼统的评估，等于不说。将在法律中增加追究刑事责任的条款，还是"将研究"的未来式，需要"总结近年来清理拖欠工资的经验，加强部门协调"，才能"基本解决工资历史拖欠问题"。这样的新闻虽有讲话的事实，传递了什么信息呢？

我国的媒体上，各级领导人的"重要讲话"往往占有新闻版面的相当篇幅，成为我国新闻报道的一个"特色"。有些讲话传递了重要的信息，报道是必要的；如果自上而下地重复着没有新意的场面上的话语，就成了空壳化新闻的一种典型样式。"用事实说话"的事实是什么？是一种可以被人们直接感知的客观实在，它是客观事物在互相联系及其矛盾发展中的产物，有一定的内部结构和运动变化的形态，表现为一些可以证实的现象、过程和结果。事实所以能"说话"，就是因为它具有"客观实在"、"矛盾发展"、"变化形态"和"证实结果"的诸多内容，抽去了这些生动的、新鲜的、有说服力的东西，只是干巴巴的讲话，不就是一个讲话事实的空壳吗？

还有一种新闻表现为对新闻事件缺少深度挖掘，漂浮于表象；内容宽泛，没有聚焦点，可以称之为官式化新闻。这类面面俱到，政治上"求稳妥"的新闻，既不及时，又缺乏准确、深度内容的报道，成了官方文告的新闻版，却常被看成是很得体的东西推向受众，不能满足人们获得重要信息的新闻需求。

我国矿难死亡率居世界首位。每一个矿难的发生，对矿工及其家属，都是无比深重的灾难。对于死难者的悼念最具人性化内容，因此也最具有新闻价值。但我们的矿难新闻往往是一些领导的批示，空泛的数字，对于矿难发生的原因和吸取的教训，责任的追查；对于矿难的具体灾情，如何抢险和切实救助受难矿工及其家属的进展，缺乏深入报道，这就把矿难的发生及其严重后果淡化甚至虚无化了。人们从抽象的数字或领导的批示里无从获得具体的警示性信息，感受不到人的生命的珍贵和尊严。

空壳化和官式化的新闻现象，一个有事实而缺少信息，一个有信息而事实浮泛，是新闻概念化的两极表现，不能满足公众的新闻需求，落后新闻激烈竞争的形势。事实因信息而有价值，信息赖事实而能存在。事实与信息的关系是不可分割的血肉关系。我们在新闻报道中，就是要以充分的事实传递出有用的、重要的、新鲜的信息，新闻必须既有具体事实的存在，又有确切的信息含量，缺一不可。这是新闻性质的定义性认知，是我们必须遵循的“方程式”。

新闻价值体系的逻辑分析

——绝对标准和相对标准

新闻既是客观存在（事实）与主观认识（信息）相结合的产物，它们的价值标准必然包含事实与信息两个层面的要求。

事实是发生在一定时空条件下的客观存在，不以人的意志为转移，所以，事实层面的价值标准一种绝对标准，可以归结为真实性和新鲜性。

真实性原则是新闻事实的最根本的属性，是一种物质性存在。新闻报道的内容必须与客观事实相一致，新闻报道的事实是真实还是虚假，事关媒体的公信力和新闻队伍建设，事关人民群众的切身利益，因此是新闻的生命。任何借口都不能成为记者报道失实的理由。即使是“部分失实”或“局部失实”也是记者职业的禁忌，是不可接受、不可原谅的。作为一个新闻工作者，我们必须把新闻的真实性，作为自己不可动摇的最高信条，牢固树立尊重事实的最基本的职业品质。

改革开放以来，在市场经济的冲击下，新闻竞争日趋激烈。竞争促进了新闻产业的发展和繁荣，但在竞争生存的压力下，真实性原则也受到了严峻挑战。表现在：新闻炒作盛行；有些媒体为了追求发行量接受一些商业机构或个人自我宣传而制造的“新闻”；有些广播电台在语言节目里，频繁播送录制好的笑声，代替现场效果；一些记者甚至“策划”编造一些迎合商业需要的假新闻。还有一种高度商业化和娱乐化媒体的运作模式被称为“尖叫原理”，媒体通过煽情的故事，或炒作名人和丑闻，吸引受众的“眼球”，这种情绪刺激，和真实性原则已经水火不相容了。

平面媒体中的报告文学，是用文学语言写成的新闻作品，题材重大，篇幅也比新闻通讯长。但既然是新闻作品，就不能违背真实性原则，例如心理描写，报告文学就不可以有，你怎么知道人家心里的想法？文学中的心理描写，都出于作者的主观想象。还有被采访人自己不可能说出的细节，你也不能添枝加叶地去描绘。新闻事实必须真实客观。西方也有长大的新闻报道和调查报告之类，但绝对不可虚构，更不可文学化夸张，连形容词都很少用。我们报纸上常使用“神采焕发”、“精神奕奕”之类的话形容领导人的风采，就是出自主观的空洞赞颂，远不如写一个实在的细节有表现力。培养对特征性细节的敏感，远比使用那些干瘪的形容词能够显示记者的才华。

新闻中有事件性报道和非事件性报道。事件性报道必须核实各个新闻要素；非事件性报道，则要多方查实其新闻来源和背景，以保证新闻事实的真实和信息的客观公正。我国老一辈新闻工作者大多有这样的优良传统。在不能确切查实的情况下，西方国家采取平衡报道的做法，提供事实报道的不同讯息，防止以偏概全，给受众以独立判断的思考空间，这一做法值得我们借鉴。

事实无处不在，无时不在变化，并非凡事实都可以构成新闻，还有一个时间性要求，就是新鲜性。新闻事实“信”在一个“真”字，“贵”在一个“新”字。它必须是新近发生的事实，并在一定时效内，才能引起受众的兴趣。所以，“抢新闻”成为新闻竞争的一种职业习惯，香港记者在这方面很富盛名。只要不失文明，是一种可贵的敬业精神。许多西方记者在伊拉克战争中遭到恐怖分子的绑架或杀害，仍然不断深入到战区采访，抢先报道最新的事实，更是一种令人钦敬的职业献身精神。对于一些国内外关注的重大事件的发生和发展，我国央视，特别是香港凤凰电视台往往采用现场直播的形式，受到人民的欢迎，就是因为这种与时间同步的报道，能最大限度地、连续地突出新闻的新鲜性。这是新闻竞争中最具现场感的战役性报道。

真实性和新鲜性反映的是新闻事实存在的时空条件，是新闻价值标准的存在性层面。

新闻价值观还有另一个层面，那就是认知性层面。前面讲过，信息是事实的种种表征和符号给予人们的一种综合性认知，是一种精神性存在，着重反映事实的价值内涵，也可以说是一种价值性反映。我们常说的新闻价值，说到底，就是新闻所蕴涵的信息对于人们所产生的认识价值，也就是信息价值。

重要性是新闻价值中具有本质意义的要素，它标志着新闻事实对于社会生活及其进程的影响范围和深度，以及由此而引起的关注程度。它们和事件的全局意义、发展意义和指导意义联系在一起。西方新闻的价值标准分为重要性、兴趣性、接近性、显著性和人情味等等，我们则多了一条很重要的指导性原则，它们都是信息的价值性标准，只是取类的角度不同，出于不同方面的重要选项，都可以归属在“重要性”这一“种概念”之中。

西方媒体把受众的兴趣性、人情味看作是重要性依据，并不就是一种猎奇心理或人际关系的考虑，它包含着西方价值观念的某种情感认同；我们把新闻看成是党和人民的喉舌，是党的舆论工具，根据这一中国特色的新闻理念，我们的价值选项主要放在指导性上，新闻报道必须准确地掌握并反映党和国家的方针、政策，指导当前的工作，具有很强的政治性和政策性。西方则主要表现为民意对政府的监督权力。虽有这样的区别，中西方新闻价值的重要性标准，首先都着重于政治、经济、法律等上层建筑的社会活动，以及关系到人民生活的重要方面。新闻首先是政治上的事物，这一点中西方没有根本的不同。朝核问题的六方会谈，还有围绕伊朗核问题的各种角力，所以成为全世界媒体关注的焦点，不断加以报道，就是因为与此相关的事态发展，直接关系到亚洲和中东地区的安全，进而影响到世界和平的前景。由此可见，新闻的政治性是决定重要性价值的本质因素。

实用性是新闻价值中的非本质要素。信息的实用价值，特指由新闻事实中的信息含量带给受众的实用意义，不包括属于商业行为的广告信息。社会生活是多层次、多样化的复杂组合。对广大受众来说，新闻传播的重要信息不一定都有实用价值，有实用价值的信息又未必都有重要性。例如体育和娱乐新闻，能得到受众广泛的喜爱，并不是它有多大的重要性，而是出于人们休闲生活的一种快乐追求。居民们关心菜价的涨落，出租车司机们爱听交通台的广播，都是因为这些信息对他们有用。在我国，新闻职能主要定位于宣传，报道事实以引导舆论，以及在此基础上的认识功能、宣传教育功能、传播知识功能等等，不管来自何种需要，都具有一定的实用目的，也是新闻实用价值的体现。

综合上述两方面的要求，就形成了新闻价值标准的结构内容，可以归纳为：真实性、新鲜性、重要性和实用性。新闻价值体系指的就是上述种种特殊素质的逻辑结构。新闻的真实性和新鲜性取决于事实本身，是一种物质性存在，不能改变，所以是绝对标准；新闻的重要性和实用性则取决于人们对事实所含信息的认知，是一种精神性存在，可以因观念和利益的不同而有所不同，所以是相对标准。

以上对新闻价值观的表述，着重于分析新闻价值的构成，力求从理论上说明新闻价值的实际内涵和逻辑联系，以便从思想上树立一种符合于新闻实际的，包括符合于我国实际的新闻价值观念。观念是理解的深化，是记忆的土壤，也是产生新闻敏感的原动力。

“文质彬彬”：适用于新闻传播的美学标准

人们爱看新闻，当然不是把它作为审美的对象，而是希望从它的事实报道中获取某种信息的认知。但是，就像任何事物都有自己的形式与内容一样，新闻，作为一种精神产品，也是形式与内容的统一体。形式美与内容美都属于美学范畴，也属于哲学范畴，两者的关系可以是统一的，相辅相成。中华文化中的美学就是这样。孔子提出著名的美学标准：“文质彬彬”，“文”是外表与形式，“质”是本质与内涵，“彬彬”，文雅的意思，是美学效果。好的文章，既要有精深的思想，又要有优美的语言形式，我国古代文学有所谓“丽词雅义，符采相胜”的说法，丽词，巧丽的文词，雅义，雅正的含义。这两方面的关系如同玉的美质和纹采，配合得很好一样。这个美学标准同样适用于新闻传播作品的制作。

新闻内容指的是新闻事实内在诸要素的总和，它包括主题和题材，而形式则是把事实诸要素构成的新闻内容组织在一起的结构和语言。出现了电视媒体以后，多了画面的手段，进一步丰富了新闻的表现力和形式美。

内容和形式之间的关系：一方面，是内容决定形式，另一方面，形式对内容的形成和发展也会起一定的促进或阻碍的作用。他们互相依存，互为表里地结合在一起。内容浅薄，再好的形式也包装不了；形式不当，再好的内容，也表现不出。缺乏内容的形式，是一种空洞的抽象，就像空壳化新闻那样，构不成新闻；而形式不美的内容，事实的诸要素杂乱堆积，语言贫乏，画面模糊，不能展现事物的各种联系及其生动状貌，也就无法了解新闻事实的真相。内容和形式从两个方面决定新闻作品的质量。这是它们的统一性。

新闻报道新近发生的事实，所以内容总是处于变化的活跃状态。内容的深度和广度，取决于采访的深度和广度，需要记者有不断的发现事物的观察能力和分析事物的思维能力，才能掌握足够的材料；而形式则是从事实表现中总结出来的写作规律，具有相对的稳定性，这又需要记者在不断实践中提高自己的写作艺术与技巧。这则是它们的区别性。

新闻报道不是无为而作，是一种有目的的大众传播行为，这个报道目的就是新闻的主题。它是记者从新闻事实中提炼出来的一种思想和观点，也是记者对新闻事实的基本看法和态度。作品的高下，首先取决于主题的意义，即取决于作者是不是从事实中产生独特的感受和正确而深刻的思想。一个没有独特感受和深刻思想的新闻，不可能构成一个好的新闻作品。所以，写作新闻需要首先深思熟虑地确立和提炼主题，它是新闻中的一条思想主线，贯穿全文，是观察与思考新闻事实的出发点和归宿点，新闻报道的取材、结构和语言，全都取决于主题的需要。新闻作品中的每一个段落，每一个句子，都是为了表现主题而存在。"意高则格高"，是一条具有决定意义的美学规律，具有全局的意义。

新闻主题的形成有两个因素。

首先是现实生活中的事实，这是产生新闻主题的源泉。主题须由事实中生发出来，不是"策划"出来的。"策划"的说法，现在很流行，但需要"策划"的不是新闻事实本身，而是围绕已出现，或将要出现的新闻事实，思考如何去组织报道的操作性部署，比如报道的方式、层次和角度等等。没有事实的出现，哪来的主题？先有主题，然后去套取事实的做法，叫作"主题先行"，违反了事实第一性的原则，它抛弃了对事实的感觉和认知的过程，简单化地由主观出发，急功近利地以为我所用的事实，企图达到影响客观的目的，这和新闻报道的基本准则是背道而驰的。

其次是新闻价值的审视。记者的新闻价值观，就是对新闻价值体系的认知，它构成了记者审视事实的职业感觉，或者叫新闻敏感。敏感是感性认识，还需要"认知"，认知的过程就是对事实材料进行理性思考的过程，是一个过滤、挖掘的过程，具有更重要的意义。

例如从 2005 年开始，湖北省实施《湖北省残疾人就业保障金征收管理办法》，规定全省行政区域内的所有机关、团体、企事业单位和其他经济组织，必须按不少于在职职工总人数 1.5%的比例安排残疾人就业，如果达不到标准，则要按规定缴纳保障金。颁布实施这一"铁律"，无疑是造福全省残疾人的重大举措，受到好评。但媒体仅仅作了一项孤立的法规性报道，就不能突出新闻的主题意义。

目前我国各类残疾人总数达8296万人，占全国总人口的比例为6.34%。调查表明，残疾人家庭收入低，贫困问题仍然比较突出。截至2006年4月1日，中国有残疾人的家庭户共7050万户，占全国家庭户总户数的17.80%。残疾人家庭人均收入不足全国人均水平的一半。查找并提供这个背景材料，就能烘托出主题的重要性，深化主题的意义。

放宽视野，还会发现歧视残疾人并非孤立的社会现象，性别歧视、身份歧视、生理歧视、地域歧视、学历歧视、老年歧视，凡此种种，随处可见，都是构建和谐社会的障碍。如果适当地联系，并和发达国家注重维护弱者权益的法制和人文环境作一些对比，更会进一步加深对主题的认识。

在这个基础上，扩大采写范围，比如采访评论家，借助他们的言论，把这条"铁律"的意义提到消除社会歧视的文明高度，加以阐发，呼吁制定更多的铁律，制止种种歧视对文明社会的挑战。

还可以采访吸纳残疾人就业的典型单位，以他们的实际行动提高人们对社会歧视的批判精神和道德抵制。

这样写出来的新闻，比起单一的法规报道，信息含量就大多了。它不是停止在一条法规出台的动态报道上，更重要的是提供得以贯彻落实的舆论保证，实现了新闻报道的社会责任和人文关怀。

由此可见，提炼和升华主题的过程，就是客观事实和主观认知互相渗化的过程。这是一个螺旋式上升的过程；也是一个内容不断充实的过程。

西方新闻的一个很大特点，就是一事为主，旁及其他。这里说的"其他"，往往就是扩大对新闻背景的了解，并适当地掺入，显得枝叶繁茂，并能烘托主题，使之具有更深、更多的认知内容。从这个意义上说，没有背景就没有深度。清代刘熙载在《艺概》中说，文如"奇峰异嶂，层见叠出"，就是背景的延伸，让人不觉得单调浅薄，借用过来，可以作为新闻内容美的形象概括。

新闻传播的形式美，包括语言、画面和结构。语言和画面是不同的符号系统，有各自的要求，但如何组织成为一个巧妙的结构，则有共同的美学规律。这就是一个"变"字。

"文似看山不喜平。"放眼望去，尽收眼底，有什么好看？"山重水复疑无路，柳暗花明又一村"，用来表现一种变幻莫测，悬念断续，起伏跌宕的结构样式，就是一种变化的美。结构在我国文论中称为“章法”，刘熙载说，“章法之难不难于续而难于断。”他说，断续之道，好比“抛针掷线，全靠眼光不走；注坡蓦涧，全仗缰辔在手”。“明断，正取暗续也。”他在结构上强调断续的美学原则，对新闻与电视作品的制作，都是完全适用的，西方新闻的作品就大都呈现这样的特点。

例如：2008年8月8日路透社关于北京奥运会开幕式的报道：

2008名鼓手有节奏地敲击，声如雷鸣一般，红色的鼓槌在黑暗的“鸟巢”体育场发着红光。

今天奥运会开幕式的倒计时非常精彩，展现了世界上最古老文明之一的文化精髓。

在这个发明火药的国度，焰火在体育场周围灿烂绽放，随后，整个北京市区上空都装点着美丽的焰火。

29个巨大的“焰火脚印”出现在空中，“穿越”市中心来到“鸟巢”。

飞翔的杂技演员像精灵一样在空中飞来飞去，灿烂的奥运五环在体育场上空升起。

传统的山水画投映在巨幅画卷上，演员用身体拼成中国汉字来展示中国的伟大发明。巨大的灰盒子在舞台上此起彼伏，代表着中国古代的活字印刷术，随后，它们又组成了著名的万里长城。

身穿蓝色服装的桨手手持巨桨呈现了奇异的舞台造型，展现了连接东西方的“丝绸之路”，其规模令人惊叹。

千名闪着亮光的舞者在舞台上变换着复杂的造型，最后变成了发着亮光的“鸟巢”体育场。

一个10吨重的巨型蓝色星球拔地而起，令9.1万名观众惊叹不已。

训练了10个月的演员高悬在空中，围绕着旋转的星球跑来跑去，其中有些人倒挂着。

英国歌手莎拉·布莱曼和刘欢站在星球顶端共同演唱了本届奥运会的主题歌。

随后又燃放了更多的焰火，向来自世界各地的运动员表示欢迎。

这场华丽的表演浓缩了中国五千年的历史文化，而且没有出现老套的中国传统形象——熊猫、红灯笼和舞龙。

本届奥运会选在了2008年8月8日晚8点这一吉祥时刻开幕。它的确带来了好运，雨没有下下来。

这条电讯稿只有六百多字，却有15个小段，每一个小段都是一个节目的画面——用极为准确又精美的文字再现出来的画面，就像是打开观众记忆的相册，重又翻看一遍一样。小段之间都是断裂的，但又有一条主线把他们串联成一个整体。这种电影蒙太奇手法组成的结构样式完全扬弃了平铺直叙的平淡，展现出紧凑而又跳荡的现代美，是值得我们学习的。

新闻策划与策划新闻

一项工作展开之前，先作一个总体的运筹和谋划，乃至具体进程的安排，这就是策划。现代企业和艺术创作活动的多元化和高科技发展，越来越重视策划的环节，紧密结合，已在相当程度上视为具有决定意义的“程序”，带有很大独立性。于是，策划这个熟语也就翻新成为一个时尚词汇了。

时尚是一种极富时代感的流行性追求，新闻的时代性强，顺理成章，于是就有了“新闻策划”这一极具“学术价值”的热络话题。但“新闻是传递新鲜信息的事实的报道”，新闻的定义无论怎样创新，我们都不能改变事实的客观性，不能改变事实第一性的唯物主义新闻观。没有事实，就没有人的信息认知，就没有新闻报道的价值，皮之不存，毛将焉附？事实是一种客观存在，报道是一种主观行为，你可以选择不同的报道形式，但必须从事实出发，服从事实的需要，为事实服务。西方有宗教信仰，那是唯心主义，但对待科学，绝对是唯物主义。在新闻领域，他们十分重视新闻的客观真实性，任何来自主观的意图，包括政治背景，都不能改变新闻事实的面貌。从这个意义上说，新闻是不能策划的，“清水出芙蓉，天然去雕饰”。记者的职业良知就是保持新闻的本真性。

有的人也承认“新闻的发生是客观的”，但说，“新闻又是社会生活的产物，是要由人来传播的；在大多数情况下，新闻事件还是人的活动的结果。因而，对新闻事件进行人为的干预和利用，应该是可以也是可能的。”这“因而”以后的立论，就值得商榷了。唯物主义的基本点，就是物质的存在不以人的意志为转移，新闻事件即使是人的活动的结果，它已是独立于人的意识之外的一种客观存在，人的意识只是反映这种结果现象的存在形态，这是反映论；人的意识利用某种规律性认知，反作用于物质，使其存在形态有所转变，这是辩证法。但意识反作用于物质，物质始终是第一位，不论其结构如何，形式怎样，它的客观实在性不会改变。这里说的“人为的干预和利用”，说白了就是把新闻事件的客观实在性，置于人的意志支配之下，变成一块橡皮泥，掩盖或拔高，随意处置，为我所用，这还有什么真实性可言？这个理论如果成立，那么，新闻就不存在真假之分，不存在报道与炒作之别，连戈培尔也可以平反昭雪了。

发生什么事件，就报道什么事件，这是新闻报道的铁律。写出深度，展示才华的唯一途径是深入群众，深入实际，调查研究，独立思考，荣获普利策新闻奖的共同经验就是艰苦加智慧。记者是社会的“瞭望者”，我们的职责就是要把看到的各种事件，客观真实地告诉公众，为什么要“人为的干预”？又想“利用”它做什么？事实证明，“人为的干预和利用”，无非是要改变或扭曲新闻事实的客观实在性，制造出一种社会效果，服务于一个特定的宣传目的。这就不是马克思主义态度。须知新闻和宣传，是两个根本不同的概念，反映外部事件的新闻报道，和灌输内部观点的宣传，不可以混为一谈。在新闻报道中赋予宣传的任务，不可避免地要对新闻事实进行“人为的干预和利用”，这种状况即便存在，也不能成为在理论上认定“对新闻事件进行人为的干预和利用，应该是可以也是可能的”逻辑根据。

至于在国家或公众利益需要的时候，媒体以其舆论影响力，充当某项活动的发起者、参与者，那是完全可以的。别的社会团体也可以这样做。这和在新闻报道中，渗透宣传意图，改变事实面貌，进行“人为的干预和利用”的做法，是性质不同的两码事。

新闻报道的计划性是必要的，尤其是面对正在发生，或即将发生的重大新闻事件，更需要有周密翔实的报道计划。过去是编辑部发一个报道提示，传达宣传部门的要求，作为记者在一定时期采写的主题，要说策划，这可能就是原始的策划。我们在年轻时代就是这样干的，可以起到引导作用。但现在看来，这样的做法，只能叫策划新闻。记者往往不是根据自己发现和掌握的第一手材料对新闻事实进行自主的分析 ，而是根据上面的宣传意图，“主题先行”，被动地拘泥于一个既定的结论 ，甚至机械地秉承领导的意图，使自己的分析成为这种结论的阐释或佐证，缺乏独立思考的个性特点。而新闻活动一旦失去记者的自主性，它就僵化了，失去了灵气和活力。

“策划新闻”意味着新闻来自主观的设想和操控，不符合新闻运作的规律。那么“新闻策划”的说法能否成立呢？从字面上说，也有不妥。能够策划的是一种报道活动，而不是新闻的本身。我们可以说策划一场演出，而不能说策划舞蹈和音乐，逻辑严密的语词表达应该是“新闻报道策划”。

2008年北京奥运会和残奥会的报道，便是最典范的事例。报道这个全世界体育盛会，需要全国上下结合的新闻总动员，围绕这个中心活动，每时每刻，都要采制若干条新闻，安排在一起，多角度、多方位的进行立体交叉的滚动报道，向全世界和全中国人民报道赛场的现实情况，分析无数新闻事件的发生、原因、背景、意义和发展变化，满足场内外观众了解赛事进行的全貌。没有周密的策划是难以想象的，不仅需要策划，还需要有一个策划的团队，发挥集体的智慧和力量。这次北京奥运会的巨大成功，受到全世界的好评，是和新闻转播的周密策划分不开的。由此可见新闻报道策划的巨大作用。

应该看到，当前年轻的新闻学子最需要的还是微观知识的充实与积累，学会动手与思维，打好新闻专业的实践基础，而不是“新闻策划”这类驾驭战略性或战役性报道的宏观调控能力。一个想当将军的战士，需要从基本的操练和射击学起，从战士到将军的道路，是战争的道路，是军事经验的长期积累、不断升华和无限延伸的结果，不是课堂教出来的。当前新闻教育如果存在误区的话，可能就是把一些能力性、经验性问题深奥化、神秘化，把学生引入学术的迷宫，最终没有学到实际的本领。

实践·实用·实力

新闻专业不是基础性专业，不是理论性专业，也不是技术性专业，而是实践性很强的应用性专业。在资本主义发展初期，社会需要信息交流，于是出现了一种社会服务性的工作和机构，专门采集与传播新闻，起到传递信息的中介作用，叫做媒介。凡使双方发生关系的人或事物，都泛称为媒介，新闻工作被称为大众媒介，说明了它的社会作用，就是向广大公众传递各方面的信息。

新闻专业所要研究的就是新闻活动和新闻事业管理的特点和运作规律，有一定的理论内容，但和学术性理论有所不同。这种理论不是关在书斋里研究出来的"纯学术成果"，它来源于社会实践，是一种经验性理论，能够指导新闻实践的发展，有实用性价值，如宋代文豪欧阳修说，"文章不为空言而期于有用"。注重实践，达到实用，这应是新闻专业的教学特点。

人说"新闻无学"，听起来有点贬低了它的学术地位。但"学术"是由两个词语组合起来的，一个叫"学"，是认识论，一个叫"术"，是方法论，缺一不可，但不同学科的侧重面不同。新闻专业的本质特点就是实践性，它从实践中产生，服务于社会实践，这一实用性特点决定了新闻专业的学习从一开始就要重视"术"的学习，也就是要重视实际能力的学习，例如写作、编辑、摄影、版面设计等等。不少学生本科读了四年，连个新闻导语也写不好，却热衷于在网上搜索剪贴，这样制作出来的"论文"再长，也没有实际意义。

近年来，高等教育发展很快，大部分学校都设新闻专业，开办院系，招的学生多，师资力量不足，就从本系毕业生中留教，不少教师本身没有新闻实践经验，对实践不感兴趣，不引导学生参与实践，就不可能教会学生。新闻专业毕业的学生，80%找不到工作，或者需要改行，原因之一就是实际能力达不到媒体招聘的要求。

美国很多大学都有新闻学院，他们的课程设置就是侧重于能力的培养。最著名的哥伦比亚大学新闻研究生院，学制一年，招生对象为大学本科毕业生。该院开设的主要课程有：高级报道与写作、广播报道与写作、新闻编辑、新闻法律与社会、个人风格或专业体裁、美国社会、国际传播、传播媒介管理、摄影与版面设计、当代传播媒介与政治等。学院专职教师约占二分之一，其余皆从报社、电台、电视台、广告公司聘请资深人士担任客座教师。享誉国际新闻传播界的“普利策新闻奖”就是由该院主持评选。他们的课程设置充分反映，即使是研究生院，培养的也是实用型人才，而非那种专业低能却以“理论”哗众的“研究人才”。

凡能力型、技艺型专业，光靠书本知识是学不好的，必须通过实践活动把知识变为能力，才能成为自己的东西。所以美国大学的新闻学院大都办有自己的报纸或电视和广播，让学生有充分实践的机会，掌握实际应用的能力。具体地说，就是要分别学会采写、编辑、播音、摄影、版面设计等方面的能力，其中最基本的能力是写作。

无论哪样媒体，都离不开写作。写作是新闻工作者必须首先掌握的基本功，新华社就专门开展过“练笔运动”，说明这个基本功不过硬，记者写稿、编辑加工、播音节奏、影像说明，都会受到影响，所以写作是新闻专业的入门课，为以后的新闻专业写作打好基础。新闻专业的基础写作课须要把重点内容放在学习写作规律的共性认知上，引导学生领会主题提炼，题材选择，结构安排，表现方法和技巧，以及文字的锤炼工夫，文体只涉及与新闻写作能够交叉互补的文学品种，如学点散文，有助于写好新闻通讯，学点杂文，有助于写好评论。这是一门直接与专业写作接轨的基础课，应该由懂新闻的专职教师来担任。但新闻院系一般都是请中文系写作教研室的教师前来授课，中文系的写作课讲的是不同文学体裁的形式和要求，如小说、诗歌、散文、戏剧，为学习不同文学品类打基础，与新闻系的专业要求不同，有的中文系教师出于个人爱好，把写作课讲成了文学评论课，就更达不到课程设置的目的——提高写作能力。南宋词人姜夔总结写作经验八个字：“多看自知，多作自好”，观察和发现是写的前提，所以要多看；勤于练笔，及时把观察到的景物写下来，熟能生巧，所以要多作。新闻院系的学生以写作为基本手段，就应该养成多写的习惯，做到“笔不离手”，应当要求学生每天写观察日记，定期检查，每次抓重点问题，深入评讲。还要鼓励学生多写散文和杂文，定额发表。把这些作为考核成绩的依据，比书面考试更能真实地反映学生的实际水平。但实际情况却是，新闻院系写作课从来不布置作业，成了“天桥的把式，光学不练”，要提高写作能力，就无异缘木求鱼了。

新闻写作是新闻系主要的专业课程之一，教学时间大约 90 到 120 课时，分两学期上完。这是专业实践的课程，教师本身一定要具有新闻从业的实践经验，才能讲得活，还要有一定的理论修养，讲清所以然的道理，才能讲得深。这样的教师现在数量上不能满足实际的需要，不少学校只能由非专业的教师担任，所以是一个薄弱环节。从新闻单位调人是一个办法，但仍会存在感性和知性的不同。新闻院系应该大力培养既有实践经验，又有理论知识的专职教师，培养的路子要作些改革，不是都去读博，追求学位桂冠，而是要面向实际，把条件看好的青年教师送到新闻单位去“挂职”工作，补上实践这一课。

学习新闻写作不可能毕其功于一役，完成第一次教学后，一些老校都安排一个小实习，让学生有一次实践的机会，时间一个月，这是正确的。问题是回来以后，这门课也就结束了，学生没有条件再学习，把自己的实习体会上升到一个新的层次。如果再开一门高级新闻写作，引导学生学习和解决怎样把新闻写得精美的问题，就可以实现能力的提升。

美国大学新闻学院的课堂教学，教师只讲 20 分钟要点，大部分时间让学生围绕新闻实践中的某个核心问题，展开提问、讨论和辩论，这种课堂互动的教学方式，能充分调动学生的主观能动性，积极参与教学活动，具有间接实践的性质，学生学得活，消化快，记得住；这样的教学模式对教师的专业知识和应用能力都有更高的要求。我们的研究生班，现在还是填鸭式的教学方法，除了习惯势力外，一个重要原因，就是教师本身的专业能力不足，难于掌控这样的局面，要在纷纭杂陈的见解中，分析综合，引出正确的结论，的确不是容易的事情。但从教学效果上说，这绝对是教学改革的方向。

新闻工作需要的实用能力是多方面的，写作首当其冲的是基本能力，具有最大的实用性，可以首先做起来，在本科四年的时间里，我们要自始至终地狠抓学生的写作基本功训练，坚持不渝，一线贯中。这样的看法如果能成为新闻院系的办学指导思想之一，那么，我们就在一个主要的指标上，提高了毕业生的质量标准，从而提高毕业生的就业率。

新闻院系的培养目标应该有一个明确定位，如果是培养直接从事新闻工作的能力型人才，我们的办学理念就应当更多地考虑实用性的需要。但在教学实际中，我们似乎看不出在向这样的目标前进。有些新闻学院的科研项目，内容琳琅满目，不一而足，就是与实际脱节，缺乏实用性。有的跑到别的研究领域里去了，如“加强程序化建设，提高党的执政能力建设”，“思想宣传文化工作如何为构建和谐湖北服务研究”，就属于党务工作；有的内容宽泛，主题模糊，如“科技发展与传播研究方法”，“城乡文化冲突与跨文化传播”，有的故作深奥，如入云雾，如“大众传媒参与公共政策过程的机制研究”等等，这些科研计划的“学术性”看起来很强，却都是“空对空导弹”，自己缺乏实际体会，不是闭门造车，就是东拼西凑，无助于教学质量的提高。教学与科研相辅相成，是理论与实际相结合的关系，搞成了两张皮，只能说明理论与实际的脱离。大家都在学术研究的数量上竞相攀比，“为学术而学术”，无形中造就了一个虚拟的学术世界，都把学术成果看成是主要的教育质量标准，以“研究型”自许，忽视了媒体人才的实力标准：我们的主要职责是为社会培养合格的新闻从业人才。这与师资结构有一定的联系，有着高头衔的教授，往往不在教学第一线，他们缺乏新闻实践的研究和兴趣，集中精力于个人的学术研究，既迎合高等教育中的浮华风气，又可以回避社会实践的检验，是教育虚誉化的一种反映。

棒喝与挑战

——兼谈新闻写作的三个层次

我写过一本《新闻写作艺术与技巧》，书名遭到过“棒喝”。“新闻怎么是一种艺术?”一位新闻学教授声色俱厉，并说批判的文章早就写好了，可惜一直未见。

就像钢琴是一种乐器，钢琴演奏则是一种技艺，“新闻”和“新闻写作”本不是一个概念。新闻是人类及时传播信息的社会意识形态，新闻写作则是这种传播活动中的语言实践，两个概念的语词不同，指谓的内容不同。新闻写作直面事实，当然是非常写实的东西，和高于生活的艺术创作有根本的区别。但有一点应当是相通的。艺术创作和新闻写作，都是人的一种精神活动。作为高级神经动物的人，有心理能力，包括感知、想象、情感、思维等等，人在认识客观事物的同时，会产生一定的态度，会有一定的思维活动，由于认识、情绪、意志和情感体验的参与，形成了人的认识能动作用，就强化了对客观事物的认识。心理学就是研究这种心理现象的科学，为生活实践的许多方面服务，提高这些实践活动的社会效率。作为一名老新闻工作者，我从没有把新闻本身说成是一种具有独立特点和形态的艺术门类，如同文学、音乐、绘画、电影、摄影、舞蹈那样。我只是从调动人的认识能动性的心理层面和技术层面提出如何写好新闻的问题。

我在书的前面明白写道：“这里说的艺术，是一般意义上的概念，是一种泛化的概念，指的是一种高超的创造力，一种杰出的才能和技巧，很多艺术，如工艺、手艺、领导艺术，就是从不同的技巧、手段中间生长出来，各种技巧的创造性发展，到了一定程度，本身就带有艺术性了，艺术和技巧具有这种内在的联系。”

从心理层面说，新闻写作不应视为记者的孤立行为，应当在写作中充分估计并调动受众的认识能动性，借助受众的心理活动，深化和扩大报道的内容。从技术层面说，新闻写作的手段是语言符号系统，广播电视新闻还有声画手段，都是新闻实践的工具，任何实践都是经验的不断积累和提升的过程，达到一定的高度，就会“熟能生巧”，产生一种创造性的魅力。好的新闻作品，不但传递了信息，还能构成富有表现力的形象，调动人的想象和联想能力，活跃读者的思维和感情，这样的新闻作品，决不是随意性或盲目性的产物，而是讲求艺术技巧的精品。

一条新闻写道：

昨天上午8时，杭州植物园大门的雕塑下，近20辆轿车陆续开来，许多游客驻足观望：从车上下来的都是穿着入时的学生。

这是一所中学初二年纪春游集合地点的一个镜头。

4月17日上午7时许，记者在平海河附近的一所小学门口，看到三三两两的车辆徐徐开来，从车门下来的清一色是戴红领巾的小学生。在近一小时里，记者数一下，送孩子上学的“奥迪”、“桑塔拿”等轿车有20多辆。同日下午放学时，在南山路附近的一所中学门前，记者观察了20分钟，看见10多名男女学生拦下出租汽车，麻利地打开车门，“潇洒”而去。

一些教师反映说，这些“出入有车”的学生学习成绩大多处于中等偏下。

这条新闻揭示了在家长们的溺爱下，一些中小学生从小追求奢华，贪图享受，不刻苦读书的社会现象。第一、第二段采用了摄影特写的手法，第三段是几个画面的蒙太奇剪接，都是电影艺术里的技术手法。最后一段借教师的话，点出了危害。新闻很短，但形象生动、极富动感，能在我们的记忆屏幕上，引发出许多联想和想象，例如独生子女的教育问题，学生家庭背景的贫富悬殊等一系列社会问题，所以信息量大。换成平铺直叙的写法，就不会有这样的效果。可见新闻写作不应隔绝于各个艺术门类，而应当广泛吸取它们的表现技巧，更生动地报道事实的状貌和变化，提高自己的写作质量。

新闻有特定的写作模式和专业要求。例如新闻文体的结构样式，新闻文体的多种类型，背景材料的使用，写作各类通讯的不同要求等等，翻看林林总总的新闻写作教材，从过去到现在，几乎都是这一共性内容的重复，不同的只是例证，解决的是新闻要“这样写”的问题。诚然，掌握这样一种特定的写作模式是必要的，却是不够的，“知其然”只是认知的第一层次，仅为新闻写作打点基础。

知其然而不知其所以然，不是真知，重要的是必须说明为什么要这样写的道理，产生一种规律性认识。只有掌握了事物的发展规律，我们才能得心应手，举重若轻。朱熹诗《泛舟》：“昨夜江边春水生，艨艟巨舰一毛轻。向来枉费推移力，此日中流自在行。”春水是自然现象，有它产生的规律，春水没来，行船要费很大力气，春水生后，大船可以轻得像羽毛一样。世界上的万事万物，都有它们存在和发展的规律。写作是一种社会现象，也有它发展变化的规律。理解和掌握了写作的规律，就能运用自如，事半功倍，最大限度地发挥自己的创造性。

现在报纸上的新闻，常常都是时间开头，“昨日”、“昨晚”等，时间是新闻要素之一，需要交代，但每篇新闻都是时间开头，千篇一律，就成了“公式化”，望而生厌。“日本投降了！”这条获得普利策新闻奖的新闻，1945年8月15日播出，导语只有一个事实要素，五个字，突出这件事，就是突出人们长久以来的最大期待，对于已经饱受战争苦难的人们来说，这个导语就像打开的闸门，让人们积蓄内心的欢乐潮水般奔涌而出，产生了以少胜多的阅读效果。可见新闻要素的安排，应当合乎人们认识的逻辑顺序和心理规律，有其所以然的规范，只有懂得了规律，善于处理新闻要素之间的主次关系，才能突出新闻主题，打破写作老套式，一开始就抓住读者。这就是新闻写作的第二层次，可以达到规范化的要求。

新闻写作还有第三层次的要求，那就是怎么样把新闻写得精美的问题。这就需要引进美学、社会心理学等方面的知识，需要借鉴各门类艺术的表现技巧，提高新闻的可读性，吸引读者的阅读兴趣。前面举的中、小学生上学“出入有车”的文例，不过300字，透过生动的形象，我们感受到一些深层次的问题，极具概括性，是一种形象概括，这就是新闻写作应该达到的精美，它对客观事物有着精准的描写，能够调动起人的包括感受、知觉、想象、情感、思维等一系列心理活动，从审美直觉中获取信息，产生新的认知，会有一种阅读的愉悦。

新闻写作的三个层次就是基础、规范和精美。这是一个由浅而深的不断提升能力的过程，是我们学习这门课程逐步登踏的台阶，和需要达到的目标。

每个专业都有自己的基本功。新闻作为一门实践性很强的专业，写作就是新闻专业学生的基本功，是看家本领，就像戏剧、歌唱演员必须每天练声一样，不可废止，常言道“拳不离手，曲不离口”说的就是这个道理。新华社记者都有一定的实践经验，尚且开展过“练笔运动”，这是值得继承的优良传统。

我们现在的新闻教育恰恰忽视了这一基本功的训练。新闻院系的学生通过书本学习新闻写作，不到100课时，学过就完了，尽管教材“翻新”，本子越来越大，但内容基本上还是第一层次的东西，有的教师甚至自己也没有写过新闻。自己不会弹钢琴，怎么教别人呢？

新闻院系是培养新闻从业人员的摇篮，以培养学生的能力为主，应当是新闻教育的目标定位，这是一个完全不一样的要求，是一个重大的挑战。然而，面对晋升职称的竞争压力，许多教师却把主要精力放在自己的学术研究和著述上，服务于个人评职的需要。他们热衷于“海市蜃楼”式的理论研究，却对新闻实践缺乏必要的专业兴趣，也就难于获得鲜活的实际素材，进行可以指导新闻实践的理论概括，学术著述往往是版本不同，内容相似，缺少可以实际应用的理论创造，教学呈现出两极现象，不是低层次的知识循环，就是故弄玄虚，制作深奥，营造伪学术的浓重气氛，把新闻院系办成了“象牙之塔”。象牙之塔培养不出作家，更培养不出优秀的记者。新闻教育一旦与社会实践断裂，就会失去新闻教育的生命力。

学术学术，学是理论，术是能力，学术本身就是理论和能力的综合，不同专业的侧重面不同，新闻专业侧重能力方面的训练，但不是不学理论，理论只有为能力服务，才是有用的理论。那种热衷于堆砌“创新”名词，构筑于能力无补，却让人如坠云里雾中的“理论研究”是一种“伪学术”。美国新闻传播学院基本不教新闻理论，也不招收新闻理论方向的研究生，在网络新闻传播的教学内容上，也体现了美国新闻教育的实用主义传统，即重网页设计，这些都与中国的新闻教育有很大的差别。

新闻学院强调技能训练，是美国的一个创举。人们公认，新闻专业的学生应该接受广泛的大学文科教育和良好的新闻技能训练，并理解他们所选职业的社会含义。

香港树仁学院新闻学教授刘其中曾说：“我在密苏里大学新闻写作时，老师要求我们必须在报纸上发表32篇东西，否则就不能得A。对新闻系的学生来说，新闻写作课是最关键的一门课程。”他还说，“美国两所最好的新闻学院—密苏里大学新闻学院和哥伦比亚大学新闻学院，——她们全是研究型大学，都创办了自己的报纸，前者还办了一个电台、一个电视台。学生在毕业以前必须到那里去工作，至少要做半年记者，半年编辑。也就是说，学生在进入社会之前就已经积累了相当多的新闻从业经验。”

这种职业训练模式，使学生一出校门就能较快在新闻实务中上手，因此，历史上这两所著名学院曾经培养过成批的优秀新闻工作者。

大学需要自由的学术空气和不断发展的挑战意识，棒喝则是一种保守的学阀作风，遏阻和窒息学术思想的活力。从当今的新闻专业来说，我们需要的挑战也许就是：大力改革新闻学院的课程设置和教学模式，使之能够适应社会实践的需要。

宣传过度的负效应

“宣传报道”的提法屡见不鲜。其实，报道和宣传是两个不同的概念，报道是从客观出发的事实反映，宣传则是主题先行的事实印证。两者都有事实的载体，但逻辑起点不同，前者的公式是从客观到主观，后者的公式则是从主观到客观。目的也不同，报道是要使民众从事实中获取某种信息，宣传则是要让民众从事实中接受既定结论。所以，报道效应和宣传效应是两种不同的效应。

刘翔复出了，在上海第一次亮相的成绩是13秒15，屈居第二，成为全国许多媒体的头版新闻，当然值得高兴。但并不宜过分宣扬。曾几何时，“刘翔退赛，举国大愕”，就曾使许多人痛苦流泪，80%的观众当时退场，全国一片哗然。国家副主席习近平表态安慰，认为因伤退出比赛，可以理解。这话完全符合奥林匹克精神，没有必要把一个人的赛事成绩和爱国主义捆绑在一起。刘翔有权退赛，所以引发出如此大的舆论风波和情绪崩盘，过分追求宣传效应是根本的原因。

负责体育保健的谭进教授说：“刘翔肩负了太多的希望和压力，为了这场比赛他付出了很多，哪怕是比赛前10秒，他仍然没有放弃。”画面显示，刘翔退出赛场的第一件事就是撕下他身上的号码“1356”，前面的“13”代表十三亿中国人民，后面的“56” 代表五十六个民族，对于一个运动员来说，这是多大的压力！而且无处不在，报纸上，电视上，广告上，还要背在身上，别说带着伤痛，就是积累起来的心理压力，也会阻碍他的优势发挥。

如果说“大国崛起需要反映在各个方面，包括体育”，那么，作为第29届奥运会主办国，我们不但能把这场国际盛会组织得这么好，我们的参赛选手以自己的实力充分证明了中国竞技体育的强大，我们很自豪，这就足够了。

此时此刻，我们应该强调的是相互了解、友谊和团结的奥林匹克精神，形成一种精神氛围，而不需要过度反映爱国主义思想的高涨。霍元甲以武功证明中国人已不是“东亚病夫”，这类爱国主义思想有着历史的局限，我们的国力早已跨越了那个时代。精神是系列观念的综合体现，奥林匹克精神中没有爱国主义内容，它强调以世界公民的博大胸怀，去认识和理解自己民族以外的事物，领悟到各个民族都有着神奇的想象力和巨大的创造力，学会尊敬其他民族，以比较客观和公正的态度去看待别人和自己，虚心地吸取其他文化的优秀成分，不断丰富自己，从而使奥林匹克运动所提倡的国际交流真正得以实现。刘翔退赛，80%的观众当时退场，参赛的各国选手会怎么想，北京奥运会难道仅仅是中国的奥运会吗？

我们为自己的选手加油，也为其他国家的选手喝彩，只会引起世界对我们国家的更多的尊敬，而无损于自己的胜利和荣誉。但在电视直播中，每当对方失误的时候，包括解说员在内，我们不是为人家惋惜，而是齐声叫好。我们胜利了一分，荣誉也失去了一分。每一个人，都希望自己的国家在体育竞赛中能取得更好的成绩，这很正常，但也要以平常心看待。现代奥林匹克的创始人顾拜旦曾说，在奥运会上，重要的不是取胜，而是参与。人文精神是奥林匹克精神中的重要内容。人们把掌声送给33岁的奥克萨娜·丘索维金娜，不是因为她的超龄，而是她想赚取奖金给儿子当医药费，为此逼着自己和年轻运动员同场竞技，她那伟大的母爱闪烁着奥林匹克精神的光芒。我们的奖牌总数已经远远地超越了许多国家，人文精神表现具有更重要的价值。

刘翔在雅典奥运会夺得了男子110米跨栏金牌，大力报道它的轰动效应是完全必要的，因为这是中国体育在国际田径大赛中的重大突破，并具有创纪录的国际意义。但赛事过后，竞技活动的报道减少了，刘翔的声名却越来越大了，怎么回事？原来是各路媒体把他作为国争光的典范，进行了旷日持久的宣传，刘翔已化身为一个政治符号。广告商马上跟进，纷纷借助他的形象代言赚取更多的广告利润，他又成了一个商标符号，一棵摇钱树。自那以来，刘翔渐渐脱离了体育，走上了神坛。许多人把他看成是神，把北京奥运会上再振田径国威的希望寄托在他的身上。为了不辜负人民的期望，有关部门和刘翔自己，明知有伤痛，也要赌一把。这种期望在宣传造势中越来越高，期望越高，失望越大，于是就出现了临场退赛的一幕，这是令人震惊的一幕，也是令人深思的一幕。说明过分追求宣传效应的结果，可能适得其反，产生一种负效应。

刘翔是一个杰出的运动员，但也是一个普通的人，会有伤痛，会有心理压力，新闻报道应该把两者结合起来，进行实事求是的报道，符合客观实际，为公众所知晓，就能得到公众的理解和支持，即使刘翔不能得金牌，大多数民众都能很平静地接受这个结果，较少负面的影响。这是一种正效应。

追求宣传效应的出发点往往和政治联系在一起，政治在社会生活中的重要性是无可置疑的，但不是凡事都有政治的因素，人们不喜欢泛政治化的思维模式。体育就与政治无关，所以我们反对别人把奥林匹克政治化。但在媒体的思维和工作中，还是自觉或不自觉地带有政治运作的惯性，这与媒体的职能定位就是与宣传有着直接的关联。刘翔退赛风波将会过去，但“我会东山再起”、“我还在巅峰状态”的声音已经响起，他还没有从巨大心理压力下解脱出来。

我们的媒体既要为刘翔们创造的成绩欢呼，反映我们的民族自豪感；也要正确评价他们不尽如人意的竞技状态和努力的表现，展示体育竞赛中的人文精神。2010 年 7 月在南非结束的世界杯足球赛，南美劲旅阿根廷队铩羽而归，他们的女总统和队员们在一起，媒体摄下她流下眼泪的照片，她的温情和关爱，无疑是一种更富人情味的鼓舞力量。

新闻报道的“两分法”

这个题目来自新加坡《联合早报》记者和一名中国出租车司机的谈话。两分法指的就是报道方向。夜晚，为她服务了两天的司机开车送她回宾馆时，突然问：“你这次来采访是打算写正面报道，还是负面报道？”记者干脆回答：“这是你们的区分法，新闻应该实事求是，无所谓正面还是负面，看到什么如实地报什么。新闻不应该是如此吗？”

新闻应该实事求是无疑是对的，但新闻报道的事实，有正面和负面之分，也是客观的存在。任何事物都包含相反相成的两个方面，并非“无所谓正面还是负面”，而是要在报道中怎样看待和反映两者之间的关系。

我们常说的“以正面报道为主”，要求媒体唱响主旋律、打好主动仗、掌握主动权，对社会生活中反映时代进步、代表社会主流、具有积极意义的人和事，要进行具有明确肯定态度的报道，要尽量避免产生负面影响，批评性报道如此，表扬性报道更应如此。目前，正面报道已成为党报报道的主流方向，在数量上占有绝对优势。有文章认为：“不足的只是在质量和效果方面还有较大的提高和改进的空间。有些正面报道没有放在社会大背景下考虑切入点和侧重点，缺乏社会关注度。还有那些停留在概念化的肤浅的报道，由于缺乏社会共鸣，导致了一些受众对主流媒体的冷漠甚至厌烦，从而大大削弱了主流媒体应有的舆论引导作用。”

“正面报道为主”是为了避免产生负面影响，出发点是好的，但正面事物总是和负面事物相联系，并在斗争中产生出来，发展起来，一面发展，一面又会有新的负面事物出现，又有了新的矛盾和斗争。恩格斯说过，“当我们深思熟虑地考察自然界或人类历史，或我们自己的精神活动的时候，首先呈现在我们眼前的，是一幅由种种联系和相互作用无穷地交织起来的图画，其中没有任何东西是不动的和不变的，而是一切都在运动、变化、产生和消失。”（马恩选集第3卷第60页） 基于这个认识，强调“以正面报道为主”或“以负面报道为主”都不符合唯物辩证法的观点，这样的“两分法”使事物的两个侧面各自孤立，并互相对立起来，不可能认识事物的全貌。新闻报道要采取辩证思维的方法，联系地、变化地、辩证地观察新闻报道的事实，就不需要设置何者“为主”的思想障碍，而应透过对事实内部的矛盾分析，达到本质的认识。

我们的新闻媒体中，所以存在着概念化的肤浅的报道，缺乏社会共鸣，受众对主流媒体产生冷漠甚至厌烦的情绪，根本的原因在哪里？就在“为主”的关键词上。“为主”是一种主观先验论的思维定式，它设定了一个大的框架，只要把符合主观要求的现象进行一番新闻包装，纳入这个框架就可以了，不需要多少分析，新闻当然就流于肤浅了。

某报刊登了一篇反映某县纪委创设“村级廉情监督站”的正面报道，以详尽的事实肯定了“村级廉情监督站”的建立和相关制度的落实，对于村两委如何有效行使村民赋予的权力起到很好的监督作用。报道前面还加写了编者的按语，大意是，我国的村民自治制度开始建立，到现在已有二十多年了。村民充分享受了民主选举，但民主管理、民主决策、民主监督，却落于“只有形式而无实质内容”的困惑状态。“廉情监督站”这一制度，使村民自治从形式走向实质。报道发表后，组织部门不满地说，“怎么可以肯定一点而否定其余呢？”有读者建议，改成“后面三项‘民主’尚存在一些需要完善的地方”就会妥帖、恰当得多。

这篇正面报道的新闻，只是从正面孤立地肯定“村级廉情监督站”的作用，没有充分反映民主管理、民主决策、民主监督这三项民主权利并未落实，徒有形式的负面情况，而没有这些复杂背景的衬托，反而不能产生应有的正面效果。如果把负面事实联系起来，交叉地写出来，证明“村级廉情监督站”的民主推进作用，新闻就有了真实可信性。从编者按里看，记者不是缺乏这方面的事实，而是囿于正面报道为主的思想局限，不好去写的缘故。结果是新闻缺乏说服力，反而引起了负面的反应。新闻报道要突出主题的意义，就要用事实的逻辑说话，背景材料往往少不了。这一点，它和四平八稳的工作总结有根本的不同。

某市日报曾报道某县加强乡镇干部廉政建设和用人机制改革，强调能者上，干实事者上，群众满意者上；庸者、有问题者、群众不满意者下。并列举在改革中，有多少原乡镇正副书记、正副镇长，因此被调到乡镇人大主席团任职。这篇正面报道在该市却引起轩然大波。该镇的人大主席团干部反映强烈，说他们不是“庸者、有问题者、群众不满意者”；市人大责问：人大干部都是“庸者、有问题者、群众不满意者”吗？读者也有困惑：庸者、有问题者、群众不满意者，还能调整到乡镇人大主席团任职？

各级人大组织都是权力机构，应该执行宪法赋予的各种权力，人大代表是民主选举产生，它的各级机构的领导班子，要由人大代表选举产生，而不是由当地党政领导干部直接调整。但这个目标需要在政治体制改革中逐步实现，眼下还没有条件。这条新闻与其说是用人机制改革的正面报道，不如说是反映了我国政治制度中一种潜在的真实。正面报道如果没有事实的支撑，就会流于假、大、空的俗套。这个事例具有代表性，它是造成受众冷漠和厌烦的原因之一。

上面两条反映改革成果的正面报道，怎么都没有正面的反应呢？看来对“正面报道”的理解，我们需要改变旧的思维，不要总认为，正面报道就是要突出成绩和光明面的东西，涉及缺点和问题的内容，就裹足不前，怕造成负面影响，有损于党和政府的形象。这是形而上学看问题，作为新闻工作者，也是缺乏社会责任感的表现。工作中有成绩，就会伴随缺点和问题，不工作没有缺点，却是最大的问题。任何事物都以对立面的一方作为存在的条件，失去了对立面的存在，另一面也就不存在了。报道成绩和进步具有正面的意义，揭露缺点和问题，引起党和政府的重视，使之得到解决，迈出更大的一步，同样具有正面的意义，甚至具有更深的意义。

逮捕并公审“四人帮”的报道，可以说是新中国成立以来党内出现的最大的负面新闻了。平面媒体和电视广播密集传播，公开了多年来党内路线斗争的内幕，一定程度地清算了“文化大革命”在社会各方面给中国人民造成的灾难性后果。在广大人民中，不但没有产生任何负面影响，反而极大地提高了大家的政治觉悟，划清了和“极左”路线的思想界限，为邓小平同志的复出，为改革开放政策的制定和实施，奠定了组织上和政治上的基础，中国才有这三十多年的巨大发展，才有了今天“大国崛起”的新面貌。这样的正面效果，其现实和历史意义，怎么评价也是不为过的。这个最典型的事例启示我们，对“正面报道”应该有更深层次的理解，不是停止在表象上，更要看到报道的实际效果，是不是有利于人民的利益，推进了改革的发展？在这个问题上，我们应该遵循的，还应当是“实践是检验真理的唯一标准”。

新闻要素中的“富矿区”

“深度报道”并非一种独立的新闻体裁，实际上就是西方的专稿，相当于中国的通讯和调查报告。西方以新闻内容作为划分新闻文体的基准。专稿的内容无非三个方面：解释新闻事件来龙去脉和深层意义的，称为解释性报道；态度鲜明，以材料详尽揭露的，称为调查性报道；立足现在，但着眼于可能的发展，对其方向与结果进行预测的称为预测性报道。内容侧重不同，但都要求：提供更多的信息，以扩大新闻的容量；提供必要的背景，以挖掘新闻的深度；提供事实的分析，以强化新闻的目的。专稿就是一种深层次报道，深度报道还能深到哪里去，只是起于上世纪40年代的一种新的笼统的说法而已。甘惜分主编的《新闻大辞典》解释“深度报道”：“它是运用解释、分析、预测等方法，从历史渊源、因果关系、矛盾演变、影响作用、发展趋势等方面报道新闻的形式。”可为佐证。

深度报道的篇幅长大一些，采写的时间长一些，都有利于写出新闻的深度。消息限于篇幅和时间，也有深度的要求。读者对新闻报道的阅读兴趣，归结起来，就是两个字：一个是新，一个是深，也就是题材要新，挖掘要深。专稿如此，消息也如此，程度不同而已。报纸上不少新闻干巴、枯燥，引不起读者兴趣，写作技巧是一个因素，但从根本上说，问题都出在这两个字上。本文只谈新闻如何写出深度的问题。

我们知道，一切事物都不是孤立的存在，而处于普遍的联系之中。既有事物之间的外部联系，又有内部联系；既有直接联系，又有间接联系；既有本质的必然联系，又有非本质的偶然联系；既有现实的空间联系，又有历史的时间联系；既有横的联系，又有纵的联系，等等。所有这些联系，对事物的存在和发展都起着不同的作用。我们要认识一个事物，必须具体分析事物的各种联系，从中抓住事物内部的、本质的、必然的联系，——它们对事物的存在和发展起支配作用，构成了事物发展的规律性。认识了事物发展的规律性，我们才能对事物的存在和发展作出深层的分析。

新闻的构成有6个要素，即：“何事、何人、何地、何时，如何、怎样。”这中间，“何事”是新闻的核心要素，是新闻的信息性实体。新闻的主要内容就是告诉人们发生了什么事情，没有“何事”，便没有新闻。事实的发生或发现，有一定的时空条件，也离不开人的因素，所以“何人”、“何地”、“何时”是与“何事”直接联系的新闻要素，形成了事实的自然状态，是一种客观的存在形式，具有原始的不可改变性。它们之间，围绕“何事”形成的联系是外部的、空间的、时间的、偶然的联系，是非本质的联系。它们是新闻内容的第一层次，是不可分析的表述性层次。

任何事实又都是矛盾的统一体，新闻事实的发生总有原因，新闻事实的发展会有过程，它们是事物内部和外部的各种矛盾运动，及其互相作用的结果。新闻在表述事实状貌的同时，还要让公众认识这些矛盾运动，抓住主要矛盾，以便了解事实的来龙去脉，把握它的涵义，显现它的发展和变化，这就需要挖掘“如何”和“为何”两个要素。“为何”告诉公众是什么样的矛盾运动导致某件事情的发生，“如何”则说明某种事态是在怎样的矛盾运动中发展的，这样就把公众的视野扩大到过去和未来，帮助他们进一步认识新闻事件的意义和价值，并能获知事件发展的趋向。这两个要素所采集和筛选出来的材料，由于经过了记者的认知加工，参与了意识活动，已经超越了事物的自然状态，具有认知的可变性。它们是新闻内容的第二层次，是可分析的解释性层次。

新闻要素在结构上既然分为两个层次，表述性层次的要素是不可分析的，解释性层次的要素是可分析的，那么，我们能够挖掘的就是“为何”和“如何”两个要素了。所谓挖掘，就是发现并分析新闻事实内部和外部的各种矛盾的存在，矛盾就是运动，就是事物，就是过程，矛盾的普遍性寓于矛盾的特殊性之中，矛盾的特殊性就表现为种种情况，运动形式和发展过程，分析了这些方面的特点，我们就能找到事物内部的特殊矛盾，即事物性质的规定性，也就找到事物存在、发展和变化的内因，内因是主要的，外因通过内因而起作用。这样的分析研究的过程，就是挖掘“为何”和“如何”两个要素的过程，也就是深化报道的过程。

下面结合《华盛顿时报》2008年10月15日的一条消息，再做一点说明：

华尔街正在等待裁员的巨号随时吹响。（导语）

官方统计数据显示，2008年前8个月，纽约市的金融和保险从业人员一直稳定在345 000人左右。这种平稳状态无法持续下去了。市场崩盘以后，华尔街的生意也日渐萧条。据Dealogic估计，2008年前9个月全球投行业务服务费收入下降了23%。股权资本市场等领域的业务量已经回落到5年前的水平。（历史性金融危机的出现）

金融业发生的这场剧变使华尔街各公司较早时制定的预算全部作废。在这种不明朗形势之下，回聘成本又高，推迟大规模裁员是明智的选择。不过有望获得高额奖金的员工也不会太多。（金融剧变造成回聘成本高，回答“为何”要素）

然而，大规模裁员看来终将无可避免。在2001年至2003年期间，纽约的证券业就业岗位蒸发了18%。而目前这次萧条看来情况更严重。私人资本运营公司和对冲基金不大可能给华尔街上剩余的银行家们提供多少就业岗位，而且它们本来也不是用人大户。（这次萧条情况更严重，回答“为何”要素）

此次萧条不仅会导致华尔街出现大量冗员，还有可能催生一场文化变迁，特别是在薪酬方面。雷曼兄弟公司（Lehman Brothers）前首席执行长理查德·福尔德（Richard Fuld）自2000年以来从公司领到的薪酬已经达到9位数，这一点使他最近在华盛顿备受抨击，而且也将成为金融业遭人诟病的把柄。（可能催生一场文化变迁，回答“怎样”要素）

在这一背景下，野村证券（Nomura）给它最近在亚洲及部分欧洲国家接手的雷曼兄弟前雇员开出的善心薪酬看上去有些过时。毕竟，即使不给高薪这些在华尔街丢掉工作的人又能去哪里呢？（就业已无选择，回答“怎样”要素）

华尔街已经丧失了些许魅力。许多金融从业人员要么得到其他行业谋求发展，要么就得降低薪酬期望值。在当今这种金融服务资源过剩而能源供应不足的全球大背景下，投身工程行业或许是个不错的选择。（许多金融从业人员要转行，回答“怎样”要素）

这条消息概括了美国金融风暴给美国金融业造成的巨大冲击和影响，不到800字，看起来却触目惊心，有广度，更有深度，主要是在“为何”和“如何”两个要素上，进行了深度挖掘，有权威性数据，也有典型事例，很说明问题，语言精练平实，贴近生活，值得借鉴。

怎样写出新闻的深度？回答其实很简单，就是深挖“为何”和“如何”两个要素，它们的信息蕴涵量最丰富，是新闻要素中的富矿区，需要加大挖掘力度，不怕辛劳，深入采访。在我们的新闻实践中，这两个要素，还有背景材料的运用，都没有受到足够的重视，是造成新闻深度不够的专业上的原因。

思想评论让位情爱故事？

某大学女教授李银河曾在凤凰卫视上做过一次演讲。李是一位对性学有独特研究的社会学家，她总结性地说，“人的性活动只要符合三个条件，一是双方自愿，二是在私密的地方，三是双方都是成年人，政府就不必去管。”她认为，“性活动是人的一种权利”，基于这一观点，她呼吁社会对婚外恋、包二奶、同性恋、换妻一夜情，甚至乱伦行为，都应抱以宽容的态度。这位老年妇女甚至公开表达自己就很愿意做一个同性恋者，以示她的性权利意识之觉醒，令人错愕。

什么叫权利？权利是一个法学概念，指的是公民依法行使的权力和享受的利益；性则是生理学概念，指的是人或动物与生俱来的生理欲求和性能。性活动是一切动物的本能，但本能不是权利。当人类还处于原始状态的时候，性活动和其他动物不会有区别，处于没有任何约束的自然状态，不会有权利意识，也不会有人管。但自人类从动物总类中进化出来以后，就以社会化形式建立起自己的文明生活，形成一定的行为规范，这就是道德标准和在此基础上的法律制度，用以协调人和人之间的各种关系，其中之一就是性关系。

性权利的产生，缘于夫妻关系的法律承认，没有法律的依据，何来性权利？李银河混淆两个性质完全不同的概念，把性本能的放纵提升到权利的高度，是对道德、法律的悖论。这种理论如果成立的话，对当今社会生活必会产生恶劣影响，使已经存在的性混乱现象蔓延开来，退回到原始状态，容忍这种返祖兽性的张扬，就是对人类文明的亵渎和践踏。

正义性是社会学研究的核心价值。社会学家应当用科学方法研究社会的治和乱、盛和衰的原因，揭示社会由乱达到“治”的方法和规律。当今社会现象中性问题的存在，不是性权利意识的缺失，而恰恰是人的道德堕落和法律观念薄弱的缘故。李银河却反省出另一个结论，“这个局面形成的原因，乃是因为国人还太不习惯人们有权利做某件事而又可以不去做这件事这样一种现代秩序。”她辩解说，“我们有权利做的事一向太少太窄，而我们没权利做的事一向太多太宽。所以一旦有人提出人们有权利做某件事，大家就以为这个人是在号召大家都来做这件事。”照李教授的看法，性混乱现象既然都是人们有权利做的事情，这类行为的发生和发展就具有合理性，打开这条思想通道，实在比公开号召更具误导性。

而当人们都把自己的性行为当作一种权利到处行使的时候，必定会侵犯到别人的权利，人们还要宽容对待，那又将形成怎样的社会局面？

扩大鼓吹性权利，就是要进一步打开性解放的大门。难道我们的性解放还不够，还没有超越西方国家吗？要人们无顾忌地享受肉体的快乐，只会把人引向堕落和腐败。真正的快乐是从灵魂深处产生出来，伟大的思想家柏拉图说，“灵魂上的快乐要比肉体的快乐更加真实，肉体的快乐是短暂的，仅仅是快乐的影子。” 他指出，灵魂的三种成分是理性、情感和欲望。当代社会中，许多人追求的所谓快乐，只是感官刺激和某种欲望的满足，缺乏理性的思考和情感的升华，是灵魂空虚的表现。作为社会学家，李银河不去分析“我们没权利做的事一向太多太宽”的社会原因，却要引导人们在性的领域去寻找权利的依据，客观上为性混乱的腐败现象推波助澜，实在有背于社会学家的良知。

这是作者听后写的思想评论《拒绝这样的“权利”》，但没发出去。原因是，我查看了一些报纸，言论很少，篇幅特短，几乎没有类此文章的出路。我所在地区的都市报，销量一百多万份，每天报纸的印张很多，色彩缤纷，经常用整版的篇幅刊登长长的情爱故事或情感讲述，前天是什么《男人劈腿，原不原谅?》，昨天是《美少妇爱上了邻家小伙》，今天是《他伤身，我伤心，10年地下情缘一朝尽》，记者在旁边还写了100字左右的“手记”：“放爱一条生路”，等等。相比之下 ，我的言论就显得不合“时宜”，拿不出手了。我不反对媒体刊登情爱故事，人们从《简·爱》的情爱故事中，看到了一个来自平民而在精神上高于贵族的反抗形象，可以升华人的思想，而“劈腿”、“伤心”之类的情节叙述，却只能吸引“眼球”。

过去的报纸除了新闻信息以外，言论也多。无论建国前还是建国初期，报纸经常针对大小不等的新闻事件，发表篇幅不同的言论。大报几乎天天有

"社论"，刊在头版显著位置，对特定问题表达自己的立场和观点；"专论"时有所见，是请专家或知名人士就某一专门问题发表意见的评论文章；不同栏目还有内容单一，篇幅短小的"短评"，有对新闻事实进行夹叙夹议，以议为主的"一事一议"，还有编者在新闻或文章前所加的说明性或议论性短语，称为"编者按"。这些都是常态性的评论系列；遇到国内外重大事件，报纸还会发表非常性评论，如"编辑部文章"、"本报评论员文章"等等。这些形式多样的言论内容，提供的也是信息，是思想和观点的信息。它与新闻事实相得益彰，揭示事实的真相和背景，分析事实之间的逻辑联系，能引导读者在获取新闻信息的基础上，展开进一步的理性思考。

对于社会上的热点、难点问题，适时的言论能起舆论引导的作用。典型的例证是抗战时期重庆的《新华日报》。重庆是当时国民党政府的统治中心，报纸很多，但完全被国民党控制，在如此艰难情况下，代表共产党立场和观点的《新华日报》能够生存并发挥战斗堡垒作用，靠的是什么？主要是报纸的民主言论。它连篇累牍地揭露国民党专制统治的腐败和黑暗，大大提高了大专院校学生的政治觉悟。在《新华日报》言论的公开启示下，国民党统治区的学生民主运动，其动员之广大，声势之浩大，威力之猛烈，所向无敌，超过中国任何历史时代；它所造成绝对优势的社会舆论，动摇了国民党统治区的政治基础。

建国初期，报纸也一直重视言论，有些报纸还专门开辟言论阵地，强化舆论的社会教化作用。当时的《长江日报》，就有一个署名马铁丁的专栏叫《思想杂谈》，每天一篇，论题广泛，对启发民智，提高群众思想有很好的社会效果。各地报纸也都有言论专栏，引导全国人民战胜恢复国民经济时期的种种困难，克服党政工作和作风中的缺点，密切和人民的联系，起到了相互沟通和促进的作用。

言论是思想的表达，言论的兴盛，要以思想活跃为前提。自从强调"舆论一律"以后，人们把思想规范在一个定式里，活跃度受到了局限，表达失去了多元性，众口同声，也就失去了言论的价值。沿袭下来，媒体言论的积分自然就越来越少了。到了"文化大革命"时期，"两报一刊"的言论，奉为全国圭臬，媒体集体失语，万马齐喑。那时的中国政治文化生态，较之春秋战国时期百家争鸣，思想繁荣的兴盛局面，竟然倒退了两千多年。

改革开放三十多年来，经济领域发生了翻天覆地的变化，政治开放度众目共睹。这些年来，新闻改革也迈出了很大的步伐，但大都是经营管理模式的变化，从媒体言论的指标看，数量和质量都还没有恢复到历史的高度。《楚天都市报》曾刊登该报总编辑给读者的签名回信，肯定读者要求增加评论的意见，但碍难地说，“限于版面的困难，暂时还难以做到”。当天是星期六，我数了一下该报，共24页，用于广告的版面加在一起，在9页以上。由于市场经济的发展，思想已经成了“稀有金属”。

“言论是报纸的旗帜，是报纸的灵魂。一个成熟的主流媒体，一定要重视言论建设。”出于这样的认识，《南方都市报》总编辑王春芙说，“我们把言论当作是报纸的主要内容来认真经营。报纸不仅仅是信息的总汇，它更应该是观点的平台，甚至要当意见的领袖。特别是随着改革开放的不断深入，信息时代的到来，读者对媒体的要求已经不仅仅是从中获取信息，更需要从中获取一些思想和观点。”《南方都市报》以言论见长，有社论版，时论版和个论版，讲求时效性、针对性和多元性。经过几年的不断改革和探讨，现在已经形成了自己的风格，在业内的影响也越来越大。最近的湖北的《楚天都市报》也在朝这个方向努力了。

大众传媒，特别是主流媒体，具有重要的政治社会化功能，既要以重要的事实传递具有新鲜意义的信息，也要用精辟的言论影响人们对事实的认知，达到政治情感和政治态度的形成与趋同。这是办报理念的二元结构。换句话说，要创造媒体的品牌和质量，既需要广泛采写有影响力的新闻作品，也需要发表有深刻意义的媒体言论。《南方都市报》正是继承了新闻历史的这一传统，并赋予新时代的特点，才提高了报纸自身的品位，赢得了广大读者的喜爱。

娱乐新闻的精神导向

人的生活中，少不了娱乐活动、休闲和寻找快乐。直接的方式是参与其中，间接的方式则是了解这方面的信息，以为生活中的调剂和消遣。随着物质生活水平的提高，追求娱乐成为人们不可或缺的一部分生活内容。娱乐新闻就是适应人们精神需要的信息产品。无论报纸、杂志、网络以及电视节目，娱乐性内容现在都占有很大的比重。它打破了传统的思想禁锢，改变了社会生活的固有模式，使之具有多元的色彩和趣味。这是改革开放以来，媒体报道在内容上的一个重大变化，有着正面的意义。

娱乐新闻的主要内容是娱乐界的人物和事件，因为受到人们的普遍关注，成了娱乐新闻的追逐热点，这是当今娱乐新闻的共同现象。作为娱乐新闻的特点之一，这当然是不可避免的内容，但更重要的内容应该是寓教于乐，引导人们如何从人物和事件的演绎活动中，获得一种艺术享受，产生社会教化的作用。这才是娱乐新闻的高层次内容，是娱乐新闻应有的审美教育的内容。

审美教育是一种精神上的导向。媒体上的报道，不论标榜的立场怎么客观，对事件报道的取材，报道的角度和数量，都会在一定程度上影响受众的思想和心理，起着舆论导向的作用。对于严肃的政治新闻，我们非常强调导向作用，但对娱乐新闻，则少有这方面的要求，似乎软性的娱乐新闻不存在这方面的需要。

事实恰恰相反，政治上的舆论导向，会产生影响，但离人们的生活隔了一层，并需要通过人的思维才能形成一种确定的理性判断。娱乐新闻的内容则不同，其中的人物为人们所熟知，事件就发生在人们的日常生活中，表现形式是感性的，有引人入胜的情节，容易引起人们的兴趣，渗进人们的情绪。而情绪是能够感染的，于是出现了“追星族”，极端的情绪感染，就是疯狂

"追星族"产生的诱因。这说明，娱乐新闻对人们，尤其是青少年的审美追求和价值观形成，具有潜移默化的影响。兰州杨某某女士的追星悲剧，全国轰动一时，娱乐新闻不断跟踪报道这一事件的发展，却没有这方面的社会反思：长期以来，娱乐新闻的导向问题是否负有一定的责任？

1960年3月的一天晚上，美国男中音歌唱家伦纳德·沃伦在演出过程中因脑出血突发身亡。当时，在《纽约先驱论坛报》担任记者的桑切·德·葛芒赶往都会大剧院了解情况，以不到90分钟的时间写出了一篇讣文——《歌剧天骄　以身殉剧》，刊登在3月5日的报纸上，引起了很大的反响。记者在报道中创造了一种意境，使读者感受到歌剧明星死亡时人人悲痛的气氛，他大量地运用引语，使文中人物活脱脱地展现在读者面前，也借别人的口说出了他们眼中的沃伦先生。他对沃伦的一生寄予无限的同情，又实事求是地把他性格中的某些缺点也写了出来，让读者看到一个更真实和更具血肉的著名歌剧演唱家，写出了人们对他的怀念和爱戴。这篇别具一格的讣文，创意新颖，感情饱满和文笔精练，在娱乐版面中占有很大篇幅，并获得了1961年的普利策地方报道奖。

这个文例说明，娱乐新闻应该是，也可以是大众文化的一部分。比如刊登一些影剧评论，以提升读者的思想文化和欣赏水平；发掘娱乐界人物的敬业精神以彰显一种业精于勤的生活态度；反映一些大众性的文化交流，等等。即便是花边、花絮性文字，也有一定的文化因子。这些内容都能够在精神上给读者以正面的引导。

娱乐新闻绝不是明星公众活动和私人生活的猎奇性报道。在我们的娱乐版面中，经常看到的是这些明星光彩鲜亮的生活、青春靓丽的外表、酷感时尚的穿着，更有甚者，还公布明星参加各类活动的出场费、年收入、豪宅名车，绯闻隐私等。个别名人以哗众取宠方式自我表现和炒作，也被当成娱乐大餐搬出来吸引眼球。这些人成了无数青少年追捧与崇拜的偶像，奉为实现自我价值的目标。这是一个值得深思的社会问题。

例如一篇娱乐新闻报道：某港星自称是"接吻高手"，他说，"我吻过好多人啦，同我合作过的女星，几乎都吻过，关之琳、林青霞、张曼玉、张敏……个个都漂亮，我吻得都极有灵活性啦。"新闻还配发了一组照片，以示此言之不谬也。

男女情爱戏中有接吻镜头，本不足奇，奇怪的是某某说这话时，不是把自己看成是一个演员，不是把接吻看成是剧中人物在情感涌动中的热情表白，而是把演员在剧中的表演变成了个人的生活享受，把剧中人物之间的感情行为，变成了他自己和这些女星们的个人行为。这种津津乐道和庆幸不已的自诩，对戏中艳情的啧啧品味，让人感到了一种溢于言表的轻浮、浅薄和低俗，是对艺术的亵渎。

遗憾的是，媒体竟不惜篇幅对此加以传播，其导向作用何在？娱乐性新闻，也有审美的选择和意义，审美引导是一种精神导向，公布章子怡和外籍富豪男友的亲密照片，以半个版面的篇幅报道央视主持人沈冰与某房地产巨头的婚恋过程，其共同主题就是渲染美女嫁大款的标本价值，从精神导向上说，都没有任何的积极意义。

在电视画面上，我们也经常看到有些流行歌手出场一声脆喊“你们好！”一面演唱，一面和许多观众握手，把那些痴迷的追星族的情感调动到如醉如狂的程度。这是一种煽情表演，借以抬高自己的商业价值，并不是艺术。国内一些文化素质高，而又有演唱实力的演员在舞台上都是倾心于自己的演唱。世界著名的爱情歌王胡里奥在演唱时，没有动作，他全身心地投入到音乐境界里，甚至闭上了眼睛。观众得到的却是真正的艺术享受。

只有真正的艺术才会使娱乐升华，进入到一个审美的境界，产生“寓教于乐”的作用。

人们的生活中需要娱乐，但当娱乐成为一种目的时候，我们的精神境界可能就变得空虚了。

走向人性的回归

——一条普利策奖新闻的启示

“乘你父亲还在的时候，和他在一起，不是面对面，而是肩并肩地谈话，解开你们的心结。” “到你父亲的作坊去看看吧，抚摸抚摸他的工具，尝试一下他的作业。”——2001年获得普利策新闻奖的作品《失去父亲》里这样写道。

普利策这样的高奖项奖给了这位作者，代表了美国文化的一种新趋向，它正在洗去铅华，走向一种人性的回归。当财富越来越丰富的时候，人类文明的追求便又从一种利欲的目标转向更具本质意义的精神境界。因为在人类生活中，什么都是过眼烟云，只有感情对任何东西能够留下痕迹，并且穿透空间。

老年是人的生命过程的必然阶段，老年的体能跟中青年有强弱的差别，这是生理学现象，概莫能外。从这个意义上说，老年人确是社会的弱势群体，需要更多的关怀和照顾。但从社会学来说，笼统地把老年人看成是社会的弱势群体，则是一个假命题，既不符合人类文明的历史，也不利于人类文明的发展。我国已进入老龄化社会，如果老龄人口越来越多，意味着弱势群体的队伍越来越大，那将是一个怎样的社会？

人类进入氏族社会以后，年长者居于氏族领导地位，这一习俗现在还可以从某些少数民族地区看到。中国几千年的文化传统，以家族为基石，蕴涵极深厚的人性观念。家庭缔结的终极目标是父母子女的永恒连属，人生才得以绵延不断，因此，尊老爱幼被看成是天经地义，老年人绝非弱势群体，即便穷困潦倒，也是一家之尊。

中国的传统文化中，包括温馨和谐的家庭观念，是世界民族的共性，是人性中最具精神魅力和凝聚力的伦理化境界。惜乎“文革”十年浩劫，对于中国社会赖以维系人际关系的传统文化和道德体系，是一次毁灭性打击，其灾难性后果不是一两代人可以修复。作为媒体，我们即便不提“文革”，也应该像普利策新闻奖《失去父亲》那样呼唤：走向人性的回归！

每一个有道德感的媒体人都应该看到，这一伦理天平如今出现了严重倾斜：在家庭里，独生子女被娇惯成“小皇帝”，老年人则失去了他们的传统地位。许多老人退休以后要承担繁重的家务劳动，还要不断贡献自己的养老积蓄，老人有“水往下流”的想法，子女有“理所当然”的观念，于是“尊老”成了“啃老”，老人们更加劳累，生活质量下降。虐待老人的现象也时有发生。这是一个值得研究和解决的社会问题，关涉到伦理、道德、法律和观念等诸多因素的形成。作为社会神经系统的媒体，我们关注了多少？干预了多少？许多媒体，愿意炒作绯闻，却少有这方面的精神导向和道德评判。

2008 年 7 月 28 日晚，我看到内蒙古电视台的一个谈话类节目，说的是一个酗酒的儿子在争执中把拳头挥向了父母。主持人邀请了一些人士座谈，有教师、律师、心理学家，就是没有社会学者和伦理学家，主持人最后的结论好像是：暂时隔离，让双方情绪冷静下来。这个对父母充满憎恨的儿子，并没有真正懂得心理学家关于亲情、良知、良心三个层面的理论；但面对儿子凶巴巴的眼神，老人嗫嚅地说出了自己对孙子的亲情之后，还是答应不再接近孩子。从表情里，我感受到他们内心的委屈和痛苦。尽管人们不赞成儿子的暴力行为，但没有法律和道德的正义性介入，老年人的弱势地位，仍然注定地会延续下去。这个谈话节目给了我一种深深的悲哀。

媒体对重要周年活动的报道，有惯例的新闻策划。例如每年的“3·15”消费者权益保护日，媒体都安排集中版面和投诉电话，受到群众的欢迎。对比之下，《中华人民共和国老年人权益保障法》颁布已经 10 周年了，见到有周年活动的纪念性报道吗？老年人的社会价值已经不如商品的使用价值了吗？媒体上虽然有时也看到老年问题的事件报道，但从没有深入研究事件所以发生的社会成因。“新闻策划”的价值不是凭空策划出一个新闻事实，而是要思考已有的或即将发生的代表性新闻事实，追本溯源，设计如何从多角度、多形式报道，以达到应有的深度。

遗憾的是，《中华人民共和国老年人权益保障法》的条文只停止在一些模糊原则的文字表面，没有可操作的法律规定。例如这个《保障法》第四章规定，“要创造条件鼓励老年人积极参与社会发展”，不过是空洞的说辞而已，并不具有具体的法律效力。从你归入老年人行列的那天起，你就已经注定失去了积极参与社会发展而被“鼓励”的权利。

美国的同类法律，则是细则化的、具体可操作的法律条文，把拳头挥向父母，就构成了暴力伤害，没有什么道理可讲，带走再说，还敢打吗？美国的一位大学校长，75 岁了，当他知道董事会想让他离职的时候，马上请了律师准备起诉，董事会只好作罢，因为美国的法律不允许年龄歧视，就像不允许种族歧视一样。

2008 年《世界文化》第 7 期刊登《美国社会学评论》的一篇调查报告显示，当今美国感觉岁数越大越幸福的人在增加，回答“非常幸福”的 88 岁老人占 33%，觉得自己幸福的比例，岁数每大 10 岁就增加 5 个百分点。他们既可以怡情大自然，度过闲适的晚年；也可以继续效力于社会，发挥自己之所长。他们绝不是弱势群体，而是有着尊严感的快乐的老人。

《楚天都市报》曾刊出一条新闻，“他走了，留下两张遗体捐献证”，肩题是“我省耳鼻喉科创始人邓德光去世”。我的脑海里出现了这位奇特老人的晚年形象：他常常在住宅的周围一个人推着一辆自行车，上面挂满了乱七八糟的东西，漫无目的地走着，和谁也不说话，也没人和他说话。后来，自行车不推了，可能是推不动了，就一个人踽踽独行，乱七八糟的东西仍然“陪伴”着他，只是挂到了身上，数量减少了一些。再后来，他身上的东西更少了，但多了一根长棍，他的背已经驼了，身体的重心移到了长棍上，一步一步地慢慢移动着脚步。他已经什么也没有，唯一剩下的是自己的遗体，就把它捐给医学事业吧。他郑重地保存着两张捐献证，说明他没有失去记忆，他只是在衰老的过程中失去了一个老人应有的幸福与尊严。

呼吁我们的媒体，请多多关注我国老年人的幸福与尊严吧，这也是一种走向人性的回归。老年人的幸福与尊严属于社会，属于大家，因为我们每个人都要老。

积累材料：记者的职业化建设

积累材料是从事记者职业的一项具有决定意义的基本建设。积累强调了日积月累，应有一个长远的要求和计划。由于写作任务的不同，不能排除一时性的收集材料的必要，但对于一个以新闻记者为职业的人来说，在材料问题上，必须采取长远之计，屏除权宜之计，这将关系到新闻写作的质量、数量和速度，是一个有深远影响的问题。练好积累材料的基本功，并成为习惯，是记者职业化的重要标志。

积累材料可以活跃文思。有了充足的材料积累，你便可以主动地发现有新闻价值的事实，产生好的新闻选题。新闻的时效性强，不能像文学写作那样积累多少年，它的积累周期要短些。唯其如此，就更需要锻炼对生活的高度感受力，愈要注重材料的及时积累。积累愈丰富，视野就愈广，见解就愈高。一个在材料上没有积累的记者，是一个贫穷的记者，不可能写出内容充实的有独立见解的新闻作品。美国著名记者埃德加·斯诺 1936 年到中国陕北采访 4 个月，记录了十几本日记和笔记，拍摄了三十多个胶卷，还收集到几磅重的共产党杂志和文件。他靠着这些材料为美英报刊写了许多轰动一时的通讯报道，后来还成书《西行漫记》。只有养成积累材料的习惯，才有希望获得写作的丰收。

积累材料可以培养政治敏感。政治敏感的培养，首先是长期对社会生活中的种种事物进行观察思索的结果，从写作的角度说，在很大程度上，也就是积累材料的结果。因为当你把对于事物的观察作为材料积累起来的时候，就会经过感觉、知觉、记忆和思维等精神活动的训练，进行与写作相关联的探索，发现有价值的写作对象。而长期处在这样的训练之中，政治敏感也就不断地获得了加强。当然，理论的学习和指导是一个重要的因素，但理论只有在实际应用中才能产生指导作用。我国光学专家蒋筑英44岁猝死，在全国产生了很大的影响。报道蒋筑英事迹的记者说，在发现这个典型之前，他已经遇到了两起中年知识分子积劳猝死的事件。一个是吉林省专业作家丁仁当，在会上突发脑出血死去，49岁。一个是长春光学机械研究所副研究员赵景愚，刚刚完成了一项重点项目的数学计算，便因癌症逝世，46岁。不久又传来蒋筑英抱病出差，猝死成都的消息。记者的脑子里便迅速形成了一个选题，采写一篇优秀中年知识分子的报道，写他们的贡献、品德、工作条件和恶化的健康状况，呼吁社会的关心。他说："如果没有前两个材料的积累，我对蒋筑英这一典型的理解，就不会那么深，不会联想那么广，采写这个典型的紧迫感，也就不会那么强了。"古语说"厚积而薄发"，没有厚积，提炼便无从谈起。这个道理不难理解，难的是坚持。许多记者习惯于报道什么，就采访什么的"现烧现卖"状态，宁愿临时赶凑，也不想在平时的材料积累上下工夫。这就是采写不快和出不了好稿件的根本原因之一。

直接材料是新闻最需要的写作材料。它是记者运用感官从外界事物直接获取的表象、知觉和概念。这些材料具有直觉性的特点。表象和知觉反映了客观事物的视听形象，还具有形象性的特点，可以概括为：一个精彩的故事，一个留下深刻印象的人物，一个美好的画面，以及由外界触发的一点意念、回忆和情绪，等等。这些感性材料经过作者的构思和加工以后，可以对新闻所报道的客观事物，以及记者在思想感情上的某些体验，给以一定形象的表现。这些特点决定了直接材料在新闻写作中的重大作用，能提供可靠的外界信息，并以丰富多彩的形象牢固地保存于人们的记忆中。形象的记忆，是鲜明的记忆。这些材料虽然主要以事物的现象为内容，但它是人们进行分析判断、达到对于事物本质认识的依据，因此在新闻题材中占有最重要的分量。

以下是埃德加·斯诺在《西行漫记》一书中关于通过西安国民党封锁线的记叙：

我们在黎明之前离开西安府，那一度是"金城汤池"的高大的木头城门在我们的军事通行证魔力前面霍地打了开来，拖着门上的链条当当作响，在熹微的晨光中，军用大卡车隆隆驶过飞机场，当时每天都有飞机从那个机场起飞，到红军防线上空去侦察和轰炸。

在这段文字里，高大的城门，国民党宪警的严格检查，城门打开时的链条声响，军用大卡车隆隆奔驰，飞机在上空飞过，组成了一幅幅立体的活动的画面，绘声绘影地写出了西安地区当时那种森严恐怖的气氛，使人有身临其境的感觉。没有直接材料，就产生不了这样的效果。

由此可见，积累直接材料要求记者具有在实际生活中快速捕捉形象的能力，不同于文学创作的是，新闻作品中的形象素材，一般不需要采用细描，只是用墨线勾描出对象的形体、动作和神态，有一种白描的神韵。善于积累直接材料的人，总是不停地做两件事，一是对对象的复习和描摹，这要靠观察；一是对对象的理解和分析，这要靠思考。新闻写作中，常有这样的情况，观察是观察了，但并无所得，原因之一在于缺乏思考，观察到的不过是些纷乱模糊的印象，真要动手去写，又感到很难下笔。这就如同摄影一样，照相机可以摄入图像，但图像并不就是艺术品，还有一个取什么景和如何取景的构思问题，这就取决于摄影作者的审美选择了。

间接材料是新闻写作中占有数量优势的材料。间接材料既成事实是别人或前人证明了的现象、事实和根据，就是别人的直接经验，当然也有一定的真实性；有的间接材料是经过许多人共同综合起来的经验，例如总结概括性材料，内容有相当的广泛性，如果综合的得好，还精粹、全面地反映事物的本质，以及事物内部和外部的各种联系，有一定的科学性和权威性，在一定条件下还存在质量上的优势，因此也是新闻写作不可缺少的材料。

对于新闻写作来说，间接材料的重要性，首先在于它可以用来分析和印证所写事实的意义，并对直接材料起衬托的作用。美国《纽约时报》曾报道美军加强在伊拉克的反炸弹工作：

军事官员表示，五角大楼今年将投入35亿美元——这将3倍于原来的开支，加强应对在伊拉克数量越来越多、威力越来越大、技术越来越先进的自制炸弹的工作。这些爆炸装置是驻伊美军的头号杀手。

尽管长期以来自制炸弹爆炸造成的美军死亡人数日益增多，但这个问题并未获得充分重视或应有的处置。除了这项预算的增加，五角大楼最近还出资为士兵和车辆提供更好更多的装甲防护，这些都是由于国会和美国公众对驻伊美军安全问题表示关注促成的。

在未来几个月里，国防部计划把在美国和伊拉克负责专攻这个问题的技术、法律和情报专家的人数加倍——达到360人。此外它还将召集数以百计的其他专家，并且将有更多中央情报局和联邦调查局的专家参与其中。新技术和训练方式也将迅速投入使用。

国防部副部长戈登·英格兰上个月在一次有八百多名工业和军事专家出席的会议上承认，近90%的陆军人员伤亡是这些爆炸装置造成的。

这条新闻的直接材料是第一段和第三段，报道记者从五角大楼得到的当前消息：美军将加强在伊拉克的反炸弹工作，一个是增加拨款，一个是训练技术。仅有这两段能否构成新闻？也能，但显得薄弱，加上第二段和第四段以后，感觉就不同了，这两段并非直接材料，而是间接获取的过去的材料，用在这里起到背景烘托的作用，有了这两段，反炸弹工作的意义就突现出来了。

间接材料因为是第二手以上材料，所以积累的方法主要是收集整理。但不是漫无边际的什么材料都收集，一个人的时间精力有限，重要的是有一个积累的计划。要做到：

定方向。社会生活是多方面的，记者或编辑的工作，也会有政治、经济、文化、教育、娱乐等不同的定向，作为相对固定的采编范围。只有划定了一个范围，才便于利用多种方式，比如摘录、剪贴、复印等，有重点地积累最重要、最有用的间接材料，才比较容易出效果。

有要目。这要因工作而异，因人而异，不能具体划一。一般来说，以下几种类型的材料要注意积累：

第一是哲理性。一个民间故事、一句精彩的话、一件意味深长的事情，往往能发人深思，寓含着使人聪慧的道理。例如日本松下公司以"饥饿精神"对企业进行治理，所谓"饥饿精神"就是"经常对自己公司的产品、组织结构，甚至风气不满意"，一个称雄于世界的电气产业公司却要推崇"饥饿精神"，这就有很令人深思的道理。

第二是对比性。光明和黑暗、新生和灭亡、真善美和假恶丑，都是相比较而存在，相斗争而发展。历史和现状，先进和落后，这里和那里，国内和国外，都是对比。对比是生活本身的辩证法。同一类事物的性质和特点只有在互相衬托和映照中才能突现出来。

第三是联系性。有些材料看起来不相干，仔细一想，却又可以找到彼此间的联系。比如各地的民情风俗不同，云南把水看成是幸福的象征，所以有"泼水节"，西藏把白色看得很圣洁，所以向尊贵的客人献哈达。表达方式不同，但对崇高和珍贵的人性，各个民族都有美的追求，联系起来，就有类比说理的逻辑力量。

第四是典型性和全局性。典型性材料能反映事物的本质特点，有深度；全局性材料表现事物的数量状况，有广度。没有深度，不能感人，没有广度，写不出气势。相辅相成，都要积累。

勤整理。积累材料是为了使用，只有把零碎杂乱的材料分门别类地加以整理，使之系统化，条理化，才便于以后查找方便。整理还可以熟悉材料，酝酿观点，所以是产生积累效益的必要措施。

明代文人何景明说，“富于材积，领会神情，临景结构，不仿形迹。”这十六个字概括了积累材料的要求和好处，对于以写作为职业的记者，仍有值得学习的现实意义。

记者不是新闻看客

新闻质量的突破，取决于采访的深入与掌握事实、细节的多少；但从决定意义上说，则要从记者的“心”开始。心之官思也。一个掌握材料再多，写作技巧再好的记者，也决然写不出超越他的思想水平的作品。所有的攀登都是辛劳，只有思想才是顶峰。

思想是什么？它是一种功能。就像汽车的引擎一样，引擎需要燃油才能开动，记者的思想“燃油”则是不断的工作历练与知识积累。

我不是基督徒，但每次听《平安夜》的乐曲，那舒缓、深沉和充满圣洁感的优美旋律，岂止是荡气回肠，简直有一种心灵洗涤的感觉，让我久久陶醉在一种宁静的精神境界里。现在，圣诞节已进入了中国的节日序列，成了中国青年的时尚。我桌上的当天报纸，头版头条的主标题就是“平安夜，数百万人出门找乐”，肩题是“部分路段基本靠走，局部通讯基本靠手”。首先映入眼帘的是一张俯拍的全景式巨幅新闻图片，充满黑压压人群。记者描述道：

昨夜，江城成了快乐的海洋。公交集团预计，昨晚至今日凌晨，运送的客流达 400 万人次，比去年多 100 万人次。

当天下午 3 时起，武汉市区两千余交警全部上路。至当晚 11 时，122 指挥中心传出的信息出人意料：长江大桥、二桥一直保持畅通，堵点主要集中在大商场周边。交管部门不得不对八一路至街道口、汉口前进四路、中山大道局部等路段启用临时禁行措施。

和往年相比，今年私家车上路明显减少，带火了过江轮渡和公交。昨晚轮渡武汉关——中华路航线的客流，比 1995 年长江二桥通车以前还要大。

人集中也带来了不少麻烦。昨日 18 时起，武昌街道口、中南路、汉口武广、江汉路等地段，由于人流过于密集，手机几乎无法通话，只得互发短信。

从晚会时左右起，各家卖场开始谋划已久的“血拼”。晚上10点过后，不少商场部分专柜，干脆不再送券，而是直接5折。

截至今晨零时零分，王府井、世贸广场等多家卖场的人流仍呈上涨态势，打折狂潮一波接一波……

光看新闻本身，你就不明白为什么武汉市的数百万人昨晚怎么像走火入魔似的一起拥向大街？新闻标题上虽然写了是平安夜，但在这条有特点的新闻里，这个时间要素却被省略了。平安夜是什么？并不是所有中国人都清楚，还应该有个背景交代——它常常是新闻深度的内涵所在。在西方，圣诞节是重大宗教节日，是以家庭为中心度过的；平安夜就是圣诞节前夜，人们都团聚在自己的家里，围着装点着美丽彩灯的圣诞树，迎接圣诞老人带来上帝赐予的幸福和充满亲情的家庭温暖，或者全家人一起到教堂里祈祷，街上是很少人的。我们过平安节的方式却是到大街上“找乐”，去“吃喝玩乐”，去吃“圣诞大餐”，寻找刺激和疯狂。他们大多是年轻人，把平安夜当成了中国的“狂欢节”，好像过圣诞节就是与世界接轨，就是一种时尚。对于这个巨大的文化差异和误解，记者没作任何的解说性区别，他在人群里挤来挤去，就像一个普通的看客。

改革开放以来，中西方文化交流，西方的基督文化渗进了中国传统社会，东西方文明与智慧的表现形式不同，但都是对人类理性的完善和高扬，我们在主体文化的基础上，兼容并蓄，建构起多元的协调文化，可以进一步提升人们对真善美的统一追求，是一件好事。但从这条新闻看来。记者也和普通看客一样，并不探求这个西方节日的历史意义和人文精神，追逐的只是消费层次的浮华和虚夸。这条新闻把人们过西方节日的时尚心态扩大化，是适应娱乐化市场的需要，记者面对这种喧嚣街头的茫茫人海，不去挖掘人们内心世界的某种偏离和失落，而是把它转换为纯粹的大众狂欢，一味渲染过洋节的风气，就缺乏积极的思想意义。

这条新闻，给予人们的信息只是人流拥挤，交通堵塞，很难受，哪儿是什么“欢乐的海洋”，新闻里只有干巴巴的数字，标题说武汉市有数百万人昨晚拥向街头，统计根据是什么？全市不过数百万人，都上街了吗？不可能。人再多，没有“乐”的场景，能让人感受到欢乐吗？新闻表现不出来，记者凭的是主观想象，并没有显示出抓捕新闻题材的实际能力。最后只好用删节号省略了。

再说一个例子，歌手谢霆锋曾在武汉有过一次签售最新专辑的活动，当地一家报纸作了这样的报道：

“我看到他了”，昨日下午3时55分，汉口友谊路，身着黄色外套的谢霆锋携带最新专辑《释放》出现时，歌迷的尖叫声此起彼伏。接下来的三小时里，你绝对有理由相信，谢霆锋是武汉2005年迄今签售最“火”的歌手。

昨天凌晨1点起，已经有歌迷排队等候；昨天下午3点，签售队伍已经从友谊路口排到庄胜崇光的侧门，长达数百米；在现场，我们见到的不仅是年轻歌迷，甚至有四五十岁的男男女女。谢霆锋歌友会的歌迷站在队伍的最前端，她们每人手中都高举着“锋行天下”、“ 霆锋我们爱你”等字样的牌子，并为偶像准备了人形玩偶、植物标本等精美礼物。

不但能得到签名，还能和偶像握手，许多歌迷都不敢相信这一切。现场的歌迷表情成了两个极端。一种属于欢天喜地、笑不拢嘴型的，拿着签名就往外冲，狂喊着：“他握我的手了，他握我的手了。”另一种是恋恋不舍、狂流眼泪型，签完名后硬不肯走，捂着嘴巴涨红着脸大哭不止，最后被工作人员搀扶着出去。

昨天的武汉，一名身穿红色外套的女生签完名后，直接扑向偶像怀里，谢霆锋反射性地往后闪了一下，幸好桌子隔断，她没有得逞，很快被保安拉走。

……

这篇新闻有“本报讯”的开头，还有记者、通讯员的名字，俨然一篇“独家新闻”，但看了内容，人们不禁为煽情炒作这样的现象感到遗憾。记者代表的是谁，提供什么样的信息服务？歌迷们这样那样的癫狂是一种非常态的表现，记者应该冷静地思考一下，这种行为是不是折射出了人们，特别是年轻人心灵中存在的某种缺失，反映出人和整体环境、人和人文精神的某种分离？置身喧闹街头的记者应该以自己的独立思想，对社会生活进行深度观察，而不是充当麻木的看客。这条新闻刊登在报纸的头版，还配发了现场的大幅照片，让这个签名售碟的个人商业活动，占据大片的中心位置，如此渲染追星的疯狂，鼓噪一种缺乏社会意义的低俗行为，对社会只会带来负面影响，说明某些媒体和记者正在失去对社会的责任感，对城市生活中的许多热点问题缺乏关注的兴趣，他们卷进了新闻商业化，报道娱乐化的旋涡，热衷于制造新闻看点，以新闻报道的趣味性、新奇性、轰动性取代社会生活的真实性。这是一个值得深思的问题。

记者要有思想，但不能有说教

记者的工作很辛苦，整天忙着跑新闻，在媒体竞争激烈的形势下，地方报纸还以稿费形式鼓励读者更多地提供新闻线索，好让报社选择一些最能吸引“眼球”的报料，进行充足的报道。群众参与办报的活动，体现群众路线，无疑是正确的，不断扩大信息量也是媒体努力的方向。但需要更多考虑的恐怕还是我们报道的信息中，有多少是有思想价值的？媒体的功能说到底，是要通过信息传播实现社会的思想价值。因为任何新闻事件，都是在一定思想的支配下发生的，新闻的深度就在于透过各种方式，或直接揭示，或间接暗示它的思想内涵，只有公众的思想（包括各种观念）提高了，才能真正体现一个社会的发达程度和文明水准。

且看法新社的一条新闻：（法新社开罗 1981 年 5 月 20 日电）标题《埃及老鼠生吃骆驼》就很有吸引力：

千万只饥肠辘辘的老鼠冲入开罗河谷，逼近首都开罗。

政府已下令进入紧急状态，同时组织灭鼠队尽力消灭老鼠。

这些重达半公斤的老鼠，身长 35 厘米。

老鼠靠啮食开路，越过乡村和农田，当地人万分恐慌。它们与当地人的比例是 6:1。

过去几星期中，埃及报纸全是可怕的故事，渲染老鼠的恐怖。在东部省，一头脚部流血的骆驼遭老鼠袭击，被活活吃掉，只剩下白花花的骨架。

在扎加奇附近的一个村庄，老鼠吃掉 500 只小鸡。当地农民报告说，老鼠还吃掉 12 公顷小麦，并袭击婴儿和老弱病人。

在大群老鼠的袭击下，家禽和牛都不是对手。

鼠灾现象开始于一年前。1973 年以色列与埃及战争后，苏伊士运河沿岸的许多村镇被人们遗弃了，人去楼空，老鼠便在此地繁殖起来。8年来未遇天敌。

一只雌鼠每年能产幼鼠60只。农业部的官员估计，该地区的老鼠达几千万只。

目前，国务部次长沙伊统率13 000人发动了一场灭鼠战役，战斗口号是“见鼠就杀！”沙伊先生每个星期召开会议，总结战果。据报道，他们上星期在一个城镇消灭了92万只老鼠，在另一个地方又消灭了409 000只。老鼠的尸体全被扔进铺满石灰的坑里，加以掩埋。

然而，老鼠仍不断在开罗市郊出现，成群结队侵犯首都的屠宰场和制革厂。《金字塔报》上发表了一封读者来信，紧急呼吁：“救救我们吧！我们完全被老鼠控制了，老鼠把我们的一切都抢光了！现在，我们只有等老鼠来咬死我们了！”

开罗的市民都害怕遭到和这位来信者一样的命运。

这条新闻多方面地描写了鼠灾的严重，看了触目惊心。这一生态灾难何以产生？集中表述在一段背景交代里，这里用黑体字凸显出来，它警示人们：战争不仅给人类造成生命财产的直接损失，还会制造生态系统的灾难，带来难以想象的生存危机。这就是记者的思想。它渗透在新闻的字里行间，使这条新闻成为历史的纪录，具有历史的价值。抽去了这一段内容，新闻还是可以发稿，但只是满足人的好奇心，它的思想价值消失了，也就成不了新闻的名篇。

类似这样的生态灾难，或者其他灾难的发生，在我们这样大的国家里，是不会少的。我们的媒体报道，也能够快速跟进，但在正面报道的思想指导下，往往不能“由表及里，由此及彼”地思考，发掘并报道它所以发生的深层原因。思想是一种心理功能，我们的记者，不是缺少这种功能。但任何功能，都是“用进废退”，你唯恐有损党和政府的形象，有意绕开它，时间一长，有思想也变成没思想了。

思想不等于说教。上面这条新闻没有任何说教，却让读者从一系列触目惊心的事实中感受到生态灾难的可怕，认识到生态建设的重要。任何说教的内容，都是一些干巴巴的道理和原则，读者不会喜欢，新闻报道中那些假、大、空话，只能说明记者思想的苍白，不能提供任何可以思考的直觉理性，人们望而生厌，便会产生心理抗拒。新闻的思想价值主要渗透在事实里。思想好比是一个源头，只要有源头，从那里流出来的水流，就会从石缝里渗出，汇成一条思想的小溪。但有思想的新闻作品，也不是事实的罗列，在适当的地方，还需要借助于别人的话或背景交代，揭示主题，起到“画龙点睛”的作用，就像溪水在流动中激起一片浪花，在阳光下闪耀一样。

突破拥堵　出奇制胜

——评析一篇获普利策奖的新闻

第二次世界大战是至今为止，人类社会所进行规模最大、伤亡最惨重、破坏性最大的世界性战争。在1939年到1945年间，全世界的新闻报道都聚焦在战争的残酷和人民的苦难上，1943年8月12日，《纽约美国人日报》却突破战争题材的拥堵，在头版刊登了一条很不寻常的新闻《她只能活七小时》，获得了1944年普利策报道奖。新闻报道了为抢救一名仅能存活7个小时的两岁女孩的生命，人们发起了寻求当时稀缺的青霉素的活动，暂时保住了小姑娘的性命。文中写道：

找到青霉素并非易事。因为这个被医学界誉为“创造奇迹”的奇药是如此稀少以致几乎不能得到它。即使是军方，也只能得到他们所需的一小部分。

然而，这位父亲恳求帮助两分钟之后，《纽约美国人日报》本市新闻编辑台决定开始投入这项援助工作。电话打到路德医院，证实了那个小孩几乎不能活了，她患的是一种罕见的血液病，一种血液中毒，磺胺制剂已经用过了，输了两次血，都无济于事，有人提出青霉素是唯一的希望。

通过电话向华盛顿的美国公共卫生局局长托马斯·帕伦请示，并详细调查了纽约的药品公司后得知，施贵宝公司生产青霉素。打给帕伦博士的电话被理查兹博士听到了，他在华盛顿负责科学发展局的研究工作。“新泽西州新布伦瑞克的施贵宝实验室能提供青霉素。”理查兹博士说，“我将打电报，请他们立即定量发放。”

与此同时，人们获悉斯特·基弗博士这位波士顿外科医生和战时生产委员会委员有权直接命令发放民用珍贵药物。他是由路德医院外科医师柯利蒂大夫通过电话取得联系的。“你将得到青霉素”基弗大夫向柯利蒂大夫许诺。

计划在实施之中。两个州的警察护送青霉素从新布伦瑞克运到这个奄奄一息的女孩的床头。下午6点30分，柯利蒂大夫在霍兰隧道的入口处碰到了一群焦急的记者。当那辆仁慈之车停在施贵宝实验室前面时，时间是下午7点30分。3个卫兵等在那里。其中一个走向汽车，“是柯利蒂大夫吗？给你青霉素。”

最后一段路程是从霍兰隧道到路德医院，只用了8分钟，行驶在高速公路时车速器始终指向65英里/小时。汽车就要停在医院门口之前，柯利蒂大夫说，“今天，你们大家做了一件世界上所有的医生都做不到的事情。”一个记者说，“但是，从现在起，大夫，靠你了。”

记者们踮着脚走进四楼那个失去知觉的孩子的房间。她费力地呼吸着，但在蓬乱的丝一般的棕发下面的小脸上，并没有痛苦的表情。“她是个可爱的病孩子。”一个护士低声说。

孩子的父母都哭了。“谢天谢地，我的小丫头又有了一次机会。”孩子的母亲说。

这条新闻启示我们，对于一名优秀的记者来说，选择题材是多么重要，关键就是要出奇制胜。1943年8月，世界反法西斯战争还在激烈地进行，记者没有从正面报道公众关心的战争进展，却选择了这样一件看起来与战争无关的事件，倾心尽力地加以报道，是要揭示什么样的主题呢？从女孩的父亲向报社打出求援电话的两分钟以后，我们看到，所有被联系的美国人，从联邦政府的官员到实验室的博士，从医院的医师到护士，从警察到卫兵，都义不容辞地立即投入了这场和时间赛跑的斗争，组成了一个急救网络，抢救女孩的生命。他们并不相识，职业背景大不相同，但都有着一样的精神——人与人之间的爱心，尽自己的力量去帮助别人，这就是美国人民的精神。这种精神使他们战胜难以想象的困难，也必将战胜凶恶的敌人，取得反法西斯战争的伟大胜利。这就是新闻所蕴涵的主题思想，事情不大，却有着深远的意义。

新闻报道是时代的脉搏，不同时期有不同的关注中心，需要集中版面进行正面的报道，反映事物的广度，让公众了解事物发展的一般性。但一般只能在个别中存在，通过个别表现出它的本质特征。所以，我们还必须选择那些最能集中反映事物一般性的个别材料，从不同侧面去反映广阔的社会生活。通过个别的具体形象去反映现实的本质，通过局部去表现整体的存在。这就是写作上的出奇制胜。这篇获奖新闻就是从个别的事件中表现出美国人的整体精神，达到了以小见大的效果，虽不是正面表现战争的主题，但能起到烘托和支撑的作用，具有认识的深度。

新闻要用事实说话，不允许进行艺术概括，更需要选取典型事实，以少总多。司马迁在《史记·孙子列传》中，只写了一件事，孙武向吴王阖庐献《兵法》十三篇，阖庐问能否操练？孙武说可以，于是集合后宫妇人八十人，让孙武指挥。妇女们听到口令，大笑，孙武再三申明军令，还是大笑不止。孙武立斩吴王的两个爱妃，另选两名队长，再发口令，全场“无敢出声”，“妇人左右、前后、跪起皆中绳墨”。司马迁只用了一个材料表现孙武，人们读了并不感到单薄，原因就在于妇女最难操练，后宫宫女更难摆弄，孙武却能把她们操练得井井有条，这就突出地表现了孙武的非凡军事才能，其他已经包容在这一典型之中，不需要一一去写了。

“万树桃花映小楼”

新闻的题材可以概括为三个部分，即事实、现象、和根据。事实是实际发生的具体事件，是新闻的本体和基础；现象是事物发展的外部形态，是它的感性形式；根据是形成结论的必要条件、理论准则和数字依据等，是它的逻辑结构。三个方面完备的新闻，绝对是一篇内容充实、形象生动、又有说服力的新闻。但题材单一化，不可能写成好新闻，则是不争的事实。

北京医药卫生界海外联谊会副会长、全国人大代表林明美曾经指出，我国每年因为公众营养不良造成的生产力损失至少为5400亿元人民币。林明美算了一笔账，据世界银行研究表明，发展中国家因营养不良造成的生产力损失占GDP的3%~5%。即使采用3%计算，2005年我国国内生产总值达到18.23万亿元，乘以3%正好超过5400亿元。

调查表明，2004年我国居民罹患营养不良和营养性相关疾病的人数以亿计。全国约有2160万儿童体重不足，4200万儿童生长迟缓，意味着这部分人群的体格和智力发育水平永远难以达到正常水平，将大大降低其成年后的健康状况和工作能力。微量营养素缺乏已成为全国居民的普遍问题，肥胖、糖尿病等营养相关疾病也在快速增长。

这就是一条题材单一化的新闻。虽然关涉到我国六千多万儿童的健康成长，以及每年由此而造成的5400亿元的经济损失，主题是重要的，但只有一些枯燥的数字，就不能充分地表现主题的意义。特别是这些数字并不是自己调查所得，不是第一手材料，而是根据世界银行对发展中国家的研究估算出来，在多大程度上符合我国的实际情况，存在着不确定性。新闻中的“调查表明”，应该有确切的材料来源，2004年我国患各种营养性疾病的儿童和居民，数以亿计，我国人口一共13亿，以亿作为计算单位，太过笼统宽泛，不符合严谨的科学态度，失去了可信性。总的来说，这条新闻不过是一些主观推算，甚至是一些不负责任的数字堆积，人们感到“干巴巴”，也就不奇怪了。干巴巴的语言就算可以勉强起到交流思想的作用，却因为缺乏表现力和感染力而不可能使人产生阅读的美感。这样的语言降低了读者的阅读兴趣，当然也就削弱了交流思想的效果。所以如何运用语言报道新闻事实，是新闻写作中最重要的基础，也是一个写作艺术的问题。

数字式新闻中的普遍问题是一系列数字的罗列。数字的精确度可以达到百分比的小数点以后，有非常具体的一面，但从另一方面说，数字不过是一些特殊的符号，又有高度抽象的一面。这就决定了单一性的数字式报道，在信息传播的效果上有着很大的局限性。我们需要探究的是这类数字式新闻的写法。

数据是没有生命的，所以人们读起来感到枯燥，有没有办法加以点化，使本来没有生命的东西，产生出丰富的、情景俱出的境界，让人感到连数字也有了生命意义呢？有的。那就是写进一些人的活动，赋予人的感情，就能点石成金，全篇皆活了。唐代诗人元稹《离思》诗云：“山泉散漫绕阶流，万树桃花映小楼。”这里的山泉流水，万树桃花，都不过是自然景色，没有人的情感活动，就构成不了意境，有了“映小楼”，人们的感受就大不同了。小楼是人的住屋，表明有人在这里生活和居住，山水景物也因为人的活动而有了生动的气韵，让人产生了无限的遐想，寄托了诗人的离思。

新闻不能排除数据的作用，数据是权威部门或有关部门进行统计或计算，科学研究或技术设计所依据的数值，是准确量化的指标性根据，有着不可替代的高度概括性。但数据毕竟是枯燥的数字，没有生命的跃动，难于引起人们的情感体验，如果借鉴“万树桃花映小楼”的艺术技巧，让数字和新闻事实相结合，读者在阅读中便可能产生强烈的印象。请看下面这条新闻：

北京一家餐馆的门前，一名男子正在费力蹬着三轮车，车上装着两大桶从各个餐馆回收上来的泔水，一股难闻的酸臭味弥漫在周围。这名男子突然拿出手机，接听电话，一边继续往前蹬车。

这一幕如果放在几年前的中国绝对是令人无法想象的，更不用说使用手机的是一个生活在社会最底层的人物。但是今天，中国已经拥有了将近四亿手机用户，手机成为这个13亿人口大国最日常的沟通工具，就连月收入不足82欧元的低收入阶层也都人手一部手机。从2004年开始，中国就已经取代美国成为世界最大的电信市场。

据统计，截至2005年底，中国共有3.93亿手机用户和3.5亿固定电话用户，普及率分别达到30%和27%。2006年，手机用户将达到4.4亿户，2010年则达到6.17亿万户，其中2.1亿户为3G手机用户。

按照这个增长速度，2006年中国新增手机用户将为4700万户，这是世界上其他任何地方都无法比拟的。

这条新闻通过手机的普及率表现中国发展变化的快速，同样使用了大量的数据，但和上面的相比，给人的印象就有很大的不同。首先，它的数据具体可信，更重要的是，新闻最前面有一段新闻事实，表现了中国社会底层的一个小人物随时使用手机的情景。这样的情景表现，同样隐藏着理性内容，但不是通过自觉的思维判断直接表示出来，不是用概念去浓缩和凝固读者对于现实事件的认识，而是让读者从对于客观事件的充分感知中去展示事实的必然。在这点上，新闻写作和文学写作有相通之处。不过文学写作中的形象创造是把具有代表性的本质特征集中到某一个个别对象上，是一种具有概括力的创造性再现；而新闻写作中的形象显示则是事物质素形态的纪实性摹写。

这就是说，新闻写作的极为重要的艺术技巧，就是要强调对新闻事实有一种感性的表现，即便是数据很多的新闻，也不要简单地罗列，而要尽可能插进一些形象的描绘，诉诸人们的感知和理解。2009年是中华人民共和国建国60周年，我们在各个领域特别是经济领域取得的伟大成就，都需要媒体大力报道，必然离不开数据的说明。如果能够改进题材单一化的报道，走向多元化的层次，必将产生更好的报道效果。

数字的无奈

数字作为一种数据，可以用来说明事物数量变化或发展过程的全局性状貌，特别在表述经济问题上很有说服力，是新闻中的一种重要题材形式。但数字并非万能，它是抽象的符号，不可能给人以具象的认知，只有在和事实相结合的逻辑联系中，事物的本质特点才能在一定的数量界限内展示出来。

例如法新社报道第十届世界森林大会说，“自1985年以来，热带森林面积正在以每年平均1700万公顷的速度消失。这差不多等于法国全国的森林面积，作为欧洲森林资源最丰富的国家，法国的森林面积为1400万公顷。”报道不是简单地列出森林消失的数字，而是把这一生态失衡情况和产生的不同原因同时告诉了读者：“在非洲和巴西亚马孙盆地，农民烧毁大片森林，以便进行放牧和种庄稼。在泰国和亚洲其他地区，森林所面临的威胁是珍贵树木的大量砍伐，如柚木。在许多穷国，木材是主要的做饭和取暖燃料。在发达国家，工业污染对其森林构成主要威胁。东欧国家的一些森林由于受有毒气体数十载的污染已出现大片死亡。在北美，酸雨是造成数百万棵树木死亡的重要原因。”这是新闻的部分内容，人们并不觉得枯燥乏味，愿意读下去，越读越清晰，越读越深切地感到全球受威胁的森林是人类的共同财产，提高了他们的环保意识。

汶川地震发生后，社会各界通过各种渠道捐赠了巨额资金和大量物资，各级政府也投入大量的抗震救灾资金。2008年9月10日，审计署副审计长余效明接受中国政府网专访，就“加强救灾款物发放审计，提高救灾款物使用效率”与网友在线交流。余效明表示，这次审计采取“全过程跟踪审计方式”，“审计过程中，审计署共接到群众投诉1922件。目前，上缴不及时、挤占挪用的抗震救灾资金物资已全部追回，并对21名责任人给予了党纪政纪处分”。余效明说，救灾款物审计的对象主要是这样几块：一块是涉及财政救灾资金的部门。包括财政资金的分配部门、管理部门和使用部门。另一块是接收社会捐赠的组织、单位和部门，“只要有接收救灾资金的单位都是我们审计的对象”。她说，截至7月18日，全国各级审计机关已经对全国18个中央部门和单位，同时对31个省市和新疆生产建设兵团都进行了审计，还对31个省的1126个省级部门和单位、5281个地级部门和单位、20 471个县级部门和单位进行了审计，对四川、甘肃、陕西、重庆、云南五省市，我们延伸审计了2676个乡镇、5763个村，并对45 149户的受灾群众进行了调查。“可以看出，我们的审计已经涵盖了绝大多数救灾款物接收和发放的渠道。”

汶川地震造成的巨大灾难，遍及10万平方公里的土地，上千万人民失去家园，国家拨出的、全国乃至世界人民捐赠的巨额救灾款物，应该制定严格的管理发放细则，建立专门的发放机构，并有群众直接参与的监督机制。对于那些冒天下之大不韪，敢把贪腐之手伸进救灾款物之中的不法之徒，政府应该毫不留情地予以打击，媒体也要彻底曝光他们的丑恶面目，方能树正气、振人心、共赴危难。但人们却看不到这方面的新闻报道，是没有这些措施，还是媒体工作的失职？审计署出手审计，是完全必要的，可新闻中的一系列数字又能告诉人们什么呢？

汶川地震后，人们最关心的问题之一，就是救灾款物的发放，能否完全落实到灾民的手中。新闻提到“上缴不及时、挤占挪用的抗震救灾资金物资已全部追回，并对21名责任人给予了党纪政纪处分”。证明确实存在一些问题，但只提到了一句，没有展开事实的报道。新闻的总体内容是表白审计署在“加强救灾款物发放审计，提高救灾款物使用效率”方面所做的大量工作。政府部门有必要报道自己做了哪些分内工作吗？人民想知道的是你解决了什么问题？有什么实效？还存在什么问题？可就在这个关键点上，新闻惜墨如金，一笔带过。这类以数字掩饰事实的新闻，实在太多了。

三鹿毒奶粉事件发生以后，时任国家质检总局局长李长江9月17日上午在国新办记者会上，通报抽检、患儿治疗等方面情况。李长江强调，“检测结果已经表明，含三聚氰胺的是少数，批次是少数，109家中22家的产品有问题，只占20%，80%是合格的”。却不想想20%的奶粉不安全，将会使多少婴幼儿的健康受到伤害！他特别提到，“像伊利、蒙牛的有问题产品，不合格的批次很少”，意思是能有几个倒霉地碰上呢？电视播出李长江的讲话，只见他神情昂扬，振振有词地高调表示，质检部门派出的1400个工作组共计5000名质检员已进驻所有乳制品生产企业，全面监管企业奶粉生产各环节，确保出厂奶粉的质量和安全。他振振有词地认为，他们事后的工作已经做得很好了，完全不提事前的检查监督，好像不是他们的职责一样。可见他是在玩弄数字游戏，目的是要减轻自己的责任，保住官位，终于引起众怒，被轰下了台。

数字的不可替代性，在于它可以帮助人们了解事物量变的积累，了解数量变化的程度、幅度和范围。但脱离了事实的母体，罗列一个个孤立的数字，只是一张看不明白的数字式表格，除了国家专门发布的统计数字以外，都不能叫做新闻。我们有些官员和记者对数字有着特别的青睐，他们信赖数字的权威性，又可以不费力地拿到，却对事实缺乏兴趣，这类空有数字，缺乏事实血肉的新闻，并不能传递确切的信息，只让人一片模糊。

新闻的"大敌"是笼统模糊，充斥空洞的数字是一大原因。特别是——人们不禁要问——那些孤立的，甚至是片面的数字为什么总是在人们希望了解种种事实的真相时出现？在梳理了一条条正面数字以后，人们终于明白过来，原来数字的引用，在这里就是为了制造模糊笼统，不希望人民知道得太多，以免造成不良影响。他们忘记了，不尊重人民的知情权，恰恰是最大的不良影响。这已不是修辞艺术的问题，而是民主意识的问题。面对如此情况，数字很无奈。

“似曾相识燕归来”

新华社每年都要发表审计署当年的审计公告，公布对若干家中央部门单位年度预算执行和其他财政收支审计结果，常常是洋洋10万言。据2008年审计长刘家义介绍，2007年共审计53个部门，延伸审计368个所属单位。这次审计发现部门本级存在的问题金额293.79亿元，其中管理不规范问题占98%，违法违规问题占2%，属于2007年度新发生的问题占59%。这次审计发现的7件涉嫌违纪案件线索和14名涉案人员，已移送有关部门查处。在审计过程中，已有10个中央部门整改审计查出的问题金额37.35亿元。

看到这样新闻，就有“似曾相识燕归来”的感觉。原来，在李金华任审计长的时候，就曾不止一次有过这样的审计结果的报道，内容一样，只是数字不同，李审计长在另外的场合更进一步表示了大无畏的审查决心，当时引起了颇为震撼人心的社会反应，认为李审计长很有点“黑老包”的政治气魄。他代表国家审计署的审计报告，具有法律监督的权威，人们相信一定会产生发酵的效果，抱有高度的期待。

人们最关注的是查出了问题怎么样？这次，原交通部的审计回应是“对动用车购税专项资金8400万元违规为所属单位建设办公楼的问题，正在向国家发改委办理上报审批手续”；水利部部分单位报假发票套现476万元，回应是“已对相关单位和责任人员按党纪、政纪作出处理”；国家统计局对擅调公车46辆价值1377万元的回应是“正在核实清理中”；国家发改委对6475万元医药储备资金长期闲置的问题回应是“正会同有关部门研究相应措施，以发挥医药储备大作用”等，不必列举。新华社对第7号审计公告有一个解读，指出资金闲置、私设小金库、乱收费、挪用资金等这些近年来屡审屡犯的“老大难”问题再次出现，并分别作了分析和揭露，这就充分证明了那些审计回应都只不过是应对一时的官场话语，李金华时代如此应对，现在重复一遍罢了。

新闻报道有舆论监督的责任，就要动“真格的”。新闻如果只是报道了空泛的审计回应，没有在“怎么样?”的新闻要素上进一步展开，是一个重大缺失。——缺失了这个最重要的价值坐标，报道便成了徒有数字外衣的新闻空壳，如同那些空洞的审计回应一样。

审计公告如同打雷，人们希望下雨，你硬是“不下雨”，我可以施行“人工下雨”，现在高层部门都实行新闻发布会制度，记者可以请发言人就审计长审计报告中的涉案部分，公开回应。但要事先想好提问，让你无法回避。一定要回避，我就把你的回答如实地报道出去，也能产生一种舆论监督的效果。

“问题金额”究竟是个什么性质？这是一个根本性的问题。据光明网2008年8月27日报道，全国人大常委会委员，中纪委原副书记刘锡荣在审议刑法修正案（草案）时就提出了集体腐败的概念。他以自己的纪检经历介绍，目前中国有一种犯罪是不受法律约束的，且明目张胆，就是集体犯罪，由于还没有惩治集体腐败法，让腐败者钻了空子。有评论谈到怎样处理这类问题？提出应将集体腐败纳入刑律，让违法者受到法律制裁，或通过党纪和行政规章进行查处，强调矛头必须对准单位主要行政首长，让其承担责任，包括刑律责任。如果采写这条新闻的记者采访了这些人士，请他们就审计出来的问题金额发表意见，写进报道里去，这条新闻的内容就会充实得多，产生了一种政治震撼力。

现在，私设小金库现象相当严重，已经是一个公开的秘密。小金库以非法形式为小团体谋利，滋生了集体腐败，不能因为有了集体的名义，它就不是一种腐败；不能因为人人都有份，都脱不了干系，就可以不负责任。其实这不是集体的罪恶，责任在主要行政官员，他是主张者、实行者，也是最大的受益者。我们的新闻报道历来有典型调查的传统，西方国家也有调查性报告，这是一个很有效的做法。我们完全可以从审计公报里找一个最严重的典型，进行全面深入的调查，只要晾晒一下小金库的腐败账本，人们就一定会感到触目惊心。据我所知，有一个学院，仅是买单让全体在职教职工暑假集体到新马泰旅游7天，一次就花去十几万元。

记者不宜在新闻中直接对事件作出评论，但不等于没有评论，这个评论可以通过对权威人士的采访作出客观的报道，也包括不同的评论。审计公告又出来了，给我们提供了可靠的官方线索。作为一个有社会责任心的记者，我们应该跟踪重大事件，深入调查核实，新闻既要写得有分量，还要有后续性报道，推而广之，它所产生的舆论效应，就可以形成一种社会监督机制，于党于国，利莫大焉。

遗憾的是，李审计长时代没有这样的新闻，几年后的刘审计长时代，仍然没有这样的新闻。已经有“14名涉案人员，移送有关部门查处”了，应该可以从这里开始，把那些审计矛头指向的事实，写得具体些，迫使被点名的涉案单位能够有切实的行动性回应，让他们认识问题的性质，拿出切实的整改措施，向国家，——审计署代表国家执行财务监督的权力，向人民，——新闻报道代表公众履行舆论监督的责任。无论对哪方面，他们都应该有个交代。就算舆论监督只等闲，国家的法律监督，也可以不当回事吗？

不全求全：局限性不等于片面性

生活现象是复杂的，变化的，新闻不可能写尽事实的全部，它只能摘取其中的一部分，从这点上说，它是不全的；但新闻又需要反映事实的本质，而本质则是生活现象中具有规定性的基本部分，从这点上说，它又具有全局的意义。新闻写作的辩证规律之一，就是要让复杂变化的生活现象，透过新闻的聚光镜，反映出其中的本质方面，突出其主要特征，达到局部和整体的统一，这就是不全求全。

公元前 7 世纪希腊赫西俄德的教谕诗里就曾说，“半数多于正数，整数比半数大”，强调以少胜多，以小敌大。中国的老子在《道德经》里说过，“少则得，多则惑”，也是这个意思。他们都有朴素的辩证法思想，说明了从“不全”可以得到“完全”，求全反而不全的道理。我国绘画中露一爪以显示云海神龙；屈原在《九歌·湘夫人》中写道：“袅袅兮秋风，洞庭波兮木叶下”，以叶落而表示秋气之肃杀；法国雕塑家罗丹的作品《思》只雕塑了一个少女低垂着沉思的头；摄影作品《我的手最干净》，拍摄了一只只白胖的小手，争先恐后地接受卫生检查。就表现形态说，它们都是不全的，但是事物的本质部分，或主要特征却得到了集中的表现，给欣赏者留下再创造的想象空间，蕴藉深厚，发人深思，在人们心目中，造成了鲜明的、生动的印象，达到了“用最小的面积集中最大量的思想”的效果。

新闻要写事实，限于篇幅，包容的事实又不可能很多，记者也不可能把许多事实了解以后才能写新闻，报道的局限性总是会有的。但局限性并不等于片面性，片面性割裂矛盾的各个方面及其对立统一的辩证关系，只看到一面，忘记另一面。局限性的范围虽小，只要抓住事物的本质特点，局限的事实便可以包容广阔的内容。据报道，广东省政协召开的座谈会上曾透露，深圳一个处长职位，竟有40个教授来争，出现了学术与官位严重倒挂的现象。深圳走在改革开放的最前沿，教授们的思想观念还那么陈腐、落后吗？教授与官员相比，社会地位和财富地位，过去居于下风，但当代中国的高等教育，收费占人均国民收入的比例名列世界前茅，高校连年大兴土木，已建成世界上最豪华的校园，教授待遇已经大不一样了。现在的大学教授，有名也有利。40个教授争一个处长职位，说明在深圳，改革开放虽然推进了经济的发展，却没能遏制权力寻租，反而为这种行为提供了更多的空间和便利，一个处长职位能够得到的利益远高于教授。以致有文章认为，“现在做官的利益太大，比教授所得更大，属于暴利性职业”。新闻发生在深圳，有一定的局限性，但在社会政治层面上反映出来的问题，却有相当的普遍性。文章说，“只有没有油水的官职，才不至于颠覆教授的自我职业认同。”这就必须斩断官职与肥厚油水的联系，彻底解决权力的监督与制衡，于是政治体制改革就成了一个必须讨论实行的深刻话题了。

以不全求全，需要新闻内容的典型性。新闻报道中的典型是生活中固有的，实实在在的事实，它的典型性在于能够反映事物的本质特征。这样的事实虽然只是生活现象的局部，但在表现事物本质的意义上，在暴露事物之间的主要矛盾上，在显示事物发展的方向上，代表着事物的整体，透过这样的局部，人们可以达到对事物整体的认识。在这一点上，我们需要向先秦散文和《史记》学习。它们的内容都是历史的实录，历史现象错综复杂，面面俱到地写，反映出来的不过是各自孤立的事实，只有从中选取、提炼出具有特征意义的部分，有机地组合起来，才能把历史的面貌、演变的内容，人物的形象，从整体上反映出来。这种以不全求全的艺术手法，正是先秦散文和《史记》在叙事上的成功之处，是它们的文学价值之所在，值得新闻写作借鉴。新闻写的是新近发生的事实，是“易碎品”，但具有典型意义的新闻，未始不可以成为将来的史料，更有借鉴的必要。例如《左传》善于写战争，但作者并不在战争的过程上繁琐记叙，而是着眼于政治与军事的结合，把笔墨用于战争的背景、布局、力量对比、人心向背，以及战后的反应等方面，留下历史的经验和教训。这样的主题思考和题材选择，对于今天的新闻写作来说，仍然具有现实的教育意义。

2008年发生于贵州瓮安的“6·28”事件，就是一起典型性事件。据有关部门统计，1993年我国发生社会群体性事件0.87万起，2005年上升为8.7万起，2006 年超过 9 万起，并一直保持上升势头。可见瓮安事件已不是一起孤立的事件，相对于此前的安徽池州事件、重庆万州事件、浙江瑞安事件、四川广安事件、大竹事件等，瓮安事件无论从参与人数、持续时间、冲突剧烈程度、造成的影响看，都被视为近年来我国群体性事件的“标本性事件”。

《瞭望》新闻周刊经过持续月余的深入调查分析表明，瓮安事件集中暴露出当前一些地方经济发展方式、社会发展方式对群众利益的忽视与损害；尤其是暴露出一些基层执政者在执政理念、素质、手段上的错位与脱节；暴露出一些地方干部已经脱离了与人民群众的血肉联系，成为“只对自己负责”的特殊利益群体。对瓮安及其他群体性事件暴露出的趋势性、倾向性、规律性问题，需要高度警惕。这就是典型性之所在。

如何消除和减少转型期的社会矛盾，积极解决各类历史遗留问题，促进社会公平正义，以消除民怨产生的现实土壤；同时提高基层干部应对群体性事件的能力。这些方面，一定存在正面的典型事例，需要媒体记者去发现。媒体挖掘一个局部发生的典型事件，总结出了能够适用于全局的认识和做法，并给予充分报道，扩大社会影响，就一定能产生全局性的社会效应，这就是不全求全的新闻规律。

“尺水兴波”的联想

我国文论《艺概》中说，“大起大落，大开大合，用之长篇，比如黄河之百里一曲，千里一曲一直也。然即短至绝句，亦未尝无尺水兴波之法。”这句话说明，我国的写作传统从来都“崇曲忌直”，不能直，要有曲折变化。例如李白的《早发白帝城》，前两句“朝辞白帝彩云间，千里江陵一日还”，已经写出了顺流而下的迅捷气势，按说轻舟过万山的意思已在其中，但不写不成格局，就这么两句，感情又怎么抒发呢？所以，接上第三句“两岸猿声啼不住”，顿挫一下，吸足了气，然后放声呼出“轻舟已过万重山”，就收到了回肠荡气的效果。

从哲学的观点看，在诗文中写出曲折和波澜，很符合事物发展的辩证法。因为任何事物既和别的事物相联系，就受着别的事物的制约和影响；任何事物的内部又都存在着对立的因素，并且不断地进行着反复的激烈的斗争。这就决定了事物的发展不可能是直线的简单的运动，而必然表现为波浪前进的形式。写作既是反映客观实际，在表现事物的联系性，做到层次分明的同时，还要反映事物发展的这种曲折性，做到“随物以婉转，与心而徘徊”，形成波浪起伏的构局。

从美学的观点说，回旋的曲线要比直线美得多。高低不同的有节奏的乐音组成旋律；人体姿态的变化转换，成为舞蹈；不同色彩的配合，明暗的变化，线条的粗细，构成绘画；只有丰富多彩的变化，才能反映现实的真和美。写作要用语言描写事物状貌，表现思想感情，当然也必须表现它们的节奏和变化。

这个道理同样适用于新闻写作。新闻篇幅短小，结构上更要讲求曲折变化，才显得有人情味，不单薄。下面这条新闻，就是“尺水兴波”的例子：

（法新社萨奥兹·杜尔克斯2006年2月23日电）中国选手韩晓鹏今天创造了历史：他在自由式滑雪男子空中技巧项目上勇夺金牌，成为第一个获得冬奥会雪上8项目冠军的中国人。

韩晓鹏从未获得过世界杯滑雪比赛冠军，并且是第一次进入决赛。他出人意料地击败白俄罗斯的德米特里·达申斯基和俄罗斯的弗拉基米尔·列别杰夫，最后摘得金牌。

韩晓鹏在第一跳结束后排名第二，但他第二跳表现出色，最终获得250.77的总分，以微弱优势击败达申斯基。

今年22岁的韩晓鹏超过瑞士选手安德烈亚斯·舍恩巴赫勒，成为最年轻的自由式滑雪男子空中技巧金牌得主。舍恩巴赫勒于1994年获得该项目的金牌，当时他是27岁。

韩晓鹏说，“我们等待这枚奖牌已经很久了。中国滑雪队的所有队员都一直在给我鼓劲，我用这枚金牌来报答他们。”

韩晓鹏还赞扬了一直与他和其他队员并肩奋战的加拿大籍教练达斯汀·威尔逊。他说，“我的教练很会鼓励人，他一直在对我说我能行。”

这条新闻的内容再单一不过了，就是报道中国选手获得自由式滑雪男子空中技巧冠军的结果，甚至可以直白成一句话新闻，但那样就只是简单地传递了一个信息，反映不出事实的新闻价值。这条新闻的开头，记者以高屋建瓴的态势写道，“中国选手韩晓鹏今天创造了历史”，“成了第一个获得冬奥会雪上项目冠军的中国人”，这个导语很有震撼力，如同一个巨浪呼啸而来，造成了新闻的高潮，一下子抓住了读者。接着，新闻一浪跟一浪地展示比赛的紧张过程，在韩晓鹏前面有几名强劲对手，其中包括这个项目的前冠军得主。韩晓鹏战胜他们是“出人意料”的，优势很微弱，可见竞争的激烈，说明这个结果得来很不容易。记者还报道了韩晓鹏胜出后的谈话，表达了他对中国队员们，特别是加拿大教练给予他的鼓励。新闻以六段文字组成了层次变化，跌宕有致的新闻结构，写出了强烈的现场感，多方展示了韩晓鹏的精神风貌，不仅丰富了新闻的信息含量，还有一种节奏流畅的结构美。

结构就是节奏。没有节奏的音乐是不美的，没有结构变化的新闻也是不美的。我们的新闻报道中，往往缺乏这种节奏变化的结构美。这里有新闻思维的问题，也有写作技巧的问题。《武汉晚报》曾报道过一起重大交通事故，一辆白色富康轿车把一个过马路的老年妇女撞到了对面快车道上，被猝不及防的几辆汽车碾压惨死。肇事司机却逃逸了。该报连续五天进行了系列追踪报道，终于有了结果："肇事白色富康司机投案了"，在这个标题下，头版头条刊登了如下新闻：

本报讯（记者万勤 邵澜） 市交管局昨日向本报透露：白色富康车逃逸案肇事者王某昨日向警方投案。

2月16日20时53分许，一辆白色富康小轿车沿洪山路由东向西行驶至水果湖洪山路新海天大厦门前时，将一横过道路的五十多岁妇女撞倒至对向快车道，该妇女先后被对向北行驶的小客车碾压后当场死亡。

由于监控录像上肇事车牌模糊不清，此案陷入僵局。21日，警方委托本报独家刊登从监控录像中截取的图像，吁请目击者提供线索，敦促肇事者投案自首。

连日来，本报读者纷纷报料，给予这组报道以极大关注。自22日起，本报连续在一版显著位置刊登相关报道。25日，本报再以《市领导关注白色富康肇事案，采取一切措施缉拿肇事司机》，对此予以报道，给肇事者以社会压力。

迫于警方的不懈摸排，也迫于强大的社会舆论压力，昨日，肇事者终于向警方投案。经讯问，肇事驾驶员王某对当晚驾驶白色富康轿车，在洪山路新海天大厦附近肇事逃逸的经过供认不讳。

昨日下午，本报将肇事者归案的消息，通知了死者周菊英的家人。死者周菊英的儿子儿媳在电话中连声道谢："感谢市领导，感谢交管部门，感谢《武汉晚报》读者的关心，我的妈妈现在可以瞑目了。"

不能否认，"本报"的追踪报道是导致肇事者投案自首的重要原因，但肇事者终于选择了投案，必定经过了一番艰难的反复的思想斗争，可能还有其他因素的促成，这是一个复杂的过程，不会如此简单化。对于广大读者来说，社会舆论给肇事者带来怎样的压力，他经历了怎样的思想煎熬，记者都要有深入的思考和访问，深层挖掘，予以报道，具有法治、道德等多方面的主题意义，是新闻扩大信息内涵，提升新闻价值的主要方向，可惜都被"本报"的自我表白掩盖了。这条新闻虽然写了六段文字，但只站在"本报"一个角度，列述对于这起案件的追踪报道。这是一个不恰当的站位选择，角度单一，信息量必然受到局限，角度单一的新闻，也只能是平平淡淡的单一结构，不可能具有多层次、多方位的变化性。类似这样单一的结构样式，在我国的新闻报道中屡见不鲜，根本原因在于我们缺乏结构上的变化意识。我们应当从中国古典诗词中吸取艺术营养，即便是单一性新闻，在结构上也要尽可能写出曲折和波澜，反映事物发展的规律，这是结构合理性的一个重要标志。

顺带指出的是，末段一连串感谢的话，纯属多余。市领导和交管部门做了分内工作，不需要感谢；妈妈死得如此惨烈，还谈什么瞑目呢？

广告新闻和情景再现

新闻造假是个老问题，屡禁不止，随着市场化经济的发展，更有愈演愈烈之势。过去常见的是个人行为，现在则已经发展成为某些媒体的企业行为。此话绝非危言耸听，天天和读者见面的假新闻，就有广告新闻这一新品种。

广告是一种商业宣传活动，新闻则是向公众提供新鲜信息的事实报道。虽然同见于一个传播载体，新闻是报纸的主体部分；广告则另有版面和专栏，分门别类，集中刊登。两者性质迥异，界线分明，是不可以相互搅混的。现在的情况则有些不妙。广告制作者和编辑们合作起来了，他们明目张胆地把一些广告内容，编造成情节曲折的故事，以新闻的样式刊登在有关的新闻版面上，更具隐蔽性和欺骗性，可以收到比广告更有效的商业效益。这样的例子可以随手拈来，举不胜举。

请看一篇“新闻”：

本报讯（记者雷艳 通讯员沈岚）脱发十多年，试了各种生发液，却越来越少。昨日，52岁的王先生得知，其毛囊已萎缩 。

王先生患的是脂溢性脱发。为这他想了不少法子：生发液，没效果，戴假发，头皮痒。后来，他只好将两边的头发留长，盘到头顶。

昨日，大风吹散他的头发，还缠在路边树枝上。他只好带着树枝，来到武大人民医院，请求无论如何保住头发。整形美容中心主任陕声国发现，王先生头顶的毛囊已经萎缩，用生发液意义不大，王先生听后号啕大哭。陕教授进一步检查，其两边的剩余头发还很健康，可以进行头发移植。

专家提醒，脱发分脂溢性、神经性和外伤性，脱发后应先到医院检查。若为早期，病因明确，用生发液即可；若是脂溢性，脱发处毛囊已萎缩只能通过移植。

这条“新闻”有“本报讯”的消息来源，有记者和通讯员的名字，新闻要素基本齐全，有很大的迷惑性，读者会误以为它是健康卫生方面的新闻，但仔细分析一下，不对了。从事实要素来说，“新闻”中说的脱发的毛囊萎缩，只能通过头发移植，不过是一个专家的建议，并没有事实证明这种方法的确切疗效。事实是新闻的本原，事实要素是新闻的核心要素，没有事实的支撑，这条新闻就没有任何价值。此其一。从生理学来说，男子到一定年龄有脱发现象，如果没有其他症状，也非疾病。此其二。从常情来说，王先生脱发十多年了，想来岁数已经不小，何至于因毛囊萎缩而号啕大哭，不能置信。此其三。这条新闻语言夸张，却没有任何可信性，完全是编造事实并用新闻形式包装起来的商业广告，目的就是为头发移植的市场经营制造舆论，进行商业炒作。这样的假新闻，在某些报纸上屡见不鲜。

广告新闻的出现，就是要利用新闻的公信力，扩大广告的宣传效应，获取更大的商业利益。对于广告商的目的，编辑们心知肚明，却与广告商合作抛出这样的假新闻，不是一般的失职。失职是工作中的一时失误，没有行为的故意。而为了利益共享而放弃新闻工作的道德底线，拍卖媒体的公信力，则是一种堕落。对于一个媒体来说，这是一种不能接受的耻辱。

在电视媒体中，除了防止发生类似“纸包子”的新闻造假外，我们还应该重视并杜绝“情景再现”的虚假性，虽然性质有所不同。电视制作者为了追求“戏剧效果”，分明是事后的报道，却使用“情景再现”的补拍手段，再现新闻现场或新闻事件的过程。有些知名栏目，使用“情景再现”手法的长度有时占整个节目长度的80%以上。有文章认为，“情景再现的运用可以充分发挥如临其境的电视特点，使原本消失的现场，真实般地再现在观众面前，增强了节目的可视性和吸引力”。“虽然人物、环境都是模仿和导演摆布的，但反映的事实是真实的。因此，‘情景再现’作为一种电视表现手段，只要它再现的事实是客观发生和客观存在的，它就没有违背新闻真实性的原则。”这样的说辞在逻辑上站得住吗？新闻真实性的本意，就是保持客观事实的真实状貌，保持事实要素的本真性。情景再现不是情景重现，“重现”是现场报道的摄像效果，可以保留并重复出现事实的原始面貌，而“再现”是又一次出现，从事物总在不断变化的哲学观点说，这是不可能的。古希腊哲学家赫拉克利特有过一句名言：“人不能两次踏进同一条河流。”因为当你第二次踏进同一条河流时，早已不是第一次的水流了。“情景再现”，意味着事实的原始要素都有了改变，加进了摆布和虚拟的成分，自然也就改变了事实的原貌，怎么能说没有违背新闻真实性原则呢？如果认同这一说辞的成立，发展下去，电视新闻有一天可能不需要采访事件现场，只要有这个“客观事实”，就可以在电视剧的摄影棚直接制作出来。

从新闻真实性来说，不能认同“情景再现”的做法，我们只可以图画合成景的影视手段，摄取某些镜头，达到以小代大，以假代真的效果，以提高节目的可视性，但必须标明是“情景模拟”而不是“情景再现”。“模拟”和“再现”，一字之差，在哲学涵义上，却有泾渭之分。

新闻造假的种种现象，并非中国特色，美国也有。美国新闻界，包括《纽约时报》、《芝加哥论坛报》、《今日美国报》等十几家主流媒体曾先后自揭家丑，揪出一些造假记者。1981 年，《华盛顿邮报》女记者珍妮特·库克编造了一名 8 岁儿童染上毒瘾的故事并因此获得了“普利策奖”，事情被揭穿后，她的奖项被收回，成为美国新闻界打击造假新闻的典型案例。1998 年，《新共和》杂志的记者斯特芬·格拉斯因多次杜撰报道而被开除，一颗新闻界的“新星”刚刚升起就过早地坠落了。毛泽东说过“世界上的事，怕就怕‘认真’二字”。美国新闻界敢于自揭家丑，就是“认真”的表现。

新闻打假主要还得靠新闻界自己，这话很对。但树立新闻打假意识，我们喊了很多年了，新闻造假的现象还是层出不穷地出现，说明做起来很难。生活哲理告诉我们，最大的敌人往往是自己。在市场化的大潮中，人们的思想，社会的风气，现在都变得很“现实主义”了，舒适的住房，时尚的汽车，豪华的办公大楼，不是喊出来的，从上到下，人们不同程度地都会被“经济效益”所困扰，但必须战胜自己，“取之有道”。新闻工作者是时代的尖兵，我们的职业化特征就是具有强烈的正义感和道德感，岂能放弃取财有道的君子之风？

“认真”是内因，是发扬新闻工作者的荣誉；还需要另一方面，就是守护新闻工作者的荣誉，这就需要建立一套法律制度和监督机制。香港政府的廉洁度位列世界前茅，是和它建立廉政公署的法律效能分不开的。新闻活动是一种有特殊影响力的社会活动，应该在法律的规范内活动，受到法律的制约和保护，承担法律的责任，可是到现在，我们连个《新闻法》还没有，新闻造假的顽症怎会得到真正的整治？

电视广告的文化差异

我很少看电视广告，但有两个电视广告的画面却给我留下了较深的印象。这两位明星都是香港演艺界的顶尖人物。

一位是某明星为某一茶饮料做的广告，场面好像是喧闹的迪斯科舞厅，在攒动的人群，飞扬的音乐中，镜头推出了某明星，只见他在摆动中猛地一个 360 度快速转体，拨浪鼓似的甩头，让头发飘起，尽力表现出一种迷人的“潇洒”和四溢的“帅气”；他手端着该茶的易拉罐，仰脖子一口，顺手一抹嘴边的水滴，便在人群中寻找，看见一个妙龄女郎，正向他颔首示意，于是某某急忙过去，一把搂住女郎，把自己的脸和女郎的脸紧贴在一起，然后将自己喝的那瓶易拉罐茶水喂进女郎的嘴中。这里的紧搂、贴脸和喂水等细节式连接，给人的感觉是一种轻薄低俗的情调。在这里，明星只是在展示自己，想唤起人们对他的美的欣赏，他的动作和文化趋向的引导都不具有任何积极的意涵。他脸上的褶子已经很深了，和女郎的青春容貌贴在一起的明显反差，仅从表象上就使人感到实在不美。

另一位是某明星做的洗发水广告。他在好莱坞演动作片，在这里却没有那么多的动作，只是静静地坐在那里，用这种洗发水给面前的女孩洗头。他微笑着，轻轻地揉搓着女孩的头发，注视着女孩的感觉，深情的眼睛里透露出父爱的慈祥。他是在做商业广告，但给人的视觉思维，却超脱了广告的商业内容，以可见的形象表达了人与人之间的一种关怀，把人们带进了一个高层次的伦理化境界，感受到和谐融洽的文化氛围。

广告是一种商业行为，需要考虑它们的商业价值，但同时又具有文化性，正如美国广告界的知名人士辖诺·贝蒂·范德努特所说，它“是当代文化整体中的一部分，是文化的传播者和创造者”。因此就不能排除的它们的审美内容。广告的创意，在严格意义上说，就是表现具有独特审美意义的商业文化，表达人们对生活的理解和对社会价值的追求，因此必须赋予商业宣传以审美认识的价值内涵，电视广告尤其如此。

现在市场经济这么发达，商家请名人做广告，利用名人效应把消费者的眼球吸引到自己的商品上来，没有什么奇怪，奇怪的是有些名人不珍惜自己的名人效应，而把这种荣誉商品化，庸俗化。某著名女主持人曾以自己的“使用效果”现身说法地为一个减肥腰带做广告，一时舆论大哗，后来她承认全是按公司说的假话，损害了公众利益，就从根本上背离了电视广告应有的文化要求。表演艺术家李默然自律很严，他曾为三九胃泰做过电视广告，尽管他没有拿姿作态地为该药做夸大宣传，个人也没有从中牟利，他还是向热爱他的观众表示了自己的追悔，“从此再也不干这样的事了”。其实名人做广告，只要不是一种单纯的经济行为，广告的内容反映了不断变化的文化发展，具有文化传播的社会价值，它就兼有文化行为的性质。一个富有文化内涵的广告，它的传播过程就是一个人们共享社会文化的过程，也是一个社会价值观念以广告形态被传送，强化和产生社会教化影响的过程。“美国文化漂浮在广告的海洋之中”，说明美国的广告具有文化传播的属性。

鲁迅说，“社会上崇敬名人，以为名人的话就是名言，却忘记了他之所以得名，是那一种学问和事业。”名人效应就是这种学问和事业在群体中产生的认同效应。名人做广告，不是表现自己，而是展示广告创意中的文化内涵和社会价值，这是学问和事业的闪光。显然，这也不是某些明星故作深沉，只露一下脸，或只做一个表情可以实现的。

绯闻不是新闻

从文字表面意义上说，绯闻和新闻都有一个“闻”字，即传播开来，闻达于天下，让大家都知道的意思。它们的传播方式都是大众媒体，这是它们的相同之处。在媒体上，绯闻似乎还更能引起某些人们兴趣，有时占有更大的篇幅，于是，人们，甚至包括媒体的记者、编辑就以为绯闻也是新闻，把追求绯闻看成是最具新闻点的猎物，造成了职业追求的错位，被骂成“狗仔队”，也乐此而不疲，这就给自己，更给读者制造了一个极大的新闻误区。

其实，绯闻与新闻有根本的区别。

新闻是传递新鲜信息的事实的报道。这里的新鲜信息并不限于时间的概念，重要的是内容。人们最敏感的新鲜信息是什么？首先是政治性信息。因为在群体生活的社会里，人们不可能脱离政治，每个人都是一个政治的人，都要受政治的制约，政治是人的利益的集中表现。新闻服务于社会，首先就是服务于政治，任何新闻自由的国家，媒体都有各自的政治背景，都为一定的政治服务。遇到政治动乱，统治者首先需要控制的就是媒体，它是制造政治舆论的阵地。从这个意义上说，新闻和政治具有天然的内在联系。政治性可以说是新闻的社会属性，是它的生成基因。

除政治人物外，绯闻则与政治无关。绯，桃红色，绯闻，比喻桃色新闻，是指男女之间非正常的情爱故事。一般的桃色新闻上不了媒体，通常指名人，特别是影视及娱乐界明星自身与周边异性或同性之间的情色故事。它的内容是娱乐性的，没有政治性的利害，只有生活上的趣味，供作人们茶余饭后的谈资和笑料而已。这是两者之间在内容上的根本区别。

新闻有一个绝对的价值标准，那就是真实性。新闻必须真实，新闻的严肃性，以及它所产生的公信力，都必须建立在真实可信的基础之上，绝不允许新闻制假。全国弄得沸沸扬扬的 “华南虎照片”事件，调查证实是假的，是一种炒作行为。很多政府机关工作人员，因此受到各种形式的行政处分。正如新华社所说，“社会对于真相的质疑和求索，折射出公民精神的萌发与觉醒。可以说，正因为有了这些爱较真的公众，社会秩序中才会少一些虚假，诚信意识才能更大地弘扬，公共管理部门的权力才会受到制约，普通公民的权益才会得到更多的保护，社会才能一步步向前发展”。

绯闻的娱乐性则决定了它不需要真实性的价值自律。因为绯闻中的人物很少，又是个人之间的隐私，对社会不构成伤害。所以，从媒体来说，报道的真实性如何，不具有法律意义上的约束力；从读者来说，姑妄听之，一笑而过。从名人或明星来说，习以为常，并不在意，甚至还觉得有利于扩大自己的知名度，而不在乎它的负面作用。

新闻与绯闻所产生的社会效果也是截然不同的。新闻把世界各地发生的最新信息，及时传播开来，推进了人类社会的和平发展，防止了灾难性事件的发生和扩散。它以各种高科技手段，通过信息传播系统把整个地球，甚至宇宙空间和全体人类的生存利益联系起来。各种新闻媒体的迅猛发展，创造了人类社会的新纪元。在当今的信息时代里，很难想象，没有各种媒体的信息服务，人类的生活，将会是一种怎样的状况？

而没有绯闻则不过是少了一点生活的“调料”而已。这种调料由于不具有文化的品位，只会破坏人们对美好事物的审美情趣。人民的生活中需要有休闲，它像清澈的湖水，摇曳的小舟，湖边飘拂的垂柳，一眼望去，便可以荡涤人的心灵。渲染桃色新闻似乎也能填补休闲中的时间空白，但在一时的表面效应过去之后，人们在精神上感受到的却是另一番破败景象，就像面对一堆蓬生的杂草，一股流动着的混浊的污水。对于青少年来说，绯闻中的色情故事，拥吻画面，豪宅生活，无疑只会消解他们的进取精神。媒体人有责任保护我们的文化生态环境，而不应该去做有辱斯文的“狗仔”行为。

常言道“舌头杀人”，绯闻就是杀人不见血的舌头。上世纪 30 年代我国极负盛名的影星阮玲玉，因为上海滩上有太多的“狗仔”们，在小报上发表众多伤害阮玲玉的绯闻，贬损她的人格形象，这位才华横溢，时年二十多岁的善良女子，只好服毒自杀了。

现代社会的道德观，虽然不太可能出现因为绯闻而自杀的事情，但是它对社会造成的负面影响，仍然是不可低估的。央视有一位资深主持人，就因为成了绯闻中的主角而极大地损害了自己的“清誉”。尽管他矢口否认认识这个女人，把自己推得一干二净，不承担一点责任，人家就越不甘休，抖出来的丑闻就越多。群众的眼睛是雪亮的，群众的智慧更是远胜过自己的一点小聪明，任你怎样高调：“我可以再写另一个系列，两本没问题”，连克林顿也要佩服，但人们对这位“老字号”早有道德定评。克林顿的绯闻更多，但他承认了自己过错，并向公众公开道歉，他把绯闻变成了新闻，才终于取得了人民的谅解。

徐匡迪院长的呼吁

全国政协副主席、冶金专家徐匡迪院士高票连任中国工程院院长后表示，欢迎媒体继续监督院士行为。此话怎么说起？原来这几年来，大学之间的竞争，院士的占有数额，是一个很重要的指标。大家都想尽办法，全力操作，提名本校的教授参选成为中国工程院院士，不完全合适的人，便遭到非议。徐匡迪院长呼吁，“媒体公正、客观的监督和讨论，对院士行为有着良好的警示作用，应该当做一种现代社会文明、开放、民主的象征和手段”。这样的看法应该成为全社会的共识，成为全社会，首先是媒体的行动，我们的事业就一定会得到更健康的发展。

这些年，我们的高等教育有很大的发展，发展带来了竞争，竞争就会有造假，于是产生了剽窃造假的学术腐败，虽然有所揭露，但实际情况要严重得多，现在已经发展到构建教师队伍的机制腐败。大学的质量取决于教师的质量，大学的教师队伍，过去是自然形成的一个金字塔结构，基座是青年助教，向上是讲师、副教授、教授，越上去越少；晋升专业技术职称很严，有著作要求，有间隔时限，甚至由教育领导部门组织专业小组进行封闭式评审。现在的改革，却是倒了过来，评审权下放了，学校都可以自己评教授，只要“工作”需要，关系良好，那就放手地提升。于是，教师结构成了倒金字塔形式，教授多于讲师和助教。刚提升的教授，在校内走过场补读博士，拿到学位后，马上就是“博导”，下一步就是争“大师”了——如果有这个职称的话。权力和学术的交易，使得一些学校领导干部也成了“博导”。科学的特点是严谨，对待科学的态度怎么可以这样随意？专业技术职称的晋升怎么像乘电梯一样？原因就是校际间的竞比，比规模，比大楼，比专业设置多少，更重要的是比学位点，上学位点有教授、博导的师资要求，没有也要上，不上白不上。这是一种恶性竞争，腐败性竞争！

日本战败后一贫如洗，重新站起来的第一步，就是抓教育。高等教育不能光看数量的发展，大楼的豪华，论数量，我们已经赶上美国了，但人家一所小小麻省理工学院，诺贝尔奖获得者就有二十多人，我们现在的质量别说跟人家比，跟自己比，恐怕也是一代不如一代。教育质量关系到新人的成长，关系到国家的未来，是百年大计的事情，是大面积的事情，比少数腐败官员给国家造成的局部危害及其历史影响要大得多，将在以后显现出来。媒体有责任警示这样的负面现象，监督铲除学术性腐败，造福于子孙后代。可是弥漫在教育领域里的种种负面现象，媒体上的报道，却是少之又少，腐败的山火已经由高校延烧到工程院这样的高层次了，还能沉默下去吗？难道媒体也怕山火烧了自己吗？

新闻是以新近发生的事实反映现实生活的变化和发展。现实生活本身就是由许多对立物联合造成的和谐，真理和谬误，改革和保守，廉政和腐败，正义和邪恶……都以相对的一方作为自己存在的条件。新闻只有从不同侧面报道同一过程中发生的种种事实，才能客观真实地反映我们的现实生活。

正面报道无疑是我们的主流方向，我们应该充分反映改革开放的每一个成就和进步，但也要看到，所有这些成就和进步，都是在和相对事物的斗争中一步步取得的。我们在经济体制改革中遭遇过“姓社、姓资”的质疑，我们在党风廉政建设中还面临着反腐败问题。事实说明，我们的改革开放政策，不可能一帆风顺，必然遭遇旧事物、旧秩序的抵抗，它还会不断产生负面的影响。

前中共中央书记处书记、中央纪委副书记何勇曾指出，新闻媒体的反面典型剖析具有很强的警示作用。剖析反面典型，在新闻媒体上开展具体实在、生动形象的教育，比泛泛地讲道理更能够打动人心，发挥的警示作用也要大得多。在新闻舆论监督中，党报的批评揭露性报道非常有力，它对腐败分子产生巨大的政治压力和心理压力，使犯有这样那样错误的同志和广大党员干部受到教育。

事实证明，这是完全正确的论断。它也完全适用于教育领域，在这个过去被认为圣洁的地方，“净土”仅存的招生环节，也快保不住了！腐败现象岂止是经济犯罪，学术腐败是更深层次的问题，是前所未见的问题，它关系到国家人才资源培养机制的正确构建，牵涉到国家的发展前景，人民子孙后代的根本利益。我们的媒体要从徐匡迪院士的呼吁中获得警讯，追本求源，对教育领域的学术腐败，展开无情揭露，发挥必要的舆论监督作用。

追求简洁的境界

文言文早已被时代淘汰了，但作为历史悠久的一种写作传统，它给我们留下了值得继承的文化遗产，就是文字的简洁。古人把简洁看成是语言运用的最高标准，誉为语言的“尽境”，可见简洁是体现语言功力的主要标志，需要不断地努力追求，才能达到的一种境界。

宋代散文家欧阳修曾在翰林院任职，有一次与同僚们出去，看见一匹飞奔的马把躺在路上的一条黄狗踏死了，同院的记为：“有犬卧通衢，逸马蹄而死之。”欧阳修笑道：“你这样写历史，恐怕一万卷也完不了。”他提笔写为“逸马杀犬于道”，大家都很佩服。既然是被奔马踏死在路上，这条狗当然是“卧通衢”，因为走动的狗早就躲开了。欧阳修这6个字包容了那11个字的意思，这就是简洁。

唐代诗人杜牧写过一篇《阿房宫赋》，起首是：“六王毕，四海一，蜀山兀，阿房出。”头两句写秦帝国统一天下的气概，气魄雄健；后两句状阿房宫建筑的宏伟，“兀”，山顶高而平，四川山上的树木都被砍伐殆尽，一座阿房宫才终于出现，可见秦始皇的劳民伤财了。一共12个字，既写了秦始皇的贡献，又揭露了他的骄纵，概括了多么丰富而又深刻的历史内容，达到高度的简洁。

简洁的文字是一种美。因为“紧凑是作品美学价值的第一个条件，一切其他优点都是由它表现出来的”。

有一幅新闻摄影作品《南下》，摄取的是一个解放军战士和一个小女孩。女孩子接过解放军战士的饼子，但没有高兴的表情。记者着力表现的是这个纯真可爱、本应无忧无虑坐在课堂里的孩子，被生活折磨得消瘦褴褛，流露着与年龄很不相称的忧伤，孤零零出现在刚刚解放、战火尚未熄灭的南方土地上。孩子悲惨的形象体现了人民解放战争的历史必然性。解放军战士的形象也没有停留在一块干粮的细节上，他那凝目深思的神情，说明他从孩子的命运上，意识到一个人民战士的历史责任。联系到画面背景是正在前进的队伍，行军途中的这个片段，便与中国大地上一场翻天覆地的革命风暴有机地结合起来了。

简洁的形象，表达出如此丰富的内容，源于记者对眼前景象有深刻的认识。事物的本质总要通过一定的现象表现出来，而任何现象又都从特定的方向表现出事物的本质。只有捉住本质的现象，去揭示现象的本质，才有可能用最简洁语言，表达出我们对事物的最丰富的认识。新闻的摄影作品如此，文字作品也如此。这是达到简洁的思想条件，是一个首要条件。

简洁的第二个条件，就是大胆删减。古人说，“篇中不可有冗章，章中不可有冗句，句中不可有冗字。”“冗”，繁杂、多余的意思。欧阳修的著名散文《醉翁亭记》，开头原是“滁州四面皆山也，东有乌龙山，西有大丰山，南有花山，北有白米山，其西南诸峰，林壑尤美。”他把文章念给当地老百姓听，一个老人说，开头写了那么多山名，很啰唆。欧阳修便删减为“环滁皆山也”，五个字似远山一抹，点出了滁州地理环境的特点，作为醉翁亭的背景，恰到好处。

鲁迅先生说：“写完后至少看两遍，竭力将可有可无的字、句、段删去，毫不可惜。”既是“竭力”，就不是一般地改一下，而要下大力去删减，达到“万不可删者始存，稍有可削者即去”的程度，文字就简洁了。例如有一条新闻写道：

受三鹿事件影响，超市奶品区没有了昔日的人气。为了吸引消费者，江城商家纷纷加大奶品的促销力度，液态奶的价格几乎普降了三分之一。

前日晚上，记者在武商量贩生活馆看到蒙牛、伊利等品牌的液态奶销售区域内都贴上了显目标志：未检出三聚氰胺。仔细看看，液态奶促销幅度还真不小。如：蒙牛24盒250mL装高铁高钙牛奶，原价一箱60多元，现价只有40多元；伊利250mL纯牛奶原价2.5元，现价1.5元；就连高端奶品特仑苏也打出“买两箱送一箱真果粒”的促销活动。

记者昨走访家乐福、中百仓储等超市发现，各家品牌的奶品促销力度都很大，主打产品价格普遍下降三分之一左右。

业内人士分析，如此大幅度促销，商家主要是想重新聚集人气，拯救奶品市场。

这条新闻就可以大加删减，改为：

武汉商家液态奶的价格几乎普降了三分之一。蒙牛、伊利等品牌的液态奶销售区域内都贴上了醒目标示：未检出三聚氰胺。

记者在武商量贩看到蒙牛24盒250mL装高铁高钙牛奶，原价一箱60多元，现价40多元；伊利250mL纯牛奶原价2.5元，现价1.5元；高端奶品特仑苏 “买两箱送一箱真果粒”。

家乐福、中百仓储等超市各家品牌的奶品价格也普遍下降三分之一左右。

业内人士分析，商家如此大幅度促销，是想重新聚集人气，拯救奶品市场。

内容一样，字数却减少了将近一半，文字干净了，这就是简洁的效果。年轻的新闻记者要多作这样的练习。

新闻是通过事实传递信息的一种“快餐文化”，用最少的文字达到这个目的，就是新闻语言的“尽境”，所以写新闻忌用没有表现力的形容词，什么“神采奕奕”、“深情地说”等等。俄罗斯作家契诃夫的短篇小说的特殊魅力，便来源于简洁的风格。他说过，如果要表现一个女请托人的贫困，不必费很多笔墨叙述她如何穷，不必大写她那可怜的愁苦的外貌，“只要带上一笔，说她们穿着褪了色的外衣就行了”。这句话对新闻写作很有启发。一笔看起来少，却能以简驭繁，准确地，发人深思地表现出这一现象的内在含义，以及它与周围事物的各种联系，因此有很大的容量。人们读起来便觉意味蕴藉，很是耐看。

意思与意思之间存在着各种各样的关系，难免要使用一些关联词。当用则用，层次就会清楚；能省则省，语言则会简洁。特别是表示因果、目的、进层关系的关连词，配用得不好，语言便显得繁复和累赘。刚举的新闻原稿开头有“为了吸引消费者，江城商家纷纷加大奶品的促销力度，”上下分句之间是目的关系，已包含在促销行动之中，所以改稿中全部删除。“为了”这个关联词现在用得比较多，需要注意，尽可能不用。因果关系的成套关连词，用一个就可以了，强调原因分句，用“由于”，强调结果分句，用“所以”。“而且”、“还”，都表示进层关系，常被重叠使用，破坏了语言的洁净。“但是”，“然而”这类转折连词也要尽可能少用，老是那么绕弯，行文便不流畅。

语言只是表现形式，是否简洁，不能光看篇幅长短，字数多少，要从内容考虑。繁和简是矛盾的两个对立面，繁简合度，就使它们统一起来了。所谓“合度”，就是适合内容的要求，“浓妆淡抹总相宜”。《红楼梦》120回，展现了封建末世的历史画卷，没有人说它长；《弹铗歌》只一句“长铗归来乎！食无鱼”。自有含悲饮恨之意，没有人说它短。

服从内容的需要，既不是越短越好，也不是只能删减，不能增加。鲁迅先生的散文诗《秋夜》，开头写道：“在我的后园，可以看见墙外有两棵树，一棵是枣树，还有一棵也是枣树。”为什么不写成“可以看见墙外有两棵枣树”，而偏要这样“啰唆”呢？如果从单纯记述景物来说，总写一句当然是可以的，但鲁迅先生是要通过对枣树的描写，表现眼前景物的单调，和作者秋夜心情的寂寞，只说“墙外有两棵枣树”，便达不到这样的抒情效果。这样的加字，有助于意义的表达。

可见，在一定的语境里，适当地增加字数，并不违背简洁的要求。只要做到文字虽多，却不能删减；文字虽简，却难以再增，即古人说的“繁而不可删，略而不可益”，那就是繁简合度了。

细节的魅力

残奥会开幕前一天，国家主席胡锦涛在人民大会堂举行隆重宴会，代表中国政府和人民，欢迎前来出席北京2008年残奥会的国际贵宾。一位女贵宾跟胡主席同夫人握手后，准备转向同胡主席和夫人共同合影留念，当她转动轮椅时，胡主席及时伸出手，帮助她转好了轮椅。在步入宴会厅时，胡锦涛一直在为国际残奥委会主席克雷文推着轮椅，到了餐厅，又帮他把轮椅转动到位置上。

媒体上经常看到关于胡锦涛主席的报道，但展现如此的细节，我还是从一篇文章中第一次看到。文章说，“这两个细节很重要，很随意，却出于真情，更出于其对残疾人的尊重和支持，彰显了国家领导人的风格。”可见细节虽小，却胜过了许多苍白的语言。但在我们的新闻报道中，却少有细节的描写，记者总是着意于主观的叙述，忽略了细节的存在和表现。

西方记者很注意细节的捕捉。这里说的细节，不是那些原始的可有可无的生活琐节，而是能够反映本质的生活表象。这样的细节，好比人的末梢神经，虽是最纤细的神经组织，但最敏感，传导性最强。“正是这些细节的真实使心灵容易接受伟大事故的强烈印象。”（狄罗德）在北奥会举行的当天，前来出席开幕典礼的美国总统布什，偕同家人一起为美国驻华新建大使馆剪彩。美联社的报道中写了这么一小段：“布什总统谈起体育来滔滔不绝，他说，他上次访华时曾在一个山地自行车道上飙车。他还开玩笑说，他本想参加奥运会自行车赛，但夫人安拉提醒他‘他们不会给最后一名颁奖。’”这个细节描写不到100字，突现了布什的牛仔风格，他不拘形迹，直率豪放，在元首们会见的场合也会拍肩搂背，很具亲和力，他以夫人的话自嘲，展现了他的幽默感。这就是布什区别于其他国家的元首的性格特点。如果抽掉这个细节，这条新闻就像一幅画失去了生动气韵而成了呆板的画面。

新闻有时可以没有完整的情节，却需要一个生动的细节。细节是一种直观性信息，可以直接诉诸人们感觉的作用，因而能引发人的联想和想象，具有信息扩展的生命力。它存在于微观世界中，看起来似不经意，仿佛信手拈来，实际上却是敏锐观察的结果。事实好写，细节难找。所谓记者的业务功底厚不厚，具体到采写上，就要看是否具有敏锐的感觉，发现足以反映生活，表现人物的特征性细节。

在细节的捕捉和表现上，新闻写作应该从各门类艺术中汲取营养。我国古典诗词篇幅短小，不可能铺陈展开，作者的情感块垒，往往就浓缩在一个小小的细节上。南宋词人辛弃疾任建康通判时，写了一首《水龙吟·登建康赏心亭》抒写了他对国事的忧愤和报国无门的压抑，其中写道："落日楼头，断鸿声里，江南游子，把吴勾看了，栏杆拍遍。"后两句"把吴勾看了，栏杆拍遍"。就是两个细节，悲凉的景物暗喻国步危艰，他内心孤寂，感慨万端，拔剑渴望杀敌，却又只能在平庸的官职上消磨岁月，于是在亭子上徘徊往返，不住拍打栏杆，内心那腾跃激荡、愤懑不平而又无法言表的复杂情感，就从这两个细节中深刻地表现出来了。

细节是人物思想感情的自然流露，因此能赋予人物以栩栩如生的血肉，是人物性格形成的基础。鲁智深疾恶如仇，锄强扶弱，与武松、李逵是共同的。但是他三拳打死镇关西，一摸鼻息没气了，怕吃官司，于是骂声"你这厮诈死"，赶快脱身走了。这一细节表现了他粗中有细，又使他在性格上与武松、李逵区别开来。鲁迅笔下的孔乙己，是一个被损害、被侮辱的封建下层知识分子形象。孔乙己教"我"写字，把茴香豆给围住他的孩子们吃，一人一颗。孩子们吃完豆，仍然不走，眼睛都望着碟子。孔乙己着了慌，伸开五指将碟子罩住，弯腰下去说道，"不多了，我已经不多了。"直起身又看了看豆，自己摇头说，"不多，不多！多乎哉，不多也。"于是这一群孩子都在笑声中散了。从这一细节描写中，人们便可以感受到孔乙己那善良而迂腐的性格，贫穷潦倒的生活，以及无可诉说的寂寞之感，这些行动性细节，渗透着人物的个性特征，只需要具体地描写出来，不必借助其他方面的语言修饰，便能写出极富神韵的人物形象。

由此可见，新闻写作基本功的训练，不仅是本专业范围内的学习，便可以成就。新闻和文学都需要运用语言文字的媒介，有着血缘联系。文学有几千年的历史，文化积淀深厚得多，一个好的记者，应该有很好的文学根底，从中学习写作的经验，才能写出好的新闻作品。这是新闻工作者知识结构中不可或缺的部分。新闻前辈的成就证明了这一事实。中文系毕业的学生参加新闻工作，他们上手会慢些，但后劲大，也归因于他们有较好的文学基础。

何来“笑神”？

某报刊出一篇连载《笑神赵本山》，写小品演员赵本山与他的搭档的合作经历。“笑神”虽与政治无关，但在我国的造神运动中，媒体发挥了先锋的作用，至今让人的神经紧张，容易产生条件反射，一看题目，就有一种自然的逆反心理。

中国人的生活和历史文化总是和神联系在一起，小时候每到春节，就看见人们贴门神以保佑家庭平安，供财神祈求发财致富，送灶神以求上天美言。这个习俗绵延了几千年，如今台湾还很流行。新中国破除迷信，但也一度“化繁为简”，在进门的正前方，改供毛主席画像，把所有的美好希望，都请他老人家一肩担了。毛主席成了唯一的“神”，人们顶礼膜拜，三呼万寿无疆，但虔诚最后随“神”而去，国民经济却到了崩溃的边缘。

现在人们的生活提高了，生活节奏加快了，闲暇之余，纵情大笑一番，可以享受快乐，松弛神经，释放疲劳。小品这种艺术形式，既有一定的戏剧情节，又有相声的语言包袱，集二者之优势，加上赵本山那特有的造型和动作，独具可笑的表演效果，举手投足，都让人忍俊不禁，让人联想到英国的卓别林。这是他受到一些群众喜爱的原因。但说他是“笑神”，就很有中国式的炒作意味了。

幽默和搞笑都有可笑性，或为荒唐滑稽、或为矛盾百出、或为愚不可及，这是它们作为喜剧性手法的共性。不同的是，幽默的目的是要透过可笑的形式表现真理、智慧，在轻松之中包藏着深沉，妙语之中蕴涵着睿智，使人在笑声中意会到现实的矛盾，懂得一定的生活哲理。正是这种深意性把幽默和以轻松取胜的搞笑、戏谑、俏皮区别开来。那种以制造“噱头”哗众取宠，以挖苦打趣赚取笑声，以及所谓在俏皮和正经之间的浅薄语言，只不过是一种庸俗趣味，和幽默不可同日而语。卓别林的装扮“是一套不合乎任何时装式样，不合乎任何时代风气的装束”，却是全世界找钱吃饭人物的典型，他那顶小礼帽和那根手杖仿佛是斯文气派的典型象征，但那拄着拐杖，一步一拐的步姿，又透出了社会底层人们生活的贫穷和畸形。卓别林以极大的同情心创造了一系列被轻蔑和被损害的小人物形象，通过小人物的喜剧性遭遇，揭露和讽刺的是资本主义的社会现象。

赵本山的小品演的是生活在社会底层的农民，也创造了一个特定的舞台形象，但对他们却是调弄有余，同情不足。卓别林那双大鞋是捡来的，因为太大，只好左右反穿，可笑却充满辛酸。赵本山表现的农民，脚上穿的是崭新旅游鞋，显示生活的变化，但从审美价值上说，两者不可比拟，可能也与小品形式的局限有关。农民性格的美，有一个共同点，就是善良，勤劳，质朴，憨厚，即便在改革开放的政策中富了起来，老年人也不会显摆，不会刻意地去追求时尚，还是透着固有的美好本质。这一点和小市民不同，和城市里的暴发户心态更不同。中国的经济发展很快，但贫富悬殊，特别是农民，还是弱势群体，不会富得连走路也不知道怎么迈腿了！

从艺术性来讲，小品可以高于生活；但从真实性来讲，小品也必须忠于生活。随着生活的日益富足，一般来说，人们在生活逐渐提升的过程中，生活方式和习惯都会适应性地有所改变，不至于因赶时尚而出尽洋相，引得人们发笑，自己还不知道是怎么回事。赵本山小品中的农民，看不到他们真实存在的美好面，却挖空心思地编织一些“洋相”，寻找他们生活中并不具有典型性的语言和行动，加以取笑。这不是幽默，而是丑化。丑化也可以博得群众一笑，但和幽默有本质区别，因为幽默的善意揶揄不会损害人物形象。卓别林享誉全球，被尊为幽默大师，他在表现小人物的遭遇中，播种快乐，却没有任何嘲弄的意涵，而是内心充满感情，因此人们在笑声过后，能有一种潜在的思想回味。人们十分尊重卓别林的艺术成就，称他为电影表演艺术家，却没有把他神化，他始终活在人民的生活记忆中。

赵本山“20 年火而不衰”是因为生活给了他丰富的创作和表演的艺术素材，群众给了他丰富的艺术营养，也与央视的特别青睐有关。2010 年春晚，赵本山的小品《捐助》，百分之八十的观众投票认为“最烂”，却仍能蝉联语言类节目的榜首，真是神了。

应该看到，在如何认识和分析生活方面，赵本山有思想上的局限，缺乏耐人寻味的内涵，有一种媚俗的搞笑。他的徒弟们一个个走他的路子，等而下之地在春晚上表演，形成了一股低俗旋风，降低了群众欣赏趣味的格调，引起了许多人的诟病。2010 年 3 月，全国人大 2010 年 11 届 3 次会议上，有代表竟提议取消春晚，就是对这股低俗风的反弹。

群众有不同的审美追求和趣味，赵本山仍有他的群众，但他的小品也遭到不少物议，搬到美国演出更遭遇冷场，说明他并不拥有全部观众，他的人物固定化，艺术表演就那么几个程式，并不就是小品的最高水平。把他说成是“笑神”是本末倒置，也贬低了其他小品演员的艺术成就和特点。

“神”，意味着至高无上的地位，中国历代统治者把神权政治化为皇权，所谓“皇权神授”，以天子名义制造万民景仰的一统天下，形成了中国几千年封建专制统治下的思想习惯，构成了一种特殊的文化现象。说赵本山是“笑神”，就是这种文化现象的折射，把他推向“顶峰”，他的艺术生命必将脱离人民而扭曲和终结，就像每一个被神化的人物最后都将从神坛上倒下来一样。

互联网上曾传言他将全家移民加拿大，他自己则否认说，“我的根在中国”。赵本山如到国外弘扬中华文化，也算一种贡献，但愿不要让老外们对现代的中国农民有一个扭曲的印象，就像民国以后，他们还以为中国人脑后都留有一根细长的辫子一样。

情感是更有感染力的事实

我不懂跆拳道，在北京奥运会的整个进程中，没有看过跆拳道的比赛。然而，今天，在我翻看《楚天都市报》奥运比赛 2008 年 8 月 23 日的专版报道中，却被一篇跆拳道比赛的新闻特写所深深感动了，觉得没有收看这场比赛的直播，是一个精神上的损失。

比赛的一方是中国台北队女子选手苏丽文，她的最好成绩是世锦赛第二名，台湾地区人民曾把北京奥运会夺金的希望，一部分寄托在她的身上。没想到首轮对阵韩国选手林秀珍时，她就受了伤，左腿韧带已经撕裂了，脚趾骨骨折了。失去了左腿的支撑，她仍然坚持拼战在赛场上，咬牙打完铜牌赛，期间她倒地 14 次，又一次次艰难地站起来。头天晚上，我就从广播中听到台湾地区民众在观看这场比赛时都被这样的场面感动得泪流满面。

“据报道，苏丽文在赛场上忍住剧痛，是为了兑现罹患癌症父亲的生命承诺。赛前，她对父亲说，‘我拼金牌，老爸拼健康。’

“输了首战后，苏丽文说，‘不管如何，我要比下去。’

“一开场，苏丽文就利用伤腿击中对方头部得了两分，右腿支撑，伺机以严重受伤的左腿进攻，成了她唯一的战术。

“第一局结束时，她摔倒了三次，二比零领先，裁判问是否继续，苏丽文点头，并双手握拳给自己鼓劲。第二局，对手抓住机会极力进攻，苏丽文不断被踢倒或推倒，每倒地一次，苏丽文就双手握拳大喊着让自己站起来。教练和裁判几次询问比赛是否继续，她都毫不迟疑地点头。

“‘我要为父亲而战！’

“第三局是最艰难的两分钟。上场前，苏丽文抬头向天，双手捂住脸为自己祈祷，28 岁的她，这是最后的战场，她要坚持这最后的 120 秒。

“对方踢中苏丽文有效部位再得两分。当苏丽文换腿时，伤腿不小心撑地，她的脸因剧烈疼痛而扭曲。防护员进场，用冷冻喷雾器狂喷苏丽文伤处。苏丽文说，当时只想，‘老天爷，请让我站起来。’

“教练目睹这一切，又高又壮的汉子的手在发抖，他掩住嘴，焦灼地站在后面微微踱步。第二次进行喷雾处理后，苏丽文示意继续比赛。她瞅住一个空当，再踢中对手头部，四比四。这时，她又一次摔倒。教练忍不住要冲进赛场，被裁判拦住。总教练侯纬星说，‘劝她下场，太残忍；看着她拼命，心更痛。’

“时间剩下最后34秒，裁判再一次问她，是否比赛，并叫来了边裁判紧急磋商，最后同意苏丽文的意愿——继续比赛。

“全场不时爆发为苏丽文加油的掌声，人们啧啧称赞，更有疼惜。

“来自台湾地区的苏丽文感受到主场的助威。人们挥舞着中国台北队的旗帜，高喊着‘苏丽文’的名字。

“在全场观众的鼓励下，苏丽文坚持踢完了三局比赛。终场铃响起，她第14次倒在了地上，却第一次伤心地哭了出来，再也无力站起来。此时，现场很多观众再次流下了眼泪。……场内掀起掌声的高潮，向这位失败者表达最大的赞许。”

看了这篇新闻特写，泪水也润湿了我的双眼。苏丽文顽强拼搏的意志，体现了真正的奥林匹克精神，但更重要的是，这一精神的动力来源，是她那患有癌症的父亲。她承诺要用自己的拼搏，换回父亲的健康。她毫不讳言，“我要为父亲而战”，多么坦诚、多么纯真的语言！比起当年苏联电影中，战士们高喊“为了斯大林！”冲向前去的伟大场面，苏丽文的思想境界没有那么崇高，但那不过是剧作家出于意识形态的鼓动，而此刻跃动在苏丽文身体里的全部力量，则完全来源于爱的需要，来源于伟大的人文精神。她没有拿到奖牌，但回去的时候，台湾地区的报纸通版标题就是《苏丽文：我们的奥运冠军》。苏丽文的事已经写进台北的小学教科书里。

爱有着极大的鼓舞力量。在北京奥运会上，德国女子体操选手奥克萨娜·丘索维金娜，不顾33岁高龄和年轻运动员同场竞技的目的，就是为了赚取奖金给患白血病的儿子当医药费。世界撑竿跳女皇，俄罗斯选手伊辛巴耶娃这次不仅再度卫冕，还又一次创造了世界新纪录，她说，“我完成了令人不可思议的事情，是因为我恋爱了。”巴尔扎克说，“爱是一种激情，也是一种需要；既是一种感情，也是一种义务；既是一种必需，也是一种幸福。”正是对父亲的爱，使苏丽文能够强忍着腿伤的剧痛，一次次摔倒，又一次次站起来，她双手握拳鼓舞自己，极度困难时，不由的双手捂脸，仰面想的是“老天爷，请让我站起来！”她已经忘记了疼痛，一心就是要站起来，继续为父亲的生命而战，她已经不可能夺到金牌了，但绝不能放弃抢救父亲的承诺，她对承诺有一种神圣的使命感，要为此竭尽自己的全力。这篇新闻特写的感人肺腑，正是透过苏丽文艰难比赛的一些细节，展现了深藏在她内心的情感世界。

情感是人对一定事物的态度的体验，是一种心理现象。它不像事实那样有具体的状貌和变化形态，它存在于人的内心，却不是不可捉摸的东西，它流泛在人的行为、言语、表情和态度的细节之中，“于细微处见精神”，只要善于捕捉细节，就可以被人所感知，所以情感也是一种事实。由于情感是认知基础上的产物，是认知体验的一种心理反应，更具深层的内涵，所以是更有感染力的事实，是一种有色彩的事实，也完全可以被表现出来，就像苏丽文的比赛一样。

新闻传递的信息，无非是三种类型：事态性、认识性和情感性。没有情感内容的新闻，难于产生感染力。所以，在新闻采写中，挖掘和表现人物的内心情感，是一个重要方面，是写出新闻深度的审美性内容。但情感一定要真实，情感是和思想联系在一起的，情感是思想的闪光，思想是情感的试金石。没有思想底蕴的情感是造作，拔高思想的情感是作秀，虚假的情感怎么可能感染人呢？

这篇新闻特写的成功之处就在于写出了真实的情感，写出了一种伦理美的境界。

美国的“媒体新政策”

——舆论学中的实践性发展

伊战开始，美国国防部就把数百名记者编入空中或地面部队中去。五角大楼女发言人克拉克解释说，“我们绝对相信一个观点，我们的记者从前线发回的新闻越多，我们大家的日子就会好过。我们已经采取了很多措施避免伤及平民，不过，要是让记者发布自己亲耳听到，亲眼看到的东西，必定会收到更加理想的效果。”

这项美国称之为“媒体新政策”说明，美国的舆论监督已由政治生活扩大到了军事领域，在现代战争的复杂组合中，媒体直接参与的信息影响力已成为一个重要因素。这是舆论学中的一个实践性发展，值得我们深思和借鉴。

人类进入文明时期，就制定法律以监督社会生活的正常运转。我国秦代叫御史大夫，仅在中央最高长官之下，位列三公。汉称御史台，明改都察院，专掌监察和执法，说明法律监督的重要。民主制度以后，出现大众传媒，又有了舆论监督，这是一大进步。

法律监督，用来解决已经发生的问题，体现国家机器的作用；舆论监督，则可以反映可能或正在出现的问题，体现社会公器的作用。前者是法律制度，后者是民主机制，相辅相成，缺一不可。就像人的两条腿，只有配合行动，才能步履协调地快速前进。

尊重和接受法律和舆论的监督，是现代文明国家的普遍共识，成为指导人们行为的政治理念，形成一种社会性的道德自律。

美国国防部的新举措，就是这一理念的延伸。

人的两条腿的功能和血肉联系，具有不可分割的共生性。如同独木难支一样，一条腿是不能行走的。没有舆论监督的渗透，和法律涵盖的理念，不能营造具有群体精神的法治环境；而没有法律的保护，舆论监督的作用，也会因为缺乏公共权力的支撑而流于空谈，甚至招致打击报复的后果。

列宁说过，“一个政党假如不能照实说出自己的病，不敢进行严格的诊断，找出治病的方法，那它就不配受人尊敬了。”（《进一步，退两步》）毛泽东1946年在延安接见民主人士黄炎培时回答他提出的所谓“周期率”问题。回顾中国历代的兴衰，人们担心“共产党会不会腐化？”说明对共产党有很高的期望。建国初期，《人民日报》依据毛泽东的观点“答读者”说，共产党绝对不会腐化，因为我们有批评与自我批评的武器，这是任何政党不可能具备的特点。这个解释当时确实解除了很多人的疑虑。

西方的媒体就以批评为主，大多揭露政府及其领导人的问题。尼克松的下台，克林顿遭弹劾，不得不承认错误，并向全国人民一再道歉，就是批评的结果，其火力之猛烈，我们还难以企及。西方政党之间，虽有门户之见，但批评的作用，并无二致。要说特点的话，我们恐怕还达不到人家的开放性和公开性，特别是媒体批评的法律保护。

西方的监督制衡，是建立在多党政治基础上的。我们可以选择自己的政治制度，但批评与自我批评作为一种舆论监督的手段，确实能起到防腐除弊的作用，这已为我们自己的事实所证明。

1951年，天津地委书记刘青山、张子善因贪污罪被枪决，曾在报纸上大肆披露，轰动一时。中共中央接着于1952年发出《关于在报纸上开展批评与自我批评的通知》，就是倡导舆论监督的政党自律，对于扩大共产党的政治影响起了良好的作用。这年，武汉市发生一起“纪凯夫事件”，就是当时的《长江日报》报道出来的，一切陷纪凯夫于冤狱的高中层干部相继受到党纪国法的严肃处理，不但没有损害共产党在人民中的形象，反而大大提高了它在人民群众中的威信。人民反映说，“共产党和国民党就是不一样。”

批评与自我批评作为党的三大作风之一，写在党章里，曾在党内外蔚成风气，对于防微杜渐，谨慎执政来说，如同起着防护作用的自身免疫系统，是一种极具广泛性和渗透性的舆论监督机制。还需要建立什么更好的舆论监督机制呢？

互联网作为第四媒体，它的兴起和发展，为公众提供了更加开放和广阔的信息平台，显示其在扩大舆论监督方面所起的无可代替的作用。2008年7月11日，网上一篇质疑信阳市国土资源局处级官员别墅群，每套仅20万元的帖子引发各界关注，河南省广电局主办的《东方今报》记者，对此进行了全方位追踪报道。 信阳市委、市政府作出处理决定，停止办理该市国土资源局11 名处级干部住房的房产手续，给予该局党组书记、局长熊传明同志行政警告处分，责令其他处级干部写出深刻检查。

有关部门的发言人在国新办发布会上说，“在 2007 年全国纪检监察机关查处的案件中，有 46.2%来源于信访举报。开通网上举报和专线电话，进一步整合信访资源，拓宽、畅通信访举报渠道，加强对信访举报线索的管理，督办查处了一批案件。”网络的群众性特点使它成为揭腐反腐的最强“杀手”和最大“功臣”，既为群众开辟了舆论监督的便捷通道，也为各级领导了解和倾听民声、民情打开了舆论窗口，虽然还有不尽如人意的地方。

比起当年的“纪凯夫事件”来说，平面媒体在舆论监督方面的职能表现，则让人有一种“滚滚长江东逝水”的历史感慨。式微何以由？同是一个中国共产党，为什么建国初期敢于大张旗鼓地在报纸上揭露自己，现在却顾虑重重了呢？

一切事物都以对立面作为自己存在的条件，舆论监督的对象就是权力的执行和权力者的表现，新闻工作者和其他公民利用传播媒介发表各种意见或言论，对社会的政治、经济和文化生活等进行批评、实行监督，就是树立一个对立面，用以强化政党的责任感，不断改善自己的领导，体现民主政治的生命力。

美国的“媒体新政策”是他们在舆论监督上迈出的新步伐，进一步发挥其固有的社会推进力。我们能不能也有这样的认识：媒体对我们的监督越多，我们的日子就越好过呢？

西方分析性报道的启示

菲律宾曾有一个总统，名叫马科斯，执政 20 年，贪污浪费盛行，贫富差距扩大。在他下台前 20 天，美联社记者发了一篇专稿，概括了马科斯执政 20 年的菲律宾现状。在如此大的历史跨度里，展现其错综复杂的形势变化，这是很不容易的。专稿的副标题鲜明地摆出了记者对马科斯执政时期总的评价，就是“ 贪污浪费盛行，贫富差距扩大 ”。

新闻一开始写道：“30 个月以前，有人射出了一颗子弹杀死了一个菲律宾人，今天这颗子弹又打倒了另一个人。对马科斯来说，他当政的不平静的 20 年的最后几幕是从 1983 年 8 月 21 日开始的，那天在马尼拉国际机场，马科斯的政治对手阿基诺被一颗子弹射中了头部，倒在地上。人们普遍认为马科斯是罪魁祸首，而正是这次谋杀行动使人民对马科斯的义愤爆发了。”

看了这个开头，读者就被新闻的突兀情节吸引了。阿基诺一直流亡国外，于 30 个月前回国，一下飞机就被暗杀了，这一卑劣行径并不能挽救马科斯的政权，30 个月以后，他还是垮台了，打倒他的子弹是人民起义，新闻被引上了主题。导语的作用就是要吸引读者和引导主题，这条新闻的导语完全达到了这两大要求，还融进了人民起义的背景。西方记者很重视导语写作，看得出作者在语言组织上的独具匠心，写得精彩和巧妙。

在新闻的主体部分，记者对马科斯 20 年执政作了历史的综述：

“对菲律宾来说，马科斯时代是菲律宾逐步现代化的时期。马科斯政府办了学校，修建了公路和电力系统。但与此同时，政府还在许多项目上浪费了千百万美元，而且政府官员的贪污，又有千百万美元被盗走了。

“马科斯搞建设‘新社会’运动 20 年以后，菲律宾的贫富差距进一步扩大，资金严重短缺的经济远远落后在其他邻国后面，同共产党叛乱分子的斗争也长期不断。

“马科斯是以一个反贪污腐化的政纲进行竞选的，他在他的就职演说中发誓说，‘要在民众帮助下把菲律宾建成为一个伟大的国家。’

“但马科斯既没有能改变原来的贪污腐化状况，也没能提供足够的就业机会。到20世纪60年代末，失业、通货膨胀和人民的不满情绪加剧了。

“1968年，十几个以前的大学生，重新组织起先前已被取缔的菲律宾共产党，成立了新人民军。并坚持进行一场长期的农村游击战争。第二年，马科斯在被指责有舞弊行为的选举中获胜，赢得了他的第二个总统任期，随之，一系列大规模骚乱震动了菲律宾。

“1972年9月23日，在马尼拉全城进行的一次大搜捕中，军队逮捕了大批反对派政治家、记者、学生和对马科斯的同志持批评态度的人。报社和广播电台被关。马科斯实行了军管法，据他说，这是为了防止国家被共产党接管。他废除了国会，修改了宪法，以延长他的总统任期。

“1973年，国民生产总值增长了10%。整个70年代，人均收入每年增长3% 以上。但是，一些菲律宾人也大肆搜刮民财，中饱私囊，经济的增长畸形化了，马科斯和他的顾问们一直鼓励发展以出口为目标的生产，他们依靠的是马科斯的亲朋好友私人控制的，或政府控制的少数大企业。与此同时，第一夫人伊梅尔达却把注意力集中在一些华而不实的项目上，花费千百万美元修建艺术中心和医疗中心。

“然而，那些大企业效率低、经营管理不善，贪污盛行，而头重脚轻的菲律宾经济则受到了石油涨价‘冲击’的严重打击。在马科斯统治时期，美国在菲律宾下的本钱比以往任何时候都大，美国的工商界现在那里的投资约为二十亿美元。

“美国前总统卡特执政时期，菲美关系曾一度冷淡下来，因为卡特政府批评马科斯侵犯人权的做法。但是，里根当政以后，这位菲律宾总统的地位又有所改善。在里根举行就职仪式的前三天，马科斯解除了菲律宾实行的军事管制，尽管他仍然总揽大权。”

在这一部分，记者对马科斯执政20年的状况，做了全面的概括：揭露马科斯借虚伪的民主上台，行军事专制之实；乘现代化建设之机，聚暴敛钱财之利。在马科斯刚刚下台，他的政治势力仍然盘根错节，菲律宾政治局势还处于比较混乱的时期，记者能如此明确地作出这样的判断，表现了记者独立思考、认真观察的特点。作为记者的职业品格，这是十分难能可贵的。

新闻在穿过了历史的时空隧道之后，回到导语的时间点，和菲律宾政局的现实衔接起来，组成一个前瞻性结尾。记者接着写道：

“但是，阿基诺的被害突然改变了许多人的态度。近两百万人拥上街头参加阿基诺的葬礼。罗马天主教会和工商界中的很多人转而强烈地反对马科斯，许多外国银行对他们的菲律宾债权人的态度强硬起来。

“这次危机是菲律宾独立以来最严重的危机。由于工商界失去了信心，每天有500万美元的资金流出菲律宾，菲律宾比索一再贬值。马科斯政府宣布暂停偿付它的债款。

“1984年5月的议会选举打破了马科斯在政治上‘战无不胜’的任何残存的幻想。在国内外持续不断的压力下，马科斯下一步的行动是把总统选举提前到今年2月7日举行，最后导致马科斯下台出走。”

马科斯不久被迫出走美国的事实，证明了记者的判断是正确的。在西方的新闻专稿里，记者并不回避自己的立场，总是要对事实进行独立的分析。但不是自己站出来进行带有主观色彩的分析，而是依靠自己调查得来的事实，以事实材料为依据，在事实的逻辑论证中，进行自己的分析，寓理于事地表达出自己的观点。分析和事实紧密结合，事实是分析的载体，分析是报道的内核。

这篇专稿告诉我们，独立思考的精神和认识能力，是写好分析性报道的前提。而独立思考、观察认识又绝不是一种主观随意的行为，记者在平时就必须养成了一种职业习惯，十分重视收集大量的事实和数据，并在这个基础上不断地建立起自己的客观分析，只有这样，才有可能在一个很短的时间里，及时地写出自己的报道，并具有充分的说服力。作为西方新闻的典范作品，这篇新闻有值得我们借鉴的经验。

我们的习惯做法，总是等到事情做到了一个阶段，甚至结束了才予以报道，新闻主题往往就是宣传它的成绩和结果，这是新闻滞后和缺乏深度的重要原因，严重影响了新闻的质量。新闻就是要向广大公众迅速传播人民所关心的、又有新闻价值的事实。公众需要也有权利了解正在发生的事实，更希望通过新闻的事实分析，了解其深层的发展。越是重大的事实，新闻就越是应该先入为主，走在事情的前面，起码也要做到同步报道，这才能起到舆论的导向作用。

新闻不应存疑

凤凰网上2008年8月底出现了邱晓华再就业的新闻。邱晓华原来是国家统计局局长，在任期间，因收受不法企业主所送现金、生活腐化堕落、涉嫌重婚犯罪，根据《中国共产党纪律处分条例》、《中华人民共和国公务员法》的有关规定，经中央纪委审议并报中共中央批准，决定给予开除党籍处分；经监察部报请国务院批准，决定给予行政开除处分；并依法撤销其全国政协委员资格。对其涉嫌犯罪问题移送司法机关依法处理。这是2007年1月23日由新华社公布的消息。

然而，仅仅一年多以后，这个被“双开”的正部级干部，却又“复活”了。凤凰网报道说，2008年8月28日，一篇题为《掌控当前经济形势的政策建议》的文章出现在经济观察报网站上，该文针对当前中国宏观经济面临的复杂形势，提出政策建议，文章末尾赫然署名为“原国家统计局局长、现中海油高级研究员邱晓华”。

看了这条新闻以后，人们不禁产生了一系列疑问：这个邱晓华到底经过司法机关处理了没有？司法程序是一个较长的过程，从立案到侦查，再由检察机关转法院审判，怎么说也得一年的时间，判决以后，还可以再上诉，又要经历一个过程。邱案当时闹得沸沸扬扬，为何不见公开宣判？他服刑了吗？怎么这么快就出来了？一个已被“双开”并受到了刑罚的人，他原来的所有职务都随着政治生命的完结而归入历史，与现实切割了，虽然他可以“重新做人”，以自己的专业能力为社会工作，但怎么还摆出“原国家统计局局长”的身份？是不认罪，还是案情有问题？邱晓华发表署名文章，并特意加上自己原来和现在的职衔，明显带有重新“亮相”的性质，说明他对自己所犯的罪行，并无悔改之意，是一种傲慢的挑战。也有可能是处罚过重，他有怨气，于是自己就把撤掉的官帽重新戴上了？官方能默许吗？谁又可以暗地改变国务院的决定？所有这些，都是看了这条新闻以后引起的疑问。

新闻不应留有疑问，疑问是一种“思维梗阻”的表现。凡是读者可能存在的疑问，都应该在新闻里给予说明，你清楚的事，读者不一定清楚，所以需要从读者的需要出发去思考，消除读者在阅读中的疑问和障碍。这就是新闻背景的功能。一个有经验的成熟的记者，不仅采写正在发生的事实，还要进一步调查事实发生的前因后果，来龙去脉，写成一定分量的背景材料，巧妙地穿插进去，帮助读者明白无误地了解事实的原委，获得明确的信息。据知情人士透露，因邱晓华收受礼金22万元，尚未构成受贿罪，司法机关只追究他重婚罪的法律责任。果真如此，人们不禁要问，这个量刑符合法律标准吗？司法机关应公开提出收受礼金22万元尚不构成受贿罪的法律解释，或由记者采访司法机关，加以报道。这条新闻所以引起争议，从新闻业务来说，就源于背景材料的缺失，没有说明和澄清这些问题。

再看另一条新闻。新华社和《中国日报》报道了美国密歇根州底特律市长夸姆·基尔帕特里克8月4日向法庭承认自己妨碍司法公正。根据认罪协议，他将辞职入狱。现年38岁的基尔帕特里克因与已婚的女下属发生性丑闻，从政治新星变成阶下囚。

基尔帕特里克承认自己犯下两项妨碍司法公正重罪指控，同意向市政府归还100万美元，服刑120天。他的辞职决定将于14天内生效。

此外，基尔帕特里克还将失去律师执照与州政府提供的退休金，今后5年内不得担任任何公职。他否认了其他指控。

法庭定于10月28日作出裁决。基尔帕特里克将于当天向韦恩县监狱报到。此前，基尔帕特里克卷入两起案件，面临10项重罪指控，最高15年监禁。

基尔帕特里克2001年当选底特律市长时，年仅31岁，是这座汽车城历史上最年轻的市长，一度被人认为是政治新星，前途不可限量。

分析人士指出，基尔帕特里克最终作出认罪辞职的选择，一方面是出于保护自己的利益，通过认罪来逃脱更重的刑罚；另一方面也是迫于民主党内和底特律市政当局的压力。眼下正是美国总统大选的最后关键阶段，密歇根州是两党总统候选人争夺的重点之一，而民主党籍的基尔帕特里克的丑闻无疑会影响到该州的选情，因此民主党籍总统候选人奥巴马的竞选阵营不断施压要求他辞职以尽快解决这场旷日持久的官司。

这条新闻里的基尔帕特里克，罪行和邱晓华性质类似，但案情复杂一些，他曾动用公款800万美元企图阻止该市三名警官对他的性丑闻的揭露。从新闻中看出，整个审判过程是公开透明的，司法判决则要严厉得多，但允许犯罪嫌疑人有认罪的选择，展示了美国司法的特点。

新闻的大部分是背景材料，特别是最后一段，借分析人士的嘴，说明基尔帕特里克所以选择认罪辞职的多重原因，既有个人利益的考虑，也有政治情势的压力，没有留下让人怀疑的问题。如果抽去这些，仅仅报道了基尔帕特里克的认罪辞职，这条新闻也会像邱晓华“出山”的新闻一样，让人看得目瞪口呆了。

两条新闻的对比，说明背景材料虽不是新闻的直接材料，但反映了事物内部和外部的各种联系性，为广大读者打开了认识事物的思想之窗，有着无可代替的作用，是新闻深度的指标性内容。邱晓华的新闻再一次证明，缺乏背景材料的新闻，是单薄的缺乏逻辑说服力的新闻。我们在新闻报道中往往对背景材料重视不够，不善于利用和组织背景材料来扩大和延伸新闻的信息内涵，提高新闻的质量。基尔帕特里克的新闻则说明，西方记者在这方面很下工夫。这是一个比较明显的差距，值得我们借鉴和学习。

舆论监督 VS 新闻纪律

“舆论监督”作为中国共产党确认的一个政治概念，始见于1987年党的十三大政治报告，此后的各届报告中都不断强调，好像是个新事物。实际上，新中国建立后，在媒体上批评不良现象的舆论监督就已经进入我们的政治生活，受到重视和保护，只是没有这个名称罢了。

记得在20世纪50年代初，我作为新华社军事记者，曾在广东省沿海驻军某部采访，下到一个团里，了解到一个班长因为所犯错误被揭露出来，受到处分，他很羞愧，走了绝路。这个班长作战勇敢，曾被评为爆破英雄。我据此写了一篇通讯，题为《爆破英雄之死》，刊发在军报上。我离开团部到师部，一路无阻，回到军部后，军政委把我找去了，亲切握手，说他看了这篇通讯，认为这件事暴露了部队管理上存在的一些问题，军党委很重视，他向我进一步了解情况，还留我共餐，表示感谢。这件事到现在记忆犹新，觉得那时候的各级领导，作风民主，没有架子，勇于批评与自我批评。

舆论监督是什么？不就是在媒体上开展批评与自我批评吗？这是我们党的三大作风之一，是很根本的党风啊！那时候从上到下，民主生活会定期召开，蔚然成风，无论职位高低，政治上一律平等，大家开展批评与自我批评，把一切不良现象消灭在萌芽状态，干群关系良好，心情都很舒畅，不担心打击报复。这应该是中国共产党的一大特色。批评就是监督，自我批评则是自律，有更深层的意义，都有舆论监督的效果。基于批评与自我批评的广泛性、自觉性，为“其他政党所不具备”，它不仅是一种舆论监督形式，还是良好政治生态的社会土壤，形成了党机体中的防腐免疫机制。

遗憾的是，反右运动以后，这一优良作风日渐式微，说明反右运动对共产党本身也造成了很大损害。随着领袖的神化，舆论监督变成了舆论一律，生动活泼变成了万马齐喑，反过来又加深了领袖神化，恶性循环。于是，一人犯错，全民遭殃，直到“文化大革命”后期，经济到了崩溃的边缘。

改革开放以来，我们在经济上的成就举世罕见，但也衍生出一系列社会问题，都与这一传统作风的衰落有关，目睹腐败丛生，政务不公开，贫富悬殊、各种矛盾激化、群体事件不断等情势，我的“怀旧”之情，油然而生。这些问题并非中国特有，不是无法解决，也一定要解决。古云“为川者决之使导，为民者宣之使言”，（《国语·周语上》）就是要有释放民意的社会管道，和民主监督的社会机制，任其发展下去，必将加重改革的社会成本。历史证明，开展舆论监督既可以表达民意，又可以解决矛盾，实在是一个行之有效的好方法，也是文明社会的一个指标性生态。

邓小平同志曾讲过，“办好报纸有三个条件：结合实际、联系群众、批评与自我批评。” 这里说的批评与自我批评，就是要求新闻媒体一定要起到舆论监督的作用。但是舆论监督的实行，现在却是障碍重重，设置新闻纪律，就是其中之一。其实，“新闻宣传纪律”所提到的许多规定，举如和党中央保持一致，涉外重大事件的报道要请示，不得泄密等等，与舆论监督并不是一回事。我们所说的舆论监督指的是在媒体上公开揭露一些违反党纪国法的事情，这犯什么纪律呢？问题是有些地方、单位和系统的领导，他们“心里有鬼，借助钟馗”，打出新闻宣传纪律的名义，目的是压制舆论，掩盖他们的问题和错误。比如矿难发生后，当地政府不愿报忧，就以“须上级机关（或宣传部门）许可”、“需要保密”、“不要添乱”、“不要影响正常工作”等种种理由，拒绝、甚至人身伤害，以阻挠新闻记者的正当采访；或把“公关”当作“摆平”媒体、欺骗群众的工具；或对新闻记者和新闻单位恶意中伤，扣以“违反新闻纪律”、“影响地方稳定”等大帽子。这些官员实际上是害怕媒体的曝光，影响他们的“政绩”、“前程”和“财路”，他们追求和保护的是自己的官位和权力，忘记了为人民谋利益才是共产党人全部活动的出发点和归宿点，这在政治上就背离了共产党的宗旨。但由于相关法律的缺位，面对新闻纪律名义的公权力控制，舆论监督处于难以突破的尴尬境地，这是中国媒体普遍面临的现实。

媒体是公民实现知情和监督等宪法权利的大众平台。但在我国，媒体都由当地党委宣传部领导，新闻纪律规定媒体不能对同级部门进行舆论监督，他们的监督空间被压缩在一个个狭小的范围内，不能发挥应有的作用；而在各自独立，基本封闭的系统里，同级部门则有更多不受制约的自由，给腐败分子以可乘之机。这是舆论监督又一个难以突破的组织障碍，应该可以改进，因为组织工作是为党的战略任务服务的，从现时来说，还有什么比建立社会主义民主政治更迫切的战略任务呢？

新闻纪律强调"以正面报道为主"，义正词严，似也难于违背，但实际上不符合辩证法的道理。世界上任何事物都包含着相互矛盾着的两个对立面，有成绩，也会有问题，解决了问题，成绩就上去了，又会出现新的问题需要解决，我们的工作就是在不断的矛盾斗争中螺旋式前进和发展。我们是动机与效果的一致论者，开展舆论监督，不断地提出问题，不断改进工作，这样的效果难道是负面的吗？成绩是客观存在的，不需要一味报喜；问题是隐患，则不能不报忧。唐太宗就很懂这个道理，他说"人欲自照，必须明镜；主欲知过，必借忠臣"。（贞观政要·求谏）共产党人以天下为己任，更要有坦荡广阔的政治胸怀。有一种错误的思维定式，认为国家机关、政府部门的工作失误是"内部"的事情，无须"外部"知晓，允许新闻媒体公开曝光和批评，就会使工作陷入尴尬和被动，影响政府形象和权威，造成社会的不稳定。这种思维逻辑的错误，在于摆错了政府和人民的关系，政府的权力是人民赋予的，人民是国家的主人，官员是公仆，哪有仆人把主人看外的事呢？社会的稳定与否，并不取决于政府的形象维护，而在于人民的内心拥护。建国之初，百废待兴，人民虽然过着穷苦的生活，但整个社会充满生机，从心里拥护共产党的领导，这就是历史的明证。

2009 年是新中国成立 60 周年，我们在经济上已经创造还会继续创造傲世的成就，随着物质生活极大地富裕起来，人民在政治上也会要求进一步加快改革开放的步伐。我们需要建设公正透明的政府，这是现代民主政治的基本理念；我们也需要发扬党的优良传统，包括批评与自我批评的作风，这是党能够战胜腐败的有力武器。凡此种种，都需要舆论先行，需要为新闻立法，以保障和发挥舆论监督的先锋作用。60 年已经过去，我国的新闻法还是空白，这和一个大国崛起的形象很不相称，要等到什么时候才能从根本上解决这个问题呢？

言之无文　行而不远

新闻作品是运用语言文字制作的信息产品，也要有语言形式的美，这就是文采。

文采原指音乐旋律的绚烂变化。《礼记·乐记》里说，“文采节奏，声之饰也。”文采节奏是用来装饰声音的，用今天的话来说，旋律和节奏是形成音乐的基本要素。后来引申到写作领域，文采便成为文章里的一个要素。早在春秋时代，孔子就说过，“言之无文，行而不远。”意思是，文章没有文采，好比人走路一样，是走不远的，也就是产生不了广泛的影响。文采既是一种语言美，自会受到读者的欢迎，在新闻写作中，追求一点文采，“情必极貌以写物，词必穷力而追新”，讲究意新语工，文情并茂，是完全应该的。

那么文采是怎样形成的呢？

刘勰在《文心雕龙·征圣》里说，“精理为文，秀气成采。鉴悬日月，辞富山海。”意思是，凭着理论的精微和才气的卓越构成文采。观察明白像日月高挂，照见万物，文词丰富得像山和海。这就是说，文采主要表现为两大方面，一是表情达意的精微，二是文辞才气的卓越。

表情达意的精微，是从文章的情理，也就是思想感情方面表现出来的文采，是文采的根本。从表情来说，自己首先要有强烈的爱憎，内心没有激越的感情，不可能迸发出语言的火花。“路漫漫其修远兮，吾将上下而求索。”没有矢志追求爱国救民的坚贞意志，屈原写不出这样的语言。从达意来说，要有精微细致的观察。这需要记者进行这方面的职业化训练。我年轻时看过一篇西方记者关于当时黄泛区灾情的报道，有几句话现在还记得：“在路边的小饭店里，那个瘦弱的孩子紧靠在母亲身边，用他那失神的眼睛望着我吃面，从碗到嘴，从嘴到碗。”这就是精微细致的观察。写成“那个瘦弱的孩子靠在母亲身边，眼巴巴地望着我吃面"，也完全可以，语言短了，意思没变，可就是失去了深度。"从碗到嘴，从嘴到碗"这八个字写出了难以忍受的渴望，透露出一种情感的流动，把孩子的饥饿感传神地表达出来了，让读者产生心灵的震撼。这就是文采的魅力。

文辞才气的卓越，是对文辞本身的要求。中国文论归纳为对偶、声律和辞藻，也就是讲究句式的整齐对称，声音的和谐悦耳，以及辞藻的绮丽华美，这些都是语言的形式美。形式美不等于形式主义，只要服务于健康的内容，语言的形式美就是文采的表现。我们今天讲的语言形式美，并非古人要求的对偶、声律和辞藻，但古人归纳的这三个方面大体是对的。因为语言的形式美无非表现为句式的美，声音的美，和辞藻的美。这是汉语言特点所形成的一种语言美。

句式的美。汉字基本上都是单音节，一个字往往就是一个词。这样，在组成句子的结构上，可以形成整齐对称的某些形式，比如对偶、排比、重叠等，大大增强语言的节奏感。鲁迅的"横眉冷对千夫指，俯首甘为孺子牛"，从互相对照中表现出爱憎分明的感情，那强烈的心理效果，就不是平铺直叙的语言所能达到。王安石的"天变不足畏，祖宗不足法，人言不足恤"，表现了王安石敢于冲破守旧势力，坚持变法的革新精神，三个排比句子，三层意思，一层又一层地把事物的各个方面都说到了，形成了充畅的气势，具有极大的鼓动性。重叠可以加重语言的抒情气氛。李清照的词《声声慢》开头用了七组叠字"寻寻觅觅，冷冷清清，凄凄惨惨戚戚"，写出了这位爱国女词人，在金人侵略下，失去丈夫，只身流露江南的悲苦心情，给人以强烈的感染，是一种忧郁的美。

散行文字不受格律拘束，不受字数限制，则有一种参差错落的美。这在西方的新闻报道中屡见不鲜。1957 年 6 月 20 日晚，一场龙卷风袭击了美国北达科他州的法戈城。时任《法戈论坛报》主编的约翰·麦兰·保尔森和他的家人经历了这场灾难，他在获得 1958 年普利策时间限制地方报道奖的风灾报道中写道，"我从地下室的小窗向外看，只见各种各样的碎物在空中向北方飞去，打着旋涡。我们的位置在龙卷风漏斗的正中心。楼上传来了窗户噼噼啪啪的响声，还有许多重物相撞的声音。一两分钟后，一切都结束了。上楼一看，第一眼发现后门被撞碎了。厨房里乱成一片，盘子、用具、食物和碎玻璃到处都是。整个楼，更多的窗户被毁了，雨水啪啪地落进来。我朝后院瞥了一眼，发现两个车棚不见了，汽车还在，车顶上堆满了两平方英尺的烟囱砖头。”这一段蒙太奇式的复述，从空中到地下，有画面和声响，集中表现了龙卷风的巨大威力，使人如历其境，才不过200字，层次清楚，一气呵成，读起来朗朗上口，酣畅淋漓，有一种洒脱的美。

声音的美。一个句子是一连串字音的组合，在音响运动过程中，会有强弱和长短交替的问题，这就是声音的美。王勃的《滕王阁序》有一联名句“落雁与孤鹜齐飞，秋水共长天一色”，两句中的“与”字和“共”字，有人认为可删，从意义来说，删掉无损，但从声音美来说，删掉这两个字，读起来便觉得生硬拗口，失去了声音的柔和节奏的美感。

现代文章虽然不讲声调，不求韵律，但是在我们咀嚼回味的时候，同样可以感受到一种声音的美，只是浑然天成，更加自然了。美国《芝加哥论坛报》记者威廉·琼斯曾深入第一线秘密调查私营救护车中的不法勾当。他在报道的开头写道：

> 他们是把财富建筑在别人痛苦之上的商人，是乘人之危的奸商。一天24小时，他们一刻不停地出没于这个城市的大街小巷。
>
> 他们潜伏在遍布全城的肮脏的汽车房里，随时准备扑向猎物——千百个有亲人需送医院急救的家庭。
>
> 他们是本城私营救护车中的骗子，随时在等待着你的求助的电话。
>
> 他们的买卖是芝加哥的一大行业，其每年赚取的数百万美元中有近百万美元来自库克县的社会福利费。
>
> 他们无数次地疯狂虐待病人，给病人带来痛苦。为了这些，病人就得向他们缴纳服务费。

这段文字概括了这些不法救护车主的丑行，报道在铺陈中有顿挫，排比中见流转，步步进层，丝丝入扣，在节奏上表现了多样与统一的音乐美。

辞藻的美。辞藻，文辞的藻饰，指的是比较工巧的有文采的词语。所谓工巧，就是有表现力，能够生动贴切地描绘复杂事物，曲折自如地表达思想感情。这样的词语，可以加强语言的表达效果，还会产生语言的美感作用。

辞藻的美无非是两种类型，一种是朴素，一种是华丽。两者都是美，并不互相排斥，取决于表现的对象和场合。

作家孙犁的语言可以说是朴素美的代表。他在《山地回忆》里，写了一个女孩子的对话，“我们是真卫生，你们是假卫生！你们尽笑话我们，说我们山里人不讲卫生，住在我们家里，吃了我们的饭，还刷嘴刷牙。我们的菜饭再不干净，难道会弄脏了你们的嘴？为什么不连肠子都刷刷干净！说着就笑得弯下腰去。”这段话像连珠炮一样，毫不顾忌，毫无保留地说出了自己的看法。从这段话里，可以看出那时山地人民的生活是贫穷的。可是女孩子并不以贫穷为苦，却强烈地透露出她那劳动者的自尊，和对生活的自信，显示出刚强的性格。她的话似乎带着嘲讽的口气，但笑得弯下腰去的动作，又说明她毫无恶意，不过是豪爽泼辣和乐观性格的表现。这样的语言，没有一点雕琢，但人物性格自然真切，如闻其声，如见其人，这种举重若轻的语言功力，令人赞佩。

北京奥运会盛况空前，辉煌绚丽，新闻报道就必须借助于色彩浓艳的辞藻，显示出华丽的语言美。开幕式当晚，路透社的报道写道：“2008 名鼓手有节奏地敲击，声如雷鸣一般，红色的鼓槌在黑暗的‘鸟巢’体育场发着红光。在这个发明火药的国度，焰火在体育场周围灿烂绽放，随后，整个北京市区上空都装点着美丽的焰火。传统的山水画投映在巨幅画卷上，演员用身体拼成中国汉字来展示中国的四大发明。巨大的灰盒子在舞台上此起彼伏，代表着中国古代的活字印刷术，随后，又组成了著名的万里长城……”需要注意的是，华丽并不是漂亮辞藻的堆砌，既要“华藻繁缛”，又要艳而不浮，让人感到一种溢光流彩的美，却又不是徒有形式模拟的卖弄才华。

增强语言的形象感

语言本身并不具有形象性，但是它可以用来描绘形象，使人产生一种形象感。所谓增强语言的形象感，就是充分发挥语言描绘事物的能力。

中西方新闻语言的明显差异，就是我们习惯于叙述，而西方则以描述为主。叙者，陈述也，反映的是客观内容的概貌及其发展变化的进程，给人以总体的印象，比较富于概括性。描者，描绘也，着重于再现客观事物某一局部的具体面貌及其发展变化的情状，给人以直观的感受。没有叙述，看不到客观事物的总体和发展，便没有广度；没有描述，不能凸现客观内容的特征，便没有深度。一般来说，叙述和描述总是交替使用，好比人的两条腿，只有交替使用，才能保持身体的平衡和行进。

在不同的写作种类中，语言表现方式的适用性，会有较大的不同。

文学是用语言创造形象的艺术，文学语言这种感性描绘的特点，是它的最重要的艺术特征。

理论文章的语言要求高度的思辨性，虽然不排除感性形式的生动描绘，但主要是在摆事实、讲道理的逻辑论证中，说明自己的观点。陈述的语言能直接诉诸人们的理性思考。

科技文章有很大的实用性，平实的陈述，比较容易被人们接受，但爱因斯坦的科技论著中，也有形象感的魅力，开辟了科技论文散文化的新风格。

新闻语言在中西方写作实践中的不同特点，主要来自中西方文化传统的差异。中国有史以来，直到五四新文化运动，由于汉字结构的繁难，都是用文言文写作，文言文那种言简意丰的严苛要求，限制了人们对事物的描绘，陈述的方式便沿袭下来，成为书面语言中的习惯势力。西方的拼音文字，从一开始就没有类似中国文言文的桎梏，有利于形象思维的发展，在语言的感性表达上，有某种程度的天然优势。

文学的形象思维和科学的逻辑思维，都是人脑对于客观存在的反映过程，都以实践为基础，最后服务于实践。它们都必须经过感性认识，从外界吸取丰富的思想材料，进行分析和综合，产生理性认识。所不同的是逻辑思维运用概念、判断、推理的思维形式去揭示事物的本质，而形象思维则运用典型概括的形象化方法去显示事物的本质。这就是说，感性认识是人们认识外界事物的唯一起点的共同基础。既然这样，新闻报道把这种感性认识直接描绘给人们的语言，便是人们最容易接受的语言。这便是为什么新闻必须增强语言形象感的原因。

增强语言的形象感，首先要从人的各种感觉方面去描绘事物，使读者的各种感官功能都活跃起来。人们不是常用“有声有色”形容语言表现得十分生动吗？“色”是视觉形象，“声”是听觉形象，就是从两个方面去描绘事物的形象，这样的语言才能产生比较丰富的形象感。比如“有个银元落在地上”，这句话只是叙述了一种情况的发生，如果写成“有个银元从桌上滚了下来，在地上叮叮当当地跳着”，人们的感觉就丰富多了，经过语言的描绘，银元跌落的形态，叮叮当当的响声，都仿佛可以看见和听见，产生的认识就直接、真切得多了。

2008 年 9 月 25 日晚，我国“神七”飞天，续写中国传奇。《美国之音》报道说：

随着巨大的轰鸣和腾升的烟雾，长征火箭在中国西部的酒泉卫星发射中心腾空而起，把“神舟七号”载人飞船送向太空。这是中国第三次进行载人航天飞行，也是首次把三名宇航员同时送上太空。在此前的两次飞行中，“神五”飞船运载了一名宇航员，“神六”飞船运载了两名宇航员。

这条新闻的导语就写得有声有色，人们仿佛听得见“巨大的轰鸣声”，看得见在“烟雾”中，“长征火箭腾空而起”的壮观景象，感受到那气势宏伟的现场氛围，紧跟的背景交代，则是历史的景深，烘托出中国巨人昂首挺胸迈向太空的坚实步伐。

语言虽是一些概念的表达，但常常伴随着有关表象一起存在。当我们使用“花”这个语词时，有关花的形象记忆也会一同浮现出来。所以，我们在语言运用中，就应当给读者以启发，引导他们去进行有关表象的联想和想象，这样，就可以增强语言的形象感。

在北京奥运会开幕的当天，2008 年 8 月 8 日，美国驻华大使馆新馆正式启用，由参加奥运会开幕式的美国总统布什剪彩。美联社的报道这样写道：

布什总统今天为驻华大使馆新馆剪彩，声称它是中美这两个贸易伙伴，有时是政治对手之间的联系日益深入的象征。

语言很短，高度概括，却让人浮想联翩。记者没有着意渲染现场气氛，但“新馆剪彩”可以联想起许多剪彩仪式的喜庆场面，“声称”以下则是布什讲话的核心内容，描绘出中美之间那种伙伴加对手的关系及现状。整条导语不到 50 个字，突出了很深的政治涵义。

运动是一切物质存在和精神现象的共同属性。所以，我们要表现事物的真实形象，就不能静止地描绘事物的外表，而要从运动中去再现事物的生动形态和内在质感。意大利著名画家达·芬奇的画作《蒙娜丽莎》，是一幅年轻妇女的肖像画。几百年来，人们赞叹不已的是，画家表现了这个妇女那种沉静、含蓄而带有神秘感的表情。她的目光充满了尊严和自信，嘴角显出一丝非常耐人寻味的微笑，又流露出一种深情。整个形象显得极为和谐和端庄，使人隐约窥测到她丰富的内心世界，艺术地表现出人物美好的气质。

至于处在动态中的事物，就要表现它的动感形象，才能写的得生动真切，富有立体感。

阿根廷是上届奥运会足球赛的冠军。北京奥运会的足球赛就从阿根廷的卫冕战开始。德新社 2008 年 8 月 7 日的电稿写道：

前锋梅西的一射一帮，帮助阿根廷在对科特迪瓦队的比赛中获胜，阿根廷的奥运之旅就此启动。

整个导语不过 40 个字，却像画面回放一样，让人们再度看到这场足球开幕赛事的生动场景，特别是“一射一帮”四个字，极具动感，充分展示了梅西身手不凡的球技，那看台四周爆发的一阵阵掌声，似乎还在耳边。

综上所述，增强语言的形象感，主要就是从这三方面下工夫：从人的各种感觉方面去描绘事物，可以丰富语言的形象感；善于引发人的联想和想象，可以扩大语言的形象感；写出事物的动感，可以深化语言的形象感；丰富、扩大、深化三方面做到了，语言的形象感就会极大地增强了。

是好对联，但不是好导语

北京2008年残奥会进行期间，中国残疾人艺术团于9月11日晚在北京保利剧院演出大型音乐舞蹈《我的梦》作品五。以胡锦涛总书记为首的党和国家领导人全数出席观看，国际残奥会主席克雷文、国际奥委会名誉主席萨马兰奇也都观看了演出。新华网北京9月11日发通稿，报道了这一极具意义的盛大活动，被各大报刊为头版头条新闻。

纵览新闻全文，可以看出作者在写作上极下工夫，锦心绣口，斐然成章，是一篇精心之作。开篇写道："优美舞姿张扬激情，高昂旋律砥砺人生。"可以说是一幅很好的对联，光是这16个字，就要煞费一番思索，才能写得出来，对仗工整，语词铿锵，上联写舞蹈美，下联写音乐好，概括全面，意味深长。没有相当的文学素养，写不出这样的联句。作者把它作为新闻的开头，是可以理解的。

但是，作为新闻导语，却有值得研究的问题，提出来商榷。

导语是新闻结构中的特有部分，指的是新闻开头的第一句，或者是第一段话。它就像戏剧表演中，人物第一次出场时的"亮相"，演员在一个短促的停顿中，做一个塑像式姿势，以集中观众的注意力，凸显出人物的性格或精神特征。新闻导语的特有作用，也可以概括为这样两点，一是吸引读者的注意，二是引导主题的出现。前者服务于受众客体，后者服务于新闻主体。新闻导语就是要求通过最重要、最本质、最精彩的事实，能立即把读者的阅读兴趣吸引到新闻事实的主题轨道上来。

"最重要"指的是事实的内容，例如"日本投降了!"——突出了人民翘首以待的事实。

"最本质"指的是事实的性质，例如"分析家们今天说，伊拉克保证一旦以色列发动进攻，它就将迅速起来保卫阿拉伯和伊斯兰国家。这一保证表明，萨达姆总统正在努力确立他在中东的政治和军事领导地位。”——揭示了萨达姆的政治本质。

“最精彩”指的是事实的场景。例如“飞机降落在伊尔库茨克冰冻的跑道上，立刻，一股寒流包围了你，冷风刺骨，把人都冻僵了。在这里，严寒笼罩着大地”。——描绘了西伯利亚的寒冷。

三者之中，有一个达到“最”的高度，就可以写成新闻的导语。导语选取的视角可以不同，但必须遵守一个共同的准则，那就是要让广大读者一开始就直接面对事实的本身，独立认知事实客体所展示的内容，在和事实的心灵对话中，接受事实所释放出来的信息。

这就是导语写作的客观性原则。即充分尊重新闻事实的客观存在性，让事实说话，而不是由记者随意对事实进行主观的诠释或概括。新闻写作自始至终都要遵守这个原则，排除任何带有主观成分的语言介入。导语是新闻最重要的部分，更应该让事实第一个“出场”，而不是让读者观众首先接受记者对事实的主观评价。新闻并不排除记者对事实的观点，记者只有对新闻事实有深度认知，才能写好新闻，就像演员只有对自己的角色有深刻理解，才能演好角色一样。但这一切，都必须融进事实的表现和角色的表演之中，寓主观于客观之中，达到主客观的统一。这就是说，客观性不应有凌驾事实之上的主观化叙述，也不是纯客观罗列事实的客观主义。

“优美舞姿张扬激情，高昂旋律砥砺人生。”这幅佳联之所以不适合用作新闻导语，就因为它不是事实本身的客观性展示，而是记者对这场演出活动的主观性评价。虽然这样的评价合乎事实，但毕竟不是事实本身的直接体现，而是记者概括出来的理性表述，优美舞姿，高昂旋律，是对演出的艺术性评价；张扬激情，砥砺人生是对演出的思想性评价，都是记者主观世界里的认知内容，写在自己的文章里很好。但新闻一定要用事实说话，而不是记者站出来说话，新闻导语更要突出事实的内容，直接表现事实，而不是托出观点。观点在事实之中，并要由读者、观众从事实中感悟出来，而不是要他们去接受记者提供的现成答案，这是对读者、观众，作为接受主体的尊重。

我们在新闻写作中过去习惯于使用概括式导语，这类导语因为运用综合的逻辑方法，把一些内容相同的新闻事实归纳起来，在导语中概括出一种总的情况和评价，就难免带有主观色彩，因为用得太多，陷入了公式化老套，现在已经少见了。但余韵犹存，这条新闻的导语类型就属于概括式，只是改变了语言形式。如果以感性形象描绘出来的事实画面作为这条新闻的导语，既符合这一新闻事实的调式特性，也不背离导语写作的规范要求，效果会很不同。

但从整条新闻看，主观色彩并不止于导语，类似“用情真意切的歌声，抒发对生命的礼赞和对梦想的追求。残疾人艺术家精彩纷呈的演出，昂扬向上的风貌和自强不息的精神，让全场观众受到强烈感染”等等，这些充满形容词的语言表述，都是出自记者的生花妙笔，而不是对现场情景的直观描写，难于创造形象，给读者留下的只是一些模糊的印象。

敬畏人民，还是敬畏权力？

——对一篇媒体评论的评论

看见“高官们纷纷落马”，有忧国者在《中国改革报》上评论，“为官的高风险已经让一些官员人人自危”，“这不仅是他们个人和家庭的不幸，也是整个民族的不幸”，“这是官员们在权力运用上“缺乏‘如临深渊’、‘如履薄冰’的心态”，于是提出了“官员对权力应有敬畏感”的问题。作者对腐败现象开出的药方，却与病源不符，权力是官员的价值体现，崇拜者多，何来敬畏不足之说耶？

权力是影响、支配、控制他人的力量，权力的社会作用天然地让人敬畏，这是一种制度性存在，不是为官者缺乏与否的问题。对权力的敬畏感，从根本上说，应当是对权力来源的敬畏。权力的来源只有两个，一个是武力夺取，一个是人民授予。权力的两种不同来源，决定了两种不同的权力观念。

中国封建社会几千年“改朝换代”的历史，都是武力夺取或子孙承袭，“成者为王败者寇”，“打江山者坐江山”，这是少数人统治多数人的历史。封建统治者希望永远掌握统治人民的权力，就散布所谓“君权神授”，利用人民对神权的敬畏，巩固自己的统治，这是一种政治性欺骗。中国自古以来形成的一整套职官制度，就是奴隶王朝和封建帝国统治人民的政治枷锁，“官者管也，以管领为名，若指其所主，则谓之职”。它以严格的等级制度和荣华富贵吸引和笼络知识分子，使之成为为皇家效力的意志化工具。历史上的清官，也不失这一根本立场，只不过其个人秉性和品质有所不同罢了。官员的权力既是皇家赐予，他们当然要叩谢“皇恩浩荡”，但又担心在权力运作中行事或讽谏“触犯圣怒”。这种权力敬畏感只对皇家，与老百姓无干。

权力来源于人民授予，是人类政治文明的重大进步。民选的政府，权力来自国民的授权，政府的税收，重大的政策和人事任命，都要获得国民议会的同意。美国的总统要由全民大选产生。这次爆发世界性的金融危机，前布什政府提出拨款 7000 亿美元救市，众议院开始不通过，就办不成。只有人民能行使选举和监督的权利，把权力授予官员并进行监督，甚至决定他们的命运，像尼克松被迫下台那样，官员们才会对人民产生一种权力敬畏感。

人民和官员的权力关系，究竟谁制约谁？取决于权力的两种不同来源：是人民的权利授予官员以权力，还是官员以权力控制人民的权利，成了民主政体和专制政体的分水岭。

战国时代，齐宣王很想扩张领土，使秦楚这样的强国都臣服，自己做天下的盟主。孟子说，“以若所为，求若所欲，犹缘木而求鱼也。”意思是方向不对。孟子主张君主要施行仁政，劝他把国家治理到人民生活富足，减轻老百姓的负担，天下自然归顺。但儒家的政治观始终建立在“君权至上”的基础上，主张“劳心者治人，劳力者治于人”，从没有回答人民权力的问题，受到历代统治者的赞赏，因袭下来，顺民思想就成了中国传统政治文化的特色。

和孟子差不多年代，古希腊伟大的思想家亚里士多德在他的政治理论著述《政治学》里，就已经把国家的统治形式分王权政体、贵族政体和立宪政体，三种政体的对应形式是暴君政体、寡头政体和民主政体。他指出：“民主制度的基本理论原则是人人平等和多数人统治，所以民主政体认为，公平体现在多数人的表决中，而寡头政体认为，公平体现在少数富人的表决中。”他还提出：“每个国家都会有审议、行政和司法三个部门。由全体公民或公民代表来行使审议权，应该让群众有否决权。”这就是西方三权分立制度的雏形，现在已经发展成为世界广泛的政治现实。我们可以强调中国国情不同而不接受这种制度，但既然认为“民主是好东西”，“没有民主，就没有社会主义”，我们就应该承认，两千多年前的西方民主政体理论，在政治文化上已经比我们的儒家思想先进得多了。

《中国改革报》的言论还提到政府官员的管理体制，指出官员从政是遵循人治还是遵循法治，应该有所取舍，似乎一个国家的政治体制可以人治和法治并存，任凭官员们自己选择。这就让人更不明白了。凡人治的国家不会有真正法治的施行，真正法治的国家不会允许人治的存在。为官的高风险，说白了就是以权谋私的风险，贪赃枉法的风险，试问这种种腐败现象的根源是什么？是社会体制的问题，还是官员的权力敬畏感不够的问题？腐败的官员对上级溜须拍马，送礼行贿，能说敬畏感不够吗？他们缺少的恰恰是对人民的权力敬畏感，从来也不敬畏人民，知道人民不能把他怎么样。我们不否认人有贪欲的本性，正因为这样，才需要建立严密合理的法律制度，但与此同时，还必须建立由人民来立法并监督官员的制度。民主是法律的基础，法律是民主的保障，只有在这样的正义制度下，人民才真正站起来了，官员才会对人民产生一种权力敬畏感，到那时，官员们“今天上台，明天腐败，后天双规，再下台”的高风险也就不存在了。

那里是一片“净土”？

据说迄今全国最大的一件媒体腐败案件是《东方早报》2007年7月爆出的广州市番禺区广播电视台的集体腐败窝案，共立案11件，包括电视台正副台长在内的11名主要领导涉案被抓，涉及行贿、受贿、贪污、私分国有资产等多个罪名，总金额达到七百多万元。

全国媒体知多少？我没有调查，估计总数在5000个以上。自从大张旗鼓开展反腐败斗争以来，大大小小的贪腐案件遍及全国各地，上至省部级高官，下到区乡小吏，涉及地域之广，部门之多，令人有“斩不断，理还乱”的感叹。媒体素有“喉舌”“工具”之称，虽是事业单位，但由各级党委直管，地位和影响力在同级单位之中，难有可与之比肩的，媒体权力带来的“经济效益”，更是大莫甚焉。媒体的办公大楼，在各地都是地标性建筑，高大华美、设施完善，投资动辄以几千万，甚至上亿元计，不可能完全来自国家财政，媒体产业化以后，要靠自己创收。既是自创自收，使用的自由度，也是比不了的。相对之下，番禺区广播电视台的七百多万元，已是全国最大的媒体腐败案件，其后的一年多来，未见再有这方面的案件曝光，说明媒体界的腐败现象很少，在反贪形势仍然十分严峻的今天，简直让人有净土的联想了。

贪污腐败，作为一种社会病毒，能够自身复制，有很大的传播性，我们的媒体恐怕还不能说已经具有自我抗拒的免疫能力。它在体制上很具“特色”，行政关系上是党和政府的机构，具有国家权力性；社会功能上是舆论引导加公众服务（广告），具有政治垄断性；经营运作上是企业化的商业管理模式，具有经济利润性。改革开放已将我们的媒体由单一的党的宣传机构，变成了一个集权力、政治、利润于一身的“三合一”体制，它既是个政治机构，又是个经济实体，即以国家权力为依托，通过经济运作的形式，达到舆论引导和赚取利润的双重目的。这种复杂的奇特体制必然存在着许多利益交叉的问题，如果“右手的政治权用于左手的经济权”，就为腐败提供了便利条件，制造了滋生的温床。

广州市番禺区广播电视台的集体腐败窝案，就是一个典型的事例。番禺区检察院检察长李善炽深刻剖析了区内这一腐败案例，指出番禺区广电集体腐败案的发生，是廉政观念迷失、监督机制缺位、管理制度不善所共同引发的悲剧，要求全区党员干部以此案为鉴，筑好反腐防线。

这位检察长的话，面面俱到，重话轻说，只是反腐败的官话而已，并没有突出关键性的制度问题。他提到了制度，但11个领导干部全部涉案，仅仅是制度“不善”，够用吗？制度是在一定条件下形成的用以规范思想行为的体系。无非是两种体系，一种是民主体系，一种是专制体系。民主体系不排除党的领导，立足点就是“以人为本”，问题在于，有的领导人以强调党的领导为名，实际上是扩张个人权力，排除民主监督，把党和人民对立起来，这种由个人或少数人滥用权力的做法，倒是对党的领导的否定，是不符合共产党思想的专制行为。广州市番禺区广播电视台所以出现这么大的腐败窝案，根本原因是没有一个民主管理的制度，及在此基础上的管理细则。于是这个国家机构就成了领导班子少数人的共享资源，他们关注的就是如何在一个利益链中把不断产生的财富分赃到各自的名下。

有一年，几个老新闻工作者应邀到一个穷困县去访问。一个乡镇企业请求两位电视记者为他们的企业摄像，播出他们的业绩，但没有成功。原因是，电视记者开价一万元，企业承受不起。我当时在场，看到他们如此明目张胆地借垄断媒体的权力换取利益，进行新闻寻租，很有些惊讶。后来跟有的同行谈起，他不以为怪，说明腐败现象已经毒化了一些媒体人的思想。我只有自叹如“桃花源”中人，“不知有汉，无论魏晋”了。

我不明白现在的媒体怎样核发职工的工资。但15年前，我的一个在都市报工作了几年的本科毕业生就已经告诉我，她每月的收入相当于1000美元。按那时的汇率折算，是人民币八千多元，比一个大学教授的月薪高出3倍，还不算平时的福利。她承认这里面不少是灰色收入。每次看央视的电视大赛，主持人总把节目专线电话号码背得滚瓜烂熟，不断号召观众打电话参评互动，中间还开奖鼓励，起初我有些不解，后来知道此项电话资费，电信局提到每分钟1元，比平时长途电话费用高出一倍以上。一晚进账百万元，两家拆分，也有大几十万。我总觉得这样赚钱，有点垄断欺骗性质，把舆论的公共权力变为谋取私利的工具，算不算是集体的灰色收入？

让我更难忘记的是，有一次我来到一个地区报社，检查在那里实习的新闻系同学的情况，他们都集中住在一个县的招待所里。报社早已打电话过去，请那边好好招待。每日三餐，美食佳肴，吃得学生们都不想吃了，炊事员干脆把炉子和各种原料都搬到宿舍边，想吃什么就做什么。一个礼拜回到报社，拿不出一篇像样的稿件，却连报社的食堂也不想进去了，只好每顿上馆子。他们才是大二的学生，如果现在就把记者这个职业跟特权、享受联系在一起，他们还能成为一个真正的记者吗？

美国著名新闻奖的创始人约瑟夫·普利策说过："倘若一个国家是一条航行在大海上的船，新闻记者就是船头的瞭望者。他要在一望无际的海面上观察一切，审视海上的不测风云和浅滩暗礁，及时发出警告。"媒体是社会的"良心"啊，我们必须时时检查自己，就像大众媒体必须恪守真实、客观、公正、诚信的基本准则和职业道德一样。如果社会的"良心"坏了，社会还会好吗？

“自是桃李树，何畏不成蹊”

从报道中知道，很有几所大学宣称到2025年，将要建成为“世界一流大学”，以此作为自己的发展目标。大并校以后，有些大学在校学生已有四万多人，规模之大，建筑之美，校园之绿，博导之多，大概已可媲美于美国的著名大学。每到集会，校院两级领导总要先讲下一步的发展规划，诸如新的专业设置，实验室建设之类，兴奋之余，人们不禁想问，世界一流大学究竟有什么特点，我们的差距是什么？媒体上有些报道，但很不够，远不能帮助公众知道世界一流大学是什么样；我们的大学实际上又是什么样。恩格斯说，“判断一个人不是看他的声明，而是看他的行动，不是看他自称如何如何，而是看他做些什么和实际上是怎样。”（《普鲁士的胜利》）

21世纪的高等教育，据说有三大特征：终身教育、以学生为主、和教育国际化。英国著名的诺丁汉大学校长，在接受访问时说过，建设一流大学主要不靠仪器设备、校舍大楼，要靠更高水平的科研成果、靠对社会作贡献、靠培养一流人才，因此，人才资金要占十分之九的投入。中国许多大学的仪器设备并不落后，差距主要在人才问题上。

终身教育、以学生为主、和教育国际化，三个环节贯穿一条发展的人才主线。作为教育对象的学生，应该是学习的主人，让他们处于学习的主动进攻状态，像井下的矿工，自己去挖知识的宝藏，才有可能培养出真正的人才。可是，这一教育理念在我们的宏观规划上似乎还“找不到感觉”，大学课堂里仍然是填鸭式教学的一统天下，教师就像鸭子的喂养者，是鸭子的主人。哪怕是研究生课堂上，也难出现西方那样，虽不循规蹈矩却充满热烈气氛的讨论和争论，展示学生不同的新鲜的见解。原因还是教师的专业底气不足，灌输的方法便于驾驭课堂教学。现在的大学成倍扩招，教授不足，必须“大力”

提拔，以免影响学位点的申报。这种牺牲学术质量的竞争，导致职称贬值，已是不争的事实。现在的教授队伍比新中国成立前不知庞大了多少，但学术有大成就者却少之又少。如今的职称，价值已不在学术，而在带来的不同待遇，进取者有，但对有些人来说，待遇到手了，专业也就到站了。教师掌握的知识如果不是最新的，全面的，学生还没有出校门，知识已经过时了，那么投入再多的资金，也培养不出世界一流大学的人才，还叫什么一流大学呢？

教育国际化要求教师应该是能够进行国际交流的人才，甚至是国际著名的学者，在科学领域里有自己的研究成果和创建。在自然科学方面，国际上有两个顶尖学术刊物，一个叫 *Nature*，一个叫 *Science*，在那上面发表的研究成果，是评比世界一流大学的重要指标。我们的教授，包括两院新老院士的研究成果，还没有在上面发表过，是零纪录。清华大学想争取发表一篇，规划在 2010 年。可见成为世界一流大学，提高教师的国际化水平，是何等的重要和艰难，不是搞个计划，每年派几个年轻教师出国一两年就可以实现的，何况出国研究还有个语言适应期。有人说，我们有些大学校长英语不够好，妨碍了对外交流，这种情况在我们的教授，博士生导师中，更是见多不怪，有的还不如学生。英语都过不了关的“博导”，信息交流受到局限，专业知识怎么“博”得起来？又何以创新？至于大学里的学术腐败，媒体已有报道，北大早就曝光了一个“王博导”，又岂止于一个？文科尤为突出。新闻是个热门专业，如果研究新闻的不会写新闻，却要教新闻，“博导”还越来越多，岂非咄咄怪事！“博导”猛增了，就等于学术水平提升了吗？学术腐败是大学的耻辱，学誉的毁损，人格的堕落，再好的硬件设备，没有自己的软件，怎么出效果？史书上的南郭先生只有一个，还有自知之明，后来跑了，我们却要为这样的人大开方面之门，岂非连齐宣王也不如。领导不是专业万能，必须坚持严格的专业评审制度，听任此风蔓延，侈谈世界一流，无异缘木求鱼，贻笑大方。

世界一流大学的历史，都远超过美国建国的历史，而我们的大学，最老的北大、清华，不过百年多一点，以我们现在的条件，要在 20 年之内走完人家几百年走过的道路，这样的目标实际吗？

高等教育这些年有很大发展，我们应该肯定成绩，但胜利永远属于那些勇于发现和直面问题的人们。旧的教育思想和教育体制，连同习惯势力的改革，不是一蹴而就的事情，如果一窝风似的贪大求全，互相攀比，追求升格，争当一流，乃至世界一流，“无实事求是之意，有沽名钓誉之心”，发展就成了虚夸，我们是有过历史教训的。

“自是桃李树，何畏不成蹊。”让我们从历史的曲折中驱除浮躁习气，正视差距，以改革推进建设，在建设中稳步改革，改革全面胜利的时候就是大学国际化到来的时候。

不入虎穴，焉得虎子

西弗吉尼亚州是美国煤炭储藏量最丰富，产煤量最高的州。早期的煤矿经营者以各种手段进行封建领主式的统治，矿工收入菲薄，在不安全的煤矿里矿工成百地死亡，除了一条铁路运煤外，没有公路和外面连接，也不准陌生人，特别是工会组织的人入境。这是一个铁棒统治下动乱频仍的煤矿。

1919 年，供职于纽约《世界》杂志的美国记者约翰·利里，深入到该州南面盖扬河煤区洛根煤矿进行调查，揭开了这个恐怖王国中的种种罪恶和矿工们的斗争事迹，他所写的调查报道使读者从多方面了解事情发生的原因和经过，获得 1920 年普利策报道奖。

报道首先追溯了动乱的历史。这是一个由当地军政实权人物掌控，实行暴力统治的私人经济专利区。在那里，一个旧式的“煤炭大王”盘踞着他的最后一块领地。洛根煤矿矿主联合会的意志就是唯一的法律。这种法律依靠手枪和步枪而存在。负责人拒绝回答雇来了多少打手，但承认“这个州生产的煤占全国总量的 2%，郡长从这些税费中拿走他的一份”。前任郡长叫查芬，“是个特权人物，军队总司令和最高的行政长官，自称老板”。

记者说，“在查芬的统治下，不经过矿主们的同意，任何人不得进入盖扬矿区。” “在这里，枪弹比人有更大的发言权，因而渐渐成了一块与世隔绝的，仅仅属于矿主和非法酿酒贩子的‘无人进入的地区’”。记者写道，“非法酿酒是这个郡的传统工业，当地人必须养成对所有的事都缄默不语的习惯。” “这里工作时间长，工资低，以及工人受到虐待的传闻在外面沸沸扬扬，而试图对这些传闻进行调查的工会官员却绝大部分都被打得鼻青脸肿，脑袋和肚皮上被顶着手枪。”这就是那里的铁棒统治。

终于，工人们自发地开始了罢工，但大批工人被逐出盖扬。情况比过去宾夕法尼亚州的任何一个矿区都残忍，甚至比得上最黑暗时期的科罗拉多州。记者写道，“工人们具体讲述了被虐待的情况，并亮出青肿的伤痕。有些事简直骇人听闻，如把人的尸体扔进煤焦炉里。” 查芬的人参与了所有的残暴事件。“很多被驱逐的人没有机会去领取工资或看望家人，他们无论找什么借口回去，都会受到生命威胁。”记者接着写道，“情况证明，往那里派组织者开展工作是不可能的，矿工们被逼得走投无路，只好去冒险如同他们自发地起来罢工一样。”

地方官基尼带着他们中的 11 个人去见州长康韦尔，州长说需要一定时间进行调查，要设法使这些人得到原来的工作，并不受干扰。这些人听从地回去了，其中 6 个人遭到毒打并被赶了出来。后来，第一次颇为隆重的示威游行开始了，周围地区的矿工们集合起来，向盖扬进发，他们都带着枪。康韦尔派基尼追了几英里，示威者叫基尼“少管闲事”，告诉他，“我们要到洛根去重新制定宪法”。

“游行队伍最后达到了 5 万人，人人带着武器。”记者写道，“政府决定努力阻止游行队伍，基尼带着州长的委任书，以州长名义答应消除一切弊病。州长在一个地区对游行队伍发表了讲话，由于官员们的努力，加上州长的帮助，一场会有许多人丧生的埋伏战幸免爆发。他们不知道，查芬的人正手持步枪和几挺机枪严阵以待呢！”

“最好的办法，看来是许诺成立一个委员会，把盖扬存在的种种罪恶，以及一切必要的改善措施公之于众。”记者最后写道。

这篇调查性报道内容具体，记者收集了很多材料，对涉及的事实和人物都作了真实、准确的描述，达到了调查报道的要求。正如译者所说，“这是一篇将背景、现实问题和个人亲身经历融汇一体，全面透彻地分析一个复杂情况的佳作。”

看了这篇报道，许多人都会觉得最值得学习的是记者那种“不入虎穴，焉得虎子”的职业精神。从报道中看，这个盖扬矿区的恐怖统治，称得上是狰狞遍布的虎穴，但耳闻不如眼见，要让公众了解真实的情况，他必须深入进去，获取第一手材料，而一旦暴露，无疑是往查芬的枪口上撞。这样的挑战，远比大自然探险可怕得多，是在魔鬼的枪林中挑战死亡。景阳冈下的武松“明知山有虎，偏向虎山行”的勇敢精神，毕竟是小说家笔下的典型形象，而写这篇报道的记者，却是我们的先辈，实实在在地活在一百年前的同行。

我们不能不佩服他的职业价值观，在他看来，记者的价值，就在于能给公众创造价值，顾忌个人安危就是放弃自身的价值！

盖扬矿区的恐怖统治已是美国的历史，但矿难并未绝迹。1968 年，美国弗吉尼亚州的一个煤矿发生瓦斯爆炸，死亡 78 人。举国皆惊。美国政府不是向全国派督查组，而是迅速通过了新的《联邦安全与健康法》。1977 年，修订更名为《联邦矿山安全与健康法》。其中很多标准，今天仍然是全世界最严苛的。该法规定：对造成恶性煤矿事故的主要责任人，可判终身监禁。对遇难人员的赔偿，高达 100 万至 700 万美元，而且还不包括对企业的巨额罚款。该法实施后，美国煤矿事故死亡人数急剧下降：1993 年至 2000 年，死亡 3 人以上的事故未有一例；2004 年，仅有 28 人因工伤不治死亡。

再看中国，这些年矿难不断。仅是 2005 年不完全统计，就达 100 余次。2007 年中国矿难死亡 3786 人，比前两年降低了两成，死亡降低绝不是值得炫示的数字。美国矿难记录最糟糕的 1907 年，死亡人数是 3242 人。一百年以后，中国矿难之多却位居世界第一。政府部门有责任解决这个问题，可是媒体呢？每次矿难发生，前来采访的记者不少，他们从指挥部里获取官方信息，转发给公众，虽然也是必要的，但没有听说有谁效仿美国记者约翰·利里，在矿难发生之前，深入矿区，进行过实地考察，写出一份有深度，有见解的调查性报道。人们喜欢在理论上高谈“深度报道”，为什么少见这方面的实践？媒体需要深入生活，也需要干预生活，在资讯不对称的情况下，这样的报道就显得特别有价值，它可以让公众，乃至政府官员都能从中了解一些被长期掩盖着的问题，及早采取措施，避免重大事故的发生。

约翰·利里的时代已经过去一百年了，整个中国发生了多大的变化！但我们的经济发展却和精神生产出现了这样的不平衡，值得深思。人的欲望是无止境的，正随着物质的繁荣而滋长，我们似乎不再愿意发扬艰苦卓绝的精神，更不愿意深入虎穴，去冒生命的危险，这就是为什么在伊拉克战争真正打响后，只有凤凰卫视闾秋露薇一个女记者留在那里的原因。

新闻标题的虚与实

晋代著名画家顾恺之说过，人物画中“点睛”的妙处在于“传神写照”，这句话也能说明诗文题目的作用，延伸到现代的新闻作品，同样适用。

题目具有“传神写照”的作用，无非表现为两个方面，一是揭示作品的意义，二是概括作品的内容。意义是抽象的思维现象，看不见，摸不着，是虚；内容则比较具体，是实际存在的事物，就比较实了。这就给题目带来虚和实的问题。

虚和实是对立的统一。虚不同于实，但虚的现象是从许多实的事物中抽象出来的，也可以具体化为许多实的事物。从这点上说，虚和实是相通的，紧密联系的。辩证地处理好这种虚实关系，给新闻作品定一个好的标题，对于表现新闻的主题，也能起到画龙点睛或锦上添花的作用。

以实写虚。事理、意念之类的抽象事物不容易被人们直接感知，如果采用实题，把它化为外部感官所能感觉的物质现象，就能唤起真切的感受。

这种以实写虚的题目，往往运用象征的手法。象征通过特定的具体形象，触发人的联想和想象，以表现与之相似或相近的思想感情，把事物的某种意义化为具体可感的，耐人寻味的东西。诗文如此，新闻作品也如此。

屠格涅夫的散文诗《门槛》，塑造了19世纪俄国一个女革命者的勇敢形象，咏赞了当时俄国觉悟青年为改革农奴制度的献身要求，反映了俄国资产阶级民主革命前夜的时代精神。散文诗取名《门槛》，就有两层意义：跨进面前的门槛，为了摧毁俄国农奴制度而深入到这个反动堡垒里去，便意味着跨进苦难的大门；而为了自己的信仰，作品中的俄罗斯女郎还是毫不动摇地要求跨进去，表现了高度的革命自觉，这里的“门槛”又意味着是崇高人生的大门。作品主题所寓含的思想，借助于“门槛”的具体形象，表达得多么深刻，并富有强烈的艺术感染力。

美国记者威廉·伯克·米勒，写了一篇题名《在坟墓中的旅行》的新闻作品，在坟墓中怎能旅行？显然是一种象征性说法。原来，山地青年柯林斯掉进一个深邃的洞穴，被大石卡住，动弹不得，米勒冒着生命危险5次进入这个洞穴，试图救助他脱险，没有成功。这篇报道写于柯林斯被困的第五天，详细地描述了记者在洞里五次爬进爬出的艰难历程，自己的亲身感受就是和死亡为伴，以此来反衬柯林斯所承受的巨大痛苦，更能激起人们的同情心，因而获得1926年的普利策新闻报道奖。

以实写实。叙事性作品有具体的事件和情节，便可以实写实。或概括作品的内容，如罗贯中的《三国志通俗演义》，或以故事的中心事件为题，如郭沫若的历史剧《虎符》，或以故事中的中心人物为题，如老舍的《骆驼祥子》，或以故事发生的地点为题，如曲波的《林海雪原》。新闻作品大多报道新近发生的事件，题目也出不了这样四种类型，而以概括作品的内容为主。在这方面，文学作品取题的多样性给我们很多借鉴，只是新闻以报道为目的，更注重语言的平实。从历年获得普利策新闻奖的作品看，如揭露监狱黑暗的调查性报道《新泽西州立监狱是罪恶滋生的地方》，写自己在二次大战中在海上遭遇轴心国鱼雷袭击的惊险经历，题目就叫《在油腻大海中熬过的地狱般的45分钟》，反映美军对越南战争的厌倦和失败情绪的战地报道《第21后勤支队一去不复返》，对前南斯拉夫总统的人物专访，题名《铁托风采》，等等都是。也有从事件中凸现某个重要细节以为题目的，如1965年，在美国洛杉矶瓦茨黑人区，因警察蛮横逮捕7名黑人青年而引发了一场为时7天的黑人抗暴斗争，《洛杉矶时报》的报道，题目就叫《纵火者口号：烧吧，孩子，烧吧!》给人以触目惊心的现场感，极富感染力。还有1955年的获奖作品《"我从噩梦中醒来"》，报道了一位海军雇员被看成是危险人物而遭到解职，由于记者的介入调查，最后得以平反复职的事件。在文章的结尾部分，受害人谈到自己的感受是"今天早晨我从噩梦中醒来"，记者便以此为题，统摄了全文。

化实为虚。这样的标题并非写实性地再现客观对象，而是抓住并突出客体中与主体相契合的某些特征，以表现作者的思想感情，因而能创造意境，引导人们深入到作品最深的意义中去。有幅版画，刻画了一条弯弯曲曲通往远方的山路，题名《道路的性格》。赏画思题，人们便会触景生情，联想到社会事业和人生道路，都难于笔直前进，要实现任何一个目标，都需要坚持不懈，努力奋斗。借鉴这样的标题方法并用于新闻写作，可以产生同样的心理效果。1974年，在非洲，发生了一场危及5亿人生命的大饥荒，《芝加哥论坛报》记者威廉·查尔斯·卡特和一名摄影记者跋涉1.6万公里，写出了图文并茂的系列报道，其中一篇题为《饥饿的面孔》，获得了该年度普利策国际报道奖。这个标题并非对表现对象的精确描写，它只有象征性含义，展示了这些地区人民因贫穷、旱灾造成的痛苦，并对国际救援机构的无能和失误，以及受灾国政府的腐败和昏庸，进行了辛辣的批评。

虚实结合。标题要打破一般化，具有吸引力，既要有切合作品实际内容的精粹含义，又要给读者留下广阔的想象空间，不能太实。就像画龙一样，如于云雾之间，采其一鳞半爪，以想象其屈伸变化的飞动形态，倒更能表现出龙的神态。鲁迅所以提倡“画出一个人的特点，最好画他的眼睛”，就因为眼睛并不像说话那样可以尽吐心曲，却能把感情凝聚起来，映现为不同的神采，传导出去，引起对方的种种联想，产生感情上的交流。人们常把题目比作人的眼睛，原因概源于此。

新闻标题要多样化，要推陈出新，也要在处理虚实关系上下工夫。平面媒体的标题常有主题、副题，甚至还有肩题，分工各有不同，尽在虚实之中。“实”，指的是新闻事实的核心内容，是一种客观性存在，如作主标题，是要凸现事件的发生或发展，引起读者的注意。“虚”是新闻事实的意义，发生的原因和影响，是一种主观性认知，如作主标题，则是强调事件的思想价值，引导人们的思考。2008年11月5日，美国民主党的奥巴马当选美国第56届总统，这一选举结果，肯定成为各报头版头条新闻的主标题，以突出事件的重要性；但奥巴马是一位黑人，他的当选，开创了美国政治的先例，副题就要表现这一结果的历史意义。这是一般的标题规律。但国内报道中，有时把新闻的思想价值作为主标题，如某报报道化州农民收入连续四年高幅增长的新闻，其主标题却是“根本途径在于调整结构”，以突出新闻的指导意义。至于肩题在新闻标题中起补充的作用。现在的新闻标题，为求简明醒目，主题文字已明显压缩，肩题则少见了。

采取一端　生发开去

主题来源于题材。鲁迅说，“采取一端，加以改造，或生发开去，到足以几乎发表我的意见为止。”这是从题材达到主题深化的一条重要经验。文学创作如此，新闻报道也如此。

鲁迅的小说《药》，写华老拴用自己多年的血汗钱从刽子手那里虔诚地买下蘸有人血的馒头，想用来医治儿子的痨病。这种惊人的愚昧行为，深刻地反映了旧中国的劳苦群众在封建迷信思想统治下受到的严重毒害。这就是“一端”，但作者并没有把主题的意义停止在这一点上，而是“加以改造”，“生发开去”，糅进了革命者牺牲的事实，层层深入地说明资产阶级革命家脱离群众，辛亥革命不彻底，以及中国国民性的弱点等问题。劳动群众没有认识到疗救自己的真正药石是彻底推翻旧的制度，却去吞食烈士为此而流出的鲜血，这是何等痛心而又深刻的历史悲剧！这样的主题，不仅包容了封建愚昧的问题，而且在最高意义上启发了人们的革命思想，达到了主题的要求，很值得我们借鉴。

《纽约时报》记者安东尼·卢卡斯 1968 年写了一篇报道，叙述了一名富家少女琳娜被毒品和不良伙伴葬送性命的故事。这名少女有两个居住区，都叫格林尼治，前者是纽约市的卫星城，称为东村，人口不到 6 万，生产工业品。后者是纽约市的一个地区，是嬉皮士和朋克的聚居地，吸毒者多，犯罪率高，称为西村。琳娜在她 18 岁那年死于西村。少女不明死亡的案件，报纸上屡屡看见，都只是报道案情发现的离奇情节。卢卡斯不是这样，他并不满足于人们的好奇心，而是调查并报道了导致琳娜不幸死亡的缘由。报道深刻地揭示了美国社会的罪恶，饱含着人文关怀的精神，因此获得了 1968 年普利策地方专题调查性报道奖。

“真正的琳娜是个什么样?”记者首先采访了她的家人，朋友，和地区的熟人，发现她是一个奇怪的混合体，连她自己也不清楚属于哪一个。记者写道，“工作对琳娜这样年轻人造成的压力，是许多家长困惑的原因。也是社会工作者和心理学家研究的原始资料。他们寻找解释成千上万的年轻人离开中产家庭来到西村追求正在发展的精神毒品的原因。”

“琳娜是个丰满、漂亮、健康的姑娘。在东村时，她大部分时间都在画室里画画，也和朋友们一起游泳，弹钢琴。”但是，也有不同的说法，有人告诉记者，“琳娜在一次暑期去百慕大旅游时曾多次吸食迷幻药胶囊，并抽大麻。她是一个矮小、害羞的嬉皮士。我们彼此喜欢，她周末到城里去，带30或40美元，给许多人买迷幻药。”这人还说，“我们走到11大街的一个临时住处，去过两个广场，只为了感受兴奋。我们有了真正的飘飘欲仙的迷幻感觉，早上8点，当她回家时，我肯定琳娜还在药力造成的兴奋状态中。”

“广场有一家旅馆没有看门人，”她接着说，“从一摞皱巴巴的卡片里，我找到了琳娜的卡片，她是9月劳动节那天搬进来的，同来的是两个嬉皮士小伙子，他们开了504号房间，琳娜预付了1个月的房费——120美元。”

楼道黑暗狭窄，充满大麻的甜味。504号房间打开了，记者看见一个留着胡子的年轻男子和三个姑娘，里面乱七八糟，梳妆台上的抽屉少了一个，镜子上涂着字迹，浴室四个房间共用。

“但是”，在东村，琳娜的母亲却向记者叙述了另一个琳娜。说着她拉开了红色的大窗帘，“琳娜最喜欢鲜艳的红色”。床上有橘黄色和黑色相间的老虎图案，“那是纪念她父亲的大学：普林斯顿。”墙上有学校里得的奖牌，架子上摆满了玩具、书籍、唱片，都是琳娜参加各种活动得到的奖品。

记者写道，“他们对琳娜很放心，说她有份做广告画的工作，每周80美元。但记者接着说，“别人告诉他，琳娜被解雇后，是靠在广场乞讨来养活自己。她总有足够的东西吃。”

记者特别写了琳娜在艺术上的实验。“这些画具有超现实主义风格，是幻觉的艺术：扭曲的女人，眼睑特别浓重的眼睛、光、恶魔，隐藏在浓密丛林中的花朵、叶子和藤，其间点缀着幻觉感的句子，“永远的心”、“高飞”、“明天会来”。

琳娜的生活里总有男人，最后一个是保罗·布什，认识他的人描述他是一个真正的流浪者，一个奇怪的嬉皮士。琳娜对父母说，他同一个名叫保拉的女孩住在一起，不让他们知道她和一个男人同居，然后她又带了另一个男孩，长得高高的，留着长发和胡须。“后来，詹姆斯·哈奇林来了，他就是上周同琳娜一起被杀的那个人。”记者写道。

“我不相信琳娜真会同什么嬉皮士有什么关系。”她父亲说，“我们讨论过关于旧金山嬉皮士的特别报道，她的评论和我很相似。”

“但是，琳娜的女友苏珊告诉我”，记者写道，“琳娜在加利福尼亚遇见过两个男巫，能使灯泡爆裂，又把它组合在一起，从那以后，她感到这个男孩拥有了她。”“一家报纸还说琳娜对佛教、印度教和所有超自然的东西感兴趣，但她的朋友辛迪却说，那不是真的。”

记者最后写道，“在 10 月 8 日星期六晚上 10 时，琳娜和一个男友一起，他们刚吃了一点药，3 个小时后，他们的裸尸横躺在锅炉房的地上，头被砖块击碎。警方指控两人涉嫌谋杀，在继续调查中。”

这是一篇幅很长的报道，记者的目的不是叙述一个案件，他把主要精力花在琳娜的生活经历的调查上，为此采访了琳娜的父母亲，他所有交往过的人，同居的男友，让他们讲出他们眼中的琳娜，尽可能保持一个客观的态度。这里不可能大量引用他们的话，但已大体勾勒出琳娜的形象，以及她的性格。记者掌握了这些充分的题材以后，没有把主题放在琳娜个人的那些错综迷乱的感情描写上，而是生发开去，寻本追源：何以一个生活富裕，有着良好教育和家庭教养的清纯女孩，会在自己的人生理想追求中沦为一个嬉皮士人物，最后死于非命。这个主题远比写一个充满悬念夹杂着缠绵情感的刑事案件具有深意。记者笔下的琳娜，她的短暂的人生经历，向人们展示的是美国社会的另一个侧面，充满了罪恶、肮脏和错乱的诱惑，对于一个涉世不深的女孩来说，足以夺去她们的一切，包括年轻的生命。

这对我们同样具有教育意义。1966 年美国发端的嬉皮士现象中，生活放荡、玩世不恭、吸毒、性混乱、同性恋等恶习，在我国屏幕上，它们的幽灵仍然在癫狂的夜生活中徘徊。记者最后的话很对，“她是一个好女孩，如果她不是这么对毒品着迷，她有很多你们所称的潜力。”毒品无疑是致她死亡的一个主要诱因，但报道的主题在读者的思想中延伸，社会是一个庞大的渊薮，隐藏在黑暗深处的不仅有毒品。当我们在媒体上看到连篇累牍地报道那些感情故事的时候，当诉说人在表达哀怨、悲情和绝望的时候，读者在所意识到的快乐和痛苦之中，就已经有善恶的存在了。重要的是我们如何去发现和引导，这就是新闻主题深度之所在。我们的媒体上，现在不缺这类题材的报道，缺的正是引导人们去发现隐藏在故事背后的社会深层次问题。

烘云托月话渲染

这里说的渲染，并非夸大形容的意思，这不符合新闻的真实性原则。

渲染原是中国画的一种传统技法，画家作画，有的地方，点笔染翰，谓之点染，有的地方，着意涂抹，谓之渲染。借用到写作中来，渲染指的是在写作内容需要强调表现的部分，集中笔墨，反复地、多方面地铺陈描述，用来表现特定的环境氛围，突出人物的某种性格特征，烘托人物的感情心理，给读者以深切感受。

叙事作品中的细节渲染，能造成鲜明生动的形象而显示其艺术生命力。《儒林外史》中的严监生临终前看到油灯里多点了一根灯草，竟会死不瞑目，这个细节很能刻画他的悭吝性格。但是，简单地写成一句话，却又不能引发读者的强烈感受，所以吴敬梓便竭力渲染，扩展成为两段文字。他先写严监生伸出两个手指，不能断气的情状，然后一连写了三个人上前询问。尽管严监生已不能说话，出于性格的本能反应，他回答的表情还是各不相同。他并不是留恋什么亲人，所以，对于大侄子的询问，“就把头摇了两三摇”；至于奶妈问到舅爷，更不放在心上，摇头时“把眼闭着”；只是二侄子问道“莫不是还有两笔银子在那里”时，才着实地触到了他那最敏感的神经部位，虽已如此衰竭，还能把“两眼睁得溜圆”，在迷糊的记忆中搜索了一番，确信没有了，才终于放心地“把头狠狠地摇了几摇”；直到最了解他的赵氏上来挑掉一根灯草，他才“点一点头，把手垂下，登时就没了气”。这是一段很精彩的文字，层层写来，有对照，有比较，就把严监生的性格特征极为深刻地表现出来了。这便是细节渲染的效果。

新闻需要写人叙事，渲染同样是一种很有实用价值的艺术技巧。1945 年 8 月 9 日上午，《纽约时报》记者威廉·伦纳德·劳伦斯搭乘携带原子弹的美军飞机，目击了第一颗原子弹对日本长崎的轰炸，写下了战争在人类历史上前所未有的巨大灾难。虽然只有短短的几十秒钟，却是二次世界大战后期的最重大事件，它加快了日本的投降。

我们向南飞。11 点 33 分，飞越海岸线，向距此以西大约一百英里处的长崎直奔而去。在长崎上空，我们再次盘旋，终于发现星云中的一丝缝隙。

这时是 12 点 01 分，我们终于到达了这次任务的目的地。

“瞧，它下来了！”有人喊道。

从艺术大师肚子里落出了一个黑乎乎的东西，掉了下去。

波克机长迅速掉转机头，向爆炸杀伤范围外飞。然而，尽管我们背对原子弹，机舱里又充满阳光，但我们所有的人都同时感到一股极其炫目的光芒穿透了我们的弧光镜。

第一次闪光之后，我们摘掉了弧光镜。光焰仍然接连不断，一种蓝中带绿的光芒充满了天空。一股巨大的气浪袭来，使飞机全身剧烈地颤抖起来。紧接着，又袭来四次爆炸气浪，每一次都使我们感到似乎有大炮从四面八方向我们袭击。

先是一个巨大火球倾发出大量白烟，接着，一个巨大的紫色火柱以极快的速度上升到大约 1 万英尺的高度。

待我们再次向原子弹方向飞去时，那道紫色火柱已升到了与飞机同样的高度。这时距爆炸发生才 45 秒钟。我们惊异地注视着火柱向上飞跃，它像是一颗流星，然而不是从太空朝大地飞来，而是从地球向外飞去。随着它穿过白云，向上生长，它似乎变得越来越富有生命力。

……它的形体像一座巨型图腾柱，底部大约有 3 英里宽，向上逐渐变细，顶部只有 1 英里宽。它的底部是棕色的，中间是黄褐色，顶端是白色。这是一座有生命的图腾柱，身上刻满了许许多多怪诞的面孔，对着大地狞笑。

正当这东西似乎已凝固起来时，从它顶上突然冒出一朵庞大的蘑菇云，使它的高度长到 4.5 万英尺。这团蘑菇云比这柱型东西更加活跃，它的躯体里翻滚着浓白色的烟火，在愤怒地扭动着，咆哮着，带着嘶声向上冲去，接着又向下扑来，活似无数个唧唧喳喳的老妇人骤然融为一体。

这个东西像头怪兽，怀着巨大的愤怒在挣扎着，仿佛要极力挣脱捆绑于大地的羁绊。仅仅几秒钟，它就摆脱了柱体，迅猛地向上飞去，直达 6 万英尺高空的同温层。

与此同时，又一朵较小的蘑菇云从柱体中冒出来，像被砍了头的怪物又长出了一个新头来。

第一团蘑菇云升向蓝天的时候，变成一朵花的形状。它巨大的花瓣边缘向下弯曲，外面是奶油色，里面是玫瑰色。后来，当我们从200英里以外最后一次眺望时，它仍保持着这个形状。在这个距离，还能看见处于痛苦之中的柱体，五颜六色，翻滚蒸腾，如同无数杂色彩虹组成的大山。在这些彩虹中，融入了许多有生命的物质。柱体颤颤悠悠的顶部穿过白云，活像一头史前怪兽脖子上镶上了羽毛。纵目望去，只见羽毛向四面八方飞展开去。

现代摄像机可以连续拍摄原子弹爆炸引发的种种画面，把这一重大事件的物像图景固定下来，成为一个可以反复观察的历史文献，但是肯定地说，它不可能产生我们在阅读这篇目击记所感受到的震撼力。这不仅因为记者以浓郁和丰富的形象，蕴涵艺术魅力的语言，调动了人们的种种感官功能，第一次全方位地感受原子弹爆炸的巨大威力，更重要的是，他在这一事件的描述中，融入了人的精神和内心世界，写出了一种生命的涌动。在作者笔下，原子弹爆炸引发的种种奇观，都不是一刹那间的闪现，而是无数生命现象的变化多端，举如：

“这是一座有生命的图腾柱，身上刻满了许许多多怪诞的面孔，对着大地狞笑。”

“这团蘑菇云比这柱型东西更加活跃，它的躯体里翻滚着浓白色的烟火，在愤怒地扭动着，咆哮着，带着嘶声向上冲去，接着又向下扑来。”

“这个东西像头怪兽，怀着巨大的愤怒在挣扎着，仿佛要极力挣脱捆绑于大地的羁绊。”

“又一朵较小的蘑菇云从柱体中冒出来，像被砍了头的怪物又长出了一个新头来。”

所有这些描写，不仅是浓墨重彩画出的景象，它那充满了生命力的动感，那释放出来的巨大能量不是瞬间即逝，而像是一个巨大的生命体在持续地展示它那无与伦比的物质裂变的可怕图景。如果没有亲身的直面感受，记者不可能写出这样的文字，确切地说，这不是写出来的，而是记者在现实景象的巨大冲击面前，从展现表象的本身，发展为对这一惊人现象的强烈感受，进而从心灵深处迸发出一系列深刻反映，并把记者本人形成的情思和意境，一起融入了这一特有的环境氛围中去，才能描绘出如此生动而又形象的历史瞬间，使之永远载入史册。

这篇报道被授予1946年普利策报道奖，主要归因于事件本身的历史意义。无可置疑的是，记者能在极短的时间里，把经历这一事件的身心感受，如此细致而又直观地传达出来，也不能不令人惊叹他那烘云托月的语言能力。渲染就是这种语言能力的集中表现，它在特定语境中有着无可代替的作用，这篇报道在这方面堪称经典。

小中见大的“点染”技法

新闻记者要有较好的中国古典文学修养，学习其中经典的写作艺术和技法，对于写作现代新闻作品会有很大裨益。“点染”技法就是其一。

“点染”是一种映衬手法，它撷取特征性的事物或细节，不作铺陈，而是饱蘸淡墨，勾出传神的几笔，以为主题物象或事件的衬托，起到烘染背景或显示精神的作用。

这种技法名称，虽是从中国画论中来，但在先秦历史散文中，就已经有了实际的应用。晋国公子重耳流亡到楚国，楚成王摆宴款待，问重耳，“你如能重返晋国，会怎样报答我呢?” 重耳回答，“如能重回，以后晋楚交战，我将退避三舍（古 30 里为一舍），楚国继续进军，我就将拿起武器和您周旋。”宰相请求杀重耳以绝后患，楚成王不同意说，“晋国害怕的是我不能提高自己的品德修养，我如果是一个品德很差的人，杀了重耳，又有什么用呢?”他认为，楚国的强大，决定于自己，杀了重耳，晋国还会有好的君主。重耳流亡楚国的故事，《国语》和《左传》都有记载，但这几句对话，《左传》没有，《国语》写了。话虽不多，却可以看出楚成王的见解高远，具有大国之君的气度和修养，这就是点染了精神。

《左传》里的文章，也有点染得好的。《崤之战》里写了郑国商人弦高的故事。弦高路过滑国，恰遇秦军偷袭郑国，他就送上一批礼物，假借郑国君主名义前来犒师，实际上就是告诉秦军，郑国已有迎战准备；同时派人回国报信。这个故事表现了弦高明晓大义，机智过人的个人品格，但更重要的是，点染出郑国君民团结御侮的爱国精神，说明秦国这次侵略行动的失败绝非偶然。

用景色做点染的，可以举南北朝时期的丘迟《与陈伯之书》为例。陈伯之原为梁朝臣子，投奔了北魏，梁武帝命丘迟写信责归。信中开始写道：

“暮春三月，江南草长，杂花生树，群莺乱飞。见故国之旗鼓，感平生于畴月，抚弦登陴，岂不怆悢。”

意思是，江南到处是一片春天的景象。在这美好的季节里，你看见故国的旗鼓，定会回想往事而生感伤之情，拿着弓箭站在城墙垛口，能不感到悲恨吗？这封信带有讨伐性质，先写几句江南春景，为的是唤起陈伯之的怀乡之情，起了点染衬托的作用，增加了抒情的成分。这篇文章之为名作，是和这一精妙的点染不可分的。

鲁迅先生深得中国古典文学的艺术精髓。他在自己的小说里，很少大段写景，但不乏景色点染的文字，借以烘衬环境氛围和人物心理。《药》的最后，华大妈和夏奶奶都来荒野祭扫儿子的坟，在回去的时候，小说写了这样的结尾：

“他们走不上二三十步远，忽听得‘哑——’的一声大叫；两个人都悚然的回过头，只见那乌鸦张开两翅，一挫身，只向远处的天空，箭也似地飞去了。”

这一景色点染，用墨不多，却在华大妈和夏奶奶的心头，增添了无限凄凉、怅惘和空落的感情，为小说描绘的时代抹上一层灰暗的色调。

在小说《风波》里，鲁迅写赵七爷：“他有十多本金圣叹批评的《三国志》，时常坐着一个字一个字地读；他不但能说出五虎将的名字，甚而至于还知道黄忠表字汉升和马超表字孟起。革命以后，他便将辫子盘在顶上，像道士一般；常常叹息说，倘若赵子龙在世，天下便不会乱到这地步了。”鲁迅扣住赵七爷“有学问”、“有些遗老的臭味”的特点，加以点染，便把一个思想守旧、知识浅薄，在精神上代表封建势力、奴役农民的人物形象活画出来了。

新闻作品篇幅短小，这种以少胜多的点染手法更是需要。前新华通讯社社长穆青的著名通讯《县委书记的榜样——焦裕禄》，开头就有一段写景：

“展现在焦裕禄面前的兰考大地，是一幅多么严重的灾荒的景象啊！横贯全境的两条黄河故道，是一眼看不到边的黄沙；片片内涝的洼窝里，结着青色的冰凌；白茫茫的盐碱地上，枯草在寒风中抖动。”

如同画家的破墨写意，记者只是点染出“洼窝”、“冰凌”、“盐碱地”、“枯草”等景物，兰考的受灾面貌便历历在目了，既是背景的烘托，又衬托出焦裕禄受命于危难之中的崇高精神。

邓颖超副委员长1979年访问日本，游览了京都的琵琶湖。新华社记者的电讯稿开头写道：

“今天，这个日本最大的，形状像琵琶的湖泊，水面上碧波粼粼，白帆片片。连接东西两岸的一公里多长的琵琶湖大桥和两岸的重峦叠嶂倒映水中，构成了一幅动人的山水画。”

结尾是：“垂樱迎着春风，落英缤纷。邓副委员长称赞说，‘抬头看樱花，低头看落花，樱花开时是美的，花落时更美。’高桥所长说，‘一般人只知道樱花开花时的美，而知道落花之美，才是真正了解日本的人。’”

记者所作的这些景色和对话的点染，互相辉映，对于表现中日友好的新闻主题起了重要的烘托作用，增强了新闻事实的美感和抒情效果，是一篇入选的新闻佳作。

由此可见，点染的用笔，虽是轻彩淡抹，却能突现事物最显著的特征，传达出景物和人物的神韵。由于具有小中见大，乃至借端寓托的写意作用，能够更好地调动起读者的心理能力，引发出他们的联想和想象，产生耐人寻味的传播效果。

新闻导语写作的三个准则

新闻导语是新闻的第一句话，或第一、第二段话，构成了新闻的开头部分。它给人以第一眼印象，就像人的脸面，脸面不漂亮，就引不起人们的注意。因此，西方记者十分看重导语写作，尽力展现自己的才华。

对比之下，我们则不那么讲究。大报的导语，墨守陈旧的套式，地方报纸则比较随意，大部分时间开头。现在的生活和学习条件比我们当年好多得多，钻研新闻业务的风气却大不如前，以致新闻导语写得不规范，甚至不像样子，作为专业的新闻工作者，很需要改进。

西方记者如此强调导语写作，说明导语不是随便写的，它有三方面的要求，也就是三个必要的准则。

首先是引导的准则。“导”的意思就是引导，引导主题和吸引读者。引导主题是对事实客体而言，要把自己对事实的基本态度，也就是写作这条新闻的目的透露出来，这是为主题服务；吸引读者是对接受主体而言，就是要独具匠心地把读者的阅读兴趣调动起来，吸引他们了解这条新闻的内容，这是为读者服务。读者总是先看一眼导语，导语有吸引力，他才会继续看下去。比利时曾运进中国的一批兵马俑复制品，向公众展出，新闻导语写道：“一支中国军队昨天开进了布鲁塞尔”，语出惊人，读者就必定要看。西方记者认为，导语是展示记者才华的橱窗，所以在技巧上很下工夫，这条导语抓住了读者的猎奇心理，构思巧妙，比直写“秦始皇兵马俑的复制品将在布鲁塞尔展出”显然要生动有趣得多。

引导主题和吸引读者是一个统一体，好的导语就是要同时起到两方面的作用，这是鉴别导语写得好坏的两个尺度，前者是思想尺度，后者是技巧尺度，缺一不可。例如《华尔街日报》2008 年 10 月 10 日报道：

美国联邦高级官员目前正在讨论，若经济状况继续恶化，政府将暂时为所有美国银行的存款提供担保。若该措施得以实施，此举将是美国政府为遏制金融危机蔓延所迈出的又一史无前例的一步。

该措施的目的是防止大量资金进一步从金融机构撤离，其中也包括小银行和地方银行，部分小银行和地方银行因遭遇客户挤兑已经不堪重负。最近几周，一些财务状况健康的社区银行也遭遇了储户挤兑，原因是他们担心在银行倒闭时，政府只会为大型银行的所有存款提供担保。目前该措施仍在讨论中。

这条新闻的导语，突出了讨论的核心问题，直上主题。在世界掀起金融海啸，人们极度恐慌的时候，这个问题具有高度敏感性，一下子就把读者吸引了过来，急于想了解讨论的内容。导语的语言平实，不需要“玩”技巧，导语的双重目的就已经达到了。由于“仍在讨论中”，读者还会继续关注后续的发展。

其次是时间的准则：写作新闻必须立足于最新的时间点，而不能打“时间差”，这是我们必须遵守的原则。

在新闻价值观里，有一个新鲜性标准，主要是时间上的“新”，不新，就不是新闻，成了历史。

新闻事实的发生和发展，是一个过程，报道中如何选好一个时间的切口，对表现新闻的“新”，有重要的作用。这里的准则，就是要立足于时间的最近点。“最近点”就是事实距离新闻报道最近的那个时间点。也就是必须把最近点的事实，作为首先报道的事实，它离报道的时限一般应在一天之内，因为西方认为新闻只有一天的生命。时间点越近，时效性越强；时间差越小，新闻价值就越大。立足于时间的最近点，可以一开始就显示新闻的时新性，引起读者的阅读兴趣。这是新闻写作不同于其他写作的很大的特点。

“最近点”只是事实报道的起点时间。新闻事实往往是一个过程的延续，不一定集中在一个时间点上。立足于时间点，指的是必须把最近点的事实作为首先报道的事实，以这里为切口，剖开事实的外壳，由近而远地逐层展开过程的叙述。由近而远只是开始的顺序，不排除后面的由远而近，远近交叉，但立足于时间的最近点，则是导语写作必须考虑的一个准则。

武汉市曾经破获一起抢劫肯德基、麦当劳特大案件，这是个系列案件，涉案地点多处，远的达到杭州，时间长达半年之久。如何报道这个系列案件的侦破呢？能不能按时间顺序从头到尾地写过来呢？这样讲故事可以，写新闻却不行，必须倒过来，选择一个最近的时间点，作为报道的切口，由近而远地写去。某报的导语这样写道：

“从一起肯德基劫案入手，武汉市警方侦破一个专事抢劫麦当劳、肯德基的重大团伙。昨日下午，劫匪费日灿、陈仁昌被警方从福州押回。”

“昨天下午”，就是时间最近点，把这个时间点发生的事实作为报道的立足点，出发点，新闻就具有了时新性。有了这个最近的时间点为依托，主体部分就可以倒回去再写几个月以前发生的案件事实。人们读起来就不会感到事实陈旧，反而觉得这是必要的内容，是由最近点事实所领起的过程的展开，是对于最近点事实的充分的说明。

有的事件是过去发生的，已经失去了时效，但现在需要报道，就要根据这个原则去做一些技术处理，为它找一个最新的时间点，作为翻旧为新的新闻由头，才能推到受众的面前。例如 1976 年 7 月 28 日，我国唐山发生了一次震级为 7.8 级的大地震，三年多以后，新华社才公布它的死伤总人数，新闻导语这样写道：

（新华社大连 1979 年 11 月 22 日电）在 1976 年 7 月 28 日发生的唐山大地震中，总共死亡 24 万多人，重伤 16 万多人。这两个数字是唐山、天津、北京地区在那次地震中死伤人数的累计。这是今年 11 月 17 日至 22 日在中国地震学会成立大会上宣布的。

三年多以前发生的事，已是历史。现在要把它作为新闻公布，怎么办？最后一句：“这是今年 11 月 17 日至 22 日在中国地震学会成立大会上宣布的。”就是最新的时间点，因为有这个大会的宣布，这个尘封了三年多的事实，才得以公布出来。所以叫新闻由头，新闻由头，也就是找一个最新的时间点，作为发布这条滞后新闻的根据，一般都使用披露新闻来源的办法。

披露新闻来源在新闻里能起到翻旧为新的作用，所以也叫新闻根据。拿这条新闻来说，如果它的位置不是最后，而是放在新闻的最前面，写成：今天结束的中国地震学会成立大会第一次宣布，1976 年 7 月 28 日发生的唐山大地震中，总共死亡 24 万多人，重伤 16 万多人。这两个数字是唐山、天津、北京地区在那次地震中死伤人数的累计。这样的句序调动，更可以突出“今天”的最新时间点，增强时效感。可见新闻写作的语言调度和拿捏，是很有讲究的。

每到年终的时候，报上常见一种新闻体裁叫综合报道，就是概括反映某个时期、某个地区或某种问题的全局性报道。时间跨度大，涉及的事实多，我们习惯的导语写法是概括式导语，像“某某省今年以来在某一方面取得了辉煌成就”之类的写法就是，它使用一些笼统话语，先作一个总说，然后分层展开。这个总说式开头，没有时间最近点，也没有具体新闻事实，是一种主观性的概括，所以叫概括式导语。它已经“统治”了我们很多年，能不能像西方记者那样，有一个创造性的写法？

一座世界最新式的大跨主桥梁正在当年红军抢渡乌江天险的江界河渡口兴建。它将是贵州 2900 多座千姿百态桥梁中最壮观的一座。在此之前，贵州已先后在境内的芙蓉江、乌江、清水江上，建起了主跨分别为 75 米、100 米和 150 米的三座大跨度桥梁。正在江界河渡口兴建的大桥，主桥 330 米、高 270 米，跨度和高度名列世界前茅。

这条新闻报道了新中国成立以来贵州省桥梁建设的巨大成就，时间跨越四十年，桥梁建成两千多座。记者不是落套地使用常见的概括式导语，而是把江界河渡口主桥梁作为报道的起点，这不仅因为该桥是“世界最新式的特大跨主桥梁”，更因为它“正在兴建”之中。如果早就建成，已失时效，自不能构成导语的内容。“正在”在这里标志着时间的最近点，由这里开始，向过去写去，就展开了桥梁建设的历史画卷。

导语写作的第三个准则，是艺术技巧的准则。归结为两点，四个字，就是“写活，写短。”

什么叫写活？一是导语写得生动有活力，二是读了以后，人们的思维很活跃。

怎样的艺术技巧才能达到写活的要求呢？

首先，必须以新闻事实为基础，只有新闻事实才能提供可以被人们的感官和大脑所接受和贮存的确切信息，记者才有可能展示才华，以最有表现力的方式把这些信息传递出来。这是一个前提。缺乏事实内容的导语，谈不上艺术技巧。因为人们认识外部世界的必由之路是从感觉到思维，所以导语写作的艺术技巧，主要就是要表现为在事实报道上能够造成丰富的感觉效果和产生立体的思维效率。从主观出发，没有事实的内容，就失去了写活的基本条件。

那么，读者丰富的感觉效果和立体的思维效率又是怎样产生的呢？主要来自记者对新闻事实的感性描绘。只有感性材料才能提供人们认识外部世界的最有活力的生动信息，把它们传递出来，人们的各种官能便都活跃起来，产生表象的联想和想象，成为分析判断的先导和依据。国外记者现在很少使用那些沉闷的、封闭的概括性导语录，除了题材比较严肃的硬新闻以外，他们大多抓去一个场景，或一个细节，进行特写镜头般的描绘，写出有声有色，乃至颇具动感的导语，引人入胜。例如，2006 年 2 月 14 日，伊拉克法庭对萨达姆进行又一次审判，法新社的现场报道，导语这样写道：

伊拉克前总统萨达姆今天在法庭上说，他与其他几名被告已经开始绝食以示抗议。“我们已经绝食 3 天了，” 萨达姆说，并在步入法庭时高呼着“伟大的阿拉伯国家万岁！”和“伊斯兰游击战士万岁！”等口号。

看了这两小段话所组成的导语，萨达姆那敌视人民审判的猖狂态度，以及挑动伊斯兰宗教主义极端情绪的政治伎俩，都已经活灵活现地展现了出来。人们如临其境地看到了现场的情景，就会激起对萨达姆的极大愤怒。因为在萨达姆统治时代，他任意屠杀库尔德人，国内反对他的人不可能逃脱死亡，在他的法庭里如此咆哮，那是不可想象的事情。对比之下，对于仍然处在战乱中的伊拉克，究竟应该怎样评价她的现状，都会引起人们的思考。导语引发出来的这些思维效果，是概括式导语绝对不可能达到的。这就是艺术技巧的导语魅力。

在写活的同时，导语还要力求写短。短导语表意显豁，就能直上主题；短导语易于阅读，就能吸引读者。这就是要写短的理由。缩短导语的一个重要方法，就是把最能突出主题，又最能吸引读者的主要新闻要素，写成新闻导语，而把次要的新闻要素推到后面去交代。第二个方法是少用形容词，也不要在形容词前面加副词。绝对摒弃套话和空话。形容词是修饰名词的，副词是修饰动词和形容词的，都是一些概念，并无表现力。新闻限于篇幅，它的写作风格是写实，要尽可能去除概念性语言，而代之以朴素实际的描写。至于套话和空话，没有任何信息内容，是语言中的政治水分，更要坚决挤掉。

新闻报道中的“传神写照”

“传神写照”是我国古典文学艺术理论的传统，强调表现客观对象的精神风韵，当然不是轻视写形，而是以形写神。新闻报道中少不了写人，新闻事件中有人的主导或参与，有些新闻就是以人物为对象，称为人物新闻。新闻要描写人物，也有一个形与神的问题。形是表现在外部的可以直接感知的具体形态，如人的外貌、表情、行动等，这是有限的。神是蕴涵在外形之中的可以意会的精神内质，如人的性格、思想、感情等，这是无限的。我们要描写一个人物，不能不写他的外形，“神须形以存”。人的精神内涵需要通过外部形态表现出来，也只有从人物的言谈、举止、笑貌中，才能窥知他的精神实质，所以要着眼于形，首求形似，这是一方面。另一方面，也要看到，“形须神以立”。人的外部表现受制于内在精神的主导，只有把握住人物的精神实质，才能产生真正的深刻的认识。就描写人物而言，写出人物的特征，是必要的，也是更高的要求。“传神写照”的要求，就是，描写人物必须从写形和写神两方面下手，在具有特征性的形似的基础上，深入捕捉他们的灵魂和精髓，达到神似的高度。这样的人物形象，才有丰富的内涵，才能引发人的想象，牵动人的情思。这是表现人物的一种艺术规律，文学、绘画如此，新闻也如此，只不过在文字上要更加简约一些。

美国国际新闻社记者约瑟夫·金斯伯里·史密斯 1955 年 1 月曾陪同公司老板赫斯特在莫斯科访问过苏联领导人和著名人物，其中就有斯大林的女儿斯维特兰娜。

“这是她首次接受访问”，史密斯在报道里写道，“‘你们是来到我的公寓的第一批美国人’，斯维特兰娜诉说，她的兄弟瓦西里·斯大林病得厉害，说话时满是泪水，看上去极为激动。她说，瓦西里原是苏联空军的高级军官，已有一段时间不工作了。她停了一会，但很快又补充说，我希望他会很快地好起来。”瓦西里是她的亲兄弟，是斯大林第二个儿子，也是最后一个妻子所生。斯维特兰娜在第一次接受美国人访问的时候，首先对客人讲说的就是她亲兄弟现在的不幸，她是一个很重亲情的人，那激动的泪水，让人感受到她内心的焦虑和无助，很快又缩回去的话语隐含着一种顾忌，说明斯大林死后，苏联政治形势的变化，他们整个家庭的处境已经远非昔比了。

“说到她父亲时，斯维特兰娜也显得深为动情。她不愿谈论她父亲对于俄国和国际事务的个人看法，这些看法她也许在家庭的圈子里曾发表过。当被问到关于俄国和世界的未来，她是否发表过看法时，她回答说，她的观点与她在公众演讲中发表的毫无二致。”一个在苏联政治核心家庭里长大的人，不可能对斯大林这个很具争议性的世界领袖没有看法，“不愿谈论”是因为斯大林毕竟是给她生命，并养育她成人的父亲，女儿可以在家庭里和父亲争论，但不一定需要在外面参与对父亲的讨伐，何况他已经过世了，他的时代已经结束了。斯维特兰娜的回避，属于伦理性的顾及，并不表明她没有自己的政治观点，她在公众演讲中已经表达过了。

斯维特兰娜对父亲的怀念，主要表现在一些生活的回忆。“她认为父亲没有留下回忆录，‘他忙得没有时间写回忆录。’斯大林在后半生唯一的放松方法是阅读，或是在他的乡村别墅的花园、果园里四处溜达，找些杂事来做。‘他对小说不感兴趣，宁可读些历史书籍，尤其是古代部分的。他喜欢晚上工作，还读书，一直读到深夜。’”从这些描述中看出，斯大林晚年生活是寂寞的，除了工作，就是读书，他高高地被供在个人崇拜的神坛上，没有人能和他接近，斯大林的这种性格和生活方式，折射出那个时代特定的政治氛围，大凡这样人物的内心大概都是寂寞的。

记者接着描写了斯维特兰娜所住的公寓：“这个在上一次世界大战以后也许是世界上最有权力的人，他的女儿住在一个在美国被算作中等工人阶级型的公寓里。它坐落在一堆类似于美国的廉租公寓那样的房子中间。那是一座单调的灰色建筑，大约有 10 层楼高。有着阴暗的墙、石阶、昏暗的光线和一个只能把人送上去的电梯。”“斯维特兰娜的公寓里没有丝毫显出西方所谓的豪华的迹象，除了来开门的那个衣着整洁的女仆，以及拥挤的小屋里一架直立的钢琴以外，那小屋还兼做客厅和餐厅。女仆后面站着斯维特兰娜，一个气色不错的红头发少妇，有着十分可爱的脸和愉快的笑容。她比大多数俄罗斯妇女苗条得多，看上去不像个俄国人，倒更像爱尔兰人。她的头发修成短短的绒毛样式，穿着一件淡红色和棕色相间的套头毛绒衫，一条棕色的花呢裙子和一双好看的不系扣的低跟女鞋。” 记者描写了斯维特兰娜所住的公寓，是对人物的烘托，人物不会是孤立的存在，总是和环境联系在一起。斯维特兰娜所住的公寓，从外观到住室，都说明她现在的生活条件和斯大林时代差得太多了。这种落差没有让这个女子有潦倒感，它随遇而安，以一个普通人身份面对现实，她的“气色不错”，有着“愉快的笑容”，透露出一种信念，幸福不是可以继承的遗产，它来源于自身的趣味，并不在于事物。记者还写了斯维特兰娜那可爱的脸，苗条的身材，时尚的发型，得体的穿着，都给人以美好的感受，显示出她的精神内质是她能保持美丽外貌的内在原因。

斯维特兰娜如今的生活是清贫的。记者写道，“桌子上铺了一块白布，上面摆了一个放橘子、苹果和松果的盘子。屋角放着一台收录机。水晶和玻璃器皿都是典型的俄罗斯风格，装饰着倚墙而立的大箱子。” “她告诉我们，她现在任教于莫斯科的社会科学院，讲授苏联文学。”

看来她的显赫身世没有给她留下任何足以改善生活的东西，她必须努力工作，才能维持自己和两个孩子的生活。征求记者同意后，“她从另一个房间把他们带了出来，男孩子 10 岁，戴着红领巾，挺有礼貌，但有些紧张，他的妹妹 5 岁，则一直微笑，一点都不害羞。” 记者马上发现两个孩子的性格差异。他接着写道，“她还领着我们参观她那间小小的画室，那里有一张她父亲的大照片：斯大林叼着他的大烟斗，神态轻松。”可以看出，无论历史怎样变幻，斯大林是她的父亲，她需要保留一份女儿的怀念。

斯维特兰娜是斯大林最宠爱的女儿，这篇访问记告诉读者，她在斯大林死后的一段生活，更重要的是记者写出了一个有神韵的人物。新闻作品不可能，也不需要把一个人物写得很细致，而要着眼于形，着意于神，突现人物的精神特征，展示他的精神风貌，追求以形写神的效果，人物的印象就会长久地留在人们的记忆里。

对斯维特兰娜的访问记发表在《纽约美国人日报》上，并荣获了 1956 年普利策国际报道奖。

信息感与语感

长期从事一种专业，都会从实践中慢慢形成对某种职业特有的敏感。音乐家对音高、旋律、节奏和风格有特殊的敏感，称为乐感。美术家对构图、色彩、背景有独具匠心的空间感，舞蹈家对形体动作、节奏和表情的体验，有不同于常人的敏锐性，统称为艺术的敏感。反扒警察在公汽上扫几眼可以发现可疑的对象，磨剪铲刀人用拇指指腹擦一下刀口，就知哪里还需要磨砺，凡此种种，都属于职业敏感。它们来源于经验积累，时间一长，沉淀下来的感性记忆就会在人的心理上留下印迹，产生一种反射性感觉，从而进入了一种较高的职业境界。

职业敏感主要包括两个方面，一是事物的内质，二是它的表现形态。前者是内容，后者是形式，任何事物都是内容和形式的统一体。

媒体记者的职业敏感，首先是信息感。就是能从新近发生的事实中思考并挖掘出具有信息价值的内质。我们常说的新闻价值，说到底就是存在于事实之中的信息含量及其价值。没有信息内涵的事实，虽有事实的外壳，看了等于没看，就不是真正意义上的新闻。记者的职业能力，不是仅仅报道了某件事，更重要的是要把事实中的信息内涵及其价值，透过一定的表达方式释放出来，这才是报道的终极目的。报道事实只是第一步，重要的是第二步，就是思考并挖掘存在事实中的信息内容，那才是实质性的东西，是衡量新闻深度的基本指标。有些记者，在第一步上下了工夫，却往往放松、甚至放弃了第二步的努力。这样写出来的新闻，就难免流于空洞或浅薄，不能满足读者的新闻欲求。

其次是语感。媒体工作的符号系统是语言文字，包括语词、语法、修辞和逻辑，电子媒体的摄像手段，也离不开语言文字的配合，这是用以表达新闻事件或人物的主要形式。从这个意义上说，新闻工作者也是一个文字工作者，应当具有比较扎实的文字功底，对语言文字现象具有职业的敏感，甚至过目之间，就能够发现其中的语病，加以改正，使之符合新闻报道的语言要求。培育起好的语感，是新闻表达方式的要求，可以把新闻作品规范在一个简明、生动的语言轨道上，提高新闻的可读性。

好的新闻作品，既能从新鲜的事实中释放出重要的信息，满足读者的欲知；又有准确、生动、简明的语言表达方式，为读者所爱看。达到这两个标准，需要在长期的新闻实践中，积累起自己的感性经验，不断地消化吸收，培育出一种职业的思维习惯和写作能力。记者职业的思维习惯，就是前面所说的信息感，即记者面对新闻事实时，具有审视其信息内容的思维敏感；记者的写作能力，就是快速而又规范地报道新闻事实的语言能力，具有较强的语感。媒体工作者自我培育起较强的信息感和语感，是一项可以终生受用的业务建设。

这些年来，媒体的高楼耸立，汽车排行，职工的福利不断提高，但在如何提高媒体工作的业务水平方面，从报道的作品上看，显得相对不足。这在地方性报纸上表现得较为明显。笔者写本文时，正值2009年全国两会在北京举行。《楚天都市报》2009年3月7日的头版头条是这样一条新闻：

本报北京电（特派记者王孝武）昨日下午，湖北代表团举行全体会议，继续审议政府工作报告。审议会场向境内外媒体全程开放。

全国人大常委会副委员长路甬祥、最高人民检察院检察长曹建民、省委书记罗清泉参加审议。会议由代表团副团长李鸿忠主持。

开放活动的上半程，代表团在各路媒体记者的聚焦下继续审议政府工作报告，吴恒权、辜胜阻等八位代表先后发言。代表们的发言集中在应对金融危机、保持经济持续健康发展上。吴恒权代表强调，重民生者得天下，应对国际金融危机首先要重视民生，多为群众办实事。辜胜阻代表提出，要采取有力措施拉动内需，实现当代中国人的小康梦，让城市人口圆住房梦和汽车梦、让劳动者实现就业梦和创业梦、让农村人旧地实现城市梦……

新华社、人民日报、大公报香港商报、美国彭博新闻社、英国路透社等53家中外媒体的七十多名记者赶到现场旁听、采访，到场采访的媒体数比去年多了18家。人民日报记者刘雪颖告诉本报记者，在国际金融危机的大背景下，作为国家“两型社会”综合配套改革试验区、以内生型经济为主的湖北，能否率先摆脱金融危机影响，格外令人注目。

开放活动的下半程，记者们开始通过工作人员开始单独约访代表。李宪生、邓崎琳、周先旺、陈义龙等代表受到记者们“热捧”。武汉城市圈怎样建设“两型社会”？大型国有企业如何积极应对金融危机？如何科学发展、建设生态文明……成为各大媒体关注的焦点。

笔者反复阅读了这条六百多字的报道，怎么也看不出传递了什么有价值的信息。中央的高官参加各省代表团会议，早是惯例，并无特殊意义，放在新闻最前面，只能说明我们摆脱不掉会议新闻的老套式；几位代表的发言，概括起来，是重视民生，拉动内需，实现小康梦想，不过是了无新意的话语重复；到场采访的媒体数比去年多了18家，能说明什么问题呢？单独约谈几位官员代表，既然说成“热捧”，就应该释放出一些有价值的信息，但新闻留给读者的却是一系列问号，实在令人失望。这说明，有些媒体工作者，还没有认识到信息感对一个记者的重要，他们满足于描述一个事实的表象，而不去进行信息探索的思维，进一步追踪和释放。这是许多新闻缺乏深度的根本性原因。

再看语言。上面这篇新闻中，举如“审议会场向境内外媒体全程开放”，“在各路媒体记者的聚焦下”，“新华社、人民日报、大公报、香港商报、美国彭博新闻社、英国路透社等53家中外媒体的七十多名记者赶到现场旁听、采访，到场采访的媒体数比去年多了18家”，这些表述一共占了一百多字，即便有必要写，在意义上也有重合。导语中已写了“继续审议政府工作报告”，第三段又原文重复一遍。重复是新闻语言的大忌，造成语言芜杂，还会冲淡前句的意思。整条新闻的结构，也不符合“倒金字塔”模式的要求，完全按时间顺序的写法，已经被淘汰很多年了。

有一位老新闻工作者，他是某重要媒体的编辑部主任，主要“把关人”，每天看很多稿件，只见他边看边改，看完改完，既短又实，既快又好。问他“秘笈”，回答是“两把尺度，边量边改”，他解释说：“没有信息含量的内容一律删除，发现语病的文字马上改好”。原来他能达到这样的效果，靠的就是信息感和语感，完全达到一个“把关人”的水平。用他这两把尺子衡量上面这条新闻，会是怎样的结果呢？

优秀的音乐工作者可以用音符随手记下那富具民族或地方特色的曲调，美术工作者可以在倏忽之间，在画板上速写出一个人物的特点，靠的都是自己的职业敏感。一旦失去这样的敏感，他们的艺术活力就将随之消退。媒体工作者的职业敏感同样不可或缺。信息感和语感实在是媒体工作者必须重视的一项无形资产啊！

一个讽刺性教训

——新闻作秀的负效应

易兴权原是重庆某建筑公司的经理，先后贪污作案101次，侵吞公款320万元，另有95万元来源不明，称为万州第一贪，被判无期徒刑。他身陷囹圄，居然萌发了求学向上的志趣，向重庆大学贸易行政学院提出了攻读MBA（工商管理硕士学位）的申请。申读研究生需经国家考试，并非想读就读，学院领导讨论后却认为，“从培养人、教育人的角度讲，可以招收。”考虑到易兴权的实际情况，只象征性地收取1500元书本费，曾国平院长亲自给易兴权上了第一堂课，学院还决定，每月派老师来给易兴权上课。

这样的事情如果是真实的，只是该学院的作秀行为，为的是吸引媒体的关注，达到哗众取宠的目的。在商业化社会中，有些人急功近利，心态浮躁，想以虚假的表演，制造新闻点，博取廉价的、一时的轰动效应，达到特定的目的，本不足奇。奇怪的是，《21世纪人才报》居然对易兴权在狱中攻读MBA的“新闻”大感兴趣，接连地给予报道。这就很值得媒体的反思了。

判了无期徒刑的易兴权这样做，不过是想以各种方式争取减刑和不断减刑，这个万州第一贪，早已忘记了自己的罪行，他独辟蹊径地设计出这一自我解救的蓝图，也是出于投机性的作秀：他有本科的学历，20年的工作经历，是申读MBA的上好条件，出自犯人之中，更是奇货可居，“特殊学生来自高墙之内”，足以引起一种政治效应，自己便可以从中获得好处和出路。不出所料，《21世纪人才报》及其他报纸接连报道了这条新闻，就是这种政治效应的反映。

MBA虽然一度被炒得很热门，但硬要下大力把易兴权培养成为这种高素质的人才，却让人不得其解。MBA不管是中国的，还是国外培养的，他们除了要学习十几二十门各种专业和管理的学科外，基本上都要学职业道德和操守，这门课程是企业发展的宏观要求，和易兴权的犯罪本质水火不容，人们有什么理由相信他会有一个脱胎换骨的改变？

MBA教育的课件来源于国外，学习MBA课程需要较高的英语水平和现代工商管理理念，它采取案例与理论相结合的教学方法，决定了它不可能脱离现代企业管理和市场营销的环境。易兴权具备这样的主客观学习条件吗？每月派专人来给他授一次课，能达到MBA的学习要求吗？

就算他能减刑到10年，出来也是50岁的人了。这其间，社会的变化有多大！一个关在监狱10年的囚犯，即便取得了MBA学位，能跟上市场经济的发展步伐吗？会在实际生活中成为国家需要的高素质企业管理人才吗？

这都是些明摆着的道理，录取他的学校为作秀而不思考，审看这条新闻的媒体“把关人”为什么也不假思考呢？他们的思想也许真是到了“不拘一格降人才”的境界，于是，国家的研究生入学考试制度在一个犯人身上废止了，高额的学费减免了，在大学扩招，师资力量不足的情况下，可以派人到监狱专授，这般的照顾，简直会让成千上万的年轻学子们羡慕得“望墙兴叹”了。

媒体市场化的过程中，把关人的包容度正在扩大，除了极度敏感的政治话题外，似乎已经无边界了，网络新闻尤为突出。近年来，有组织、有计划的“作秀”不断出现，如某烟酒商行组织284人裸奔抗议烟酒过度包装、洛阳某建材商场上演模特当众洗浴秀等“出位”宣传，大都获得媒体的青睐。

我们的新闻事实，及其价值标准，是要对公众负责的，所以媒体才需要有“把关人”。“把关人”理论的提出者，美国社会心理学家、传播学四大先驱之一的卢因率先认为，只有符合群体规范或把关人价值标准的信息内容才能进入传播的渠道。1950年，传播学者怀特将社会学中的这个概念引入新闻传播，发现在大众传播的新闻报道中，传媒组织成为实际中的“把关人”，由他们对新闻信息进行取舍，决定哪些内容最后与受众见面。从此，新闻选择的“把关人”理论从人们的不自觉行为成为大众传媒组织的有意操作，在更大范围和程度上影响新闻实践，最终成为传播学控制分析领域最具科学性的理论之一。

改革开放以来，我国传媒实现了有限的改革，就是在不触动原有的所有制、党的喉舌立场和编辑方针的前提下，以商业经营的方式从市场获取更多的收益。我国的传媒现在已减少或摆脱了在经济上对政府的依赖，取得了经济上的独立和发展。

但是，传媒商业化也使得新闻报道，在参与社会生活主渠道的表现中，出现了某些异化的现象。由于媒体组织在广告创收及企业经营上的利益追求，作为媒体心脏——采访编辑部门中的“把关人”功能削弱，媒体关注社会生活的角度过多地转向“反常”现象，出现了一些偏离新闻专业理念和基本原则，参与了新闻“作秀”的策划和运作。他们“剑走偏锋”，善于选择新闻的偏好和受众兴奋点，使低成本的“作秀”行为新闻化，为特定对象赢得社会或经济利益，却造成了某些负面的传播效果。

一个孤立的作秀行为并不足道，可怕的是连环性配合作秀，特别是大众传媒的配合，它的扩散作用，对社会造成的损害是难以估量的。这就是我们应从易兴权事件中吸取的讽刺性教训。

下编

古典诗词他山石

体察是“铁门限”

东晋诗人陶渊明退隐归耕，写有《怀古田舍》二首，苏轼对其中的诗句“平畴交远风，良苗亦怀新”曾大加赞赏，认为不是真正的躬耕隐者，“不能识此语之妙也”。妙在哪里？“秋夏之交，稍旱得雨。雨余徐步，清风猎猎，禾黍竞秀，濯尘埃而泛新绿”，陶渊明因为对此有深切的体察，才能在如此准确的诗句中写出自己内心的喜悦。

古希腊的哲学家亚里士多德早就说过，“修辞艺术的大忌，就是一般化，就是模糊笼统。”语言虽不具有形象性，但可以用来描绘形象，使人产生一种形象感，这应当是各类写作的共同要求，文学写作如此，新闻写作也莫能外。

要描绘形象，首先要靠体察。体察跟观察不同，观察只是“目之所见”，体察多了一层“身之所历”的意思。只有身所经历，才能知其所以然，经过深思而认识事物的真谛，达到形似与神似的统一。客观事物总有具体的形象特征，具有代表性的客观事物，还有典型的形象特征。以形象的感觉、知觉和观念（经过深思而概括了的形象），作为现实世界的具体信号（第一信号系统），来认识客观事物及其相互关系，进而展开形象的判断和推理，达到生活形象的创造，这样的思维活动就是形象思维。以形象为材料的思维方式并不神秘，一般人也有，只是程度不同，一般不一定出于自觉的状态，表现为有意的注意，因此留下的事物印象，往往比较模糊、淡漠和容易遗忘。对作家和新闻记者则必须有这种职业化要求，他们必须要有意为之，对于客观事物的认识，首先要从生动的直观出发，取得感性材料，这就是体察，而后进入到理性的概括。鲁迅先生说，“留心各种各样的事情，多看看，不要看到一点就写。”留心与多看，说的就是要体察周围事物。只有这样，我们才会有所发现，事物的形象特征便会显现出来。我们获得的外界认识和生活印象，才会深刻和准确，甚至能引起广泛的联想。

南宋爱国词人辛弃疾被迫隐居江西带湖时，他的报国理想不能实现，只有借自然景物化其郁结。其中一首词作，题为《清平乐·村居》：

茅檐低小，溪上青青草。醉里吴音相媚好，白发谁家翁媪？

大儿锄豆溪东，中儿正织鸡笼。最喜小儿无赖，溪头卧剥莲蓬。

辛弃疾是一个极具艺术功力的词人，对村居的生活现象体察入微，已经成了他生活积累的一部分。在词的上片里，我们看到低小的茅屋，一条小溪从门前流过，一对白发老夫妇多喝了一点酒，正在起劲地对话，是江浙一带的“吴侬软语”，绵柔有情。下片则是写他家的三个儿子，大儿在锄豆，二儿编鸡笼，最让作者喜爱的是小儿，他正躺在溪头，剥着莲蓬子吃呢。这首词用鲜明的色彩，绘成了一幅幅农村小景，真切生动，有声有色，极具动感，特别是“最喜小儿无赖，溪头卧剥莲蓬”两句，活现了一个农村小儿的童趣，充满了乡村生活那种特有的质朴、平和的气息。词中人物的特点，生活的细节，如果没有目见身历的体察，是写不出来的。

清人王夫之说“身之所历，目之所见，是铁门限。即写大景亦必不踰此限。”唐代诗人王维，是一位著名的山水诗人。他的五言律诗《终南山》，脍炙人口：

太乙近天都，连山接海隅。
白云回望合，青霭入看无。
分野中峰处，阴晴众壑殊。
欲投人处宿，隔水问樵夫。

“太乙”是终南山的别称，这首诗就是写它的高峻绵延。“白云回望合，青霭入看无。”是一联名句，描写终南山上，白云弥漫，扑面涌来，回头看去，已渐合拢，汇成一片云海，再往前走，仿佛就要挨到那青霭（云雾）了，却又看不真切，什么也没有。诗人正是前后观察了云霭变化的奇妙景象，才能写得如此传神，使人如入幻境。

唐代诗人孟浩然也以写山水著名，他的《宿建德江》：

移舟泊烟渚，日暮客愁新。
野旷天低树，江清月近人。

这首诗写的是羁旅情思。诗人暮宿建德江上，只见旷野无垠，远处天空显得比近处的树木还要低，夜临以后，天上的月亮映照在澄清的江面上，好像跟人离得更近了。这首诗所以传世，就缘于“野旷天低树，江清月近人”这联名句。诗人只有从景物的联系中进行细致的体察，才能写出如此广袤而又宁静的境界，把一缕羁旅思绪融进了空旷寂寥的天地之中，景中含情，情景交融。尽管那时没有形象思维这个词，古人已经学会了运用形象思维去认识和反映客观世界，做到“笼天地于形内，挫万物于笔端。”

“铁门限”意味着体察是不可逾越的第一道门坎。以写作为职业，第一步要学的就是体察外物，并养成为一种职业化习惯，打好这个基本功，自然避免凿空结撰，面壁虚构，达到“情以物迁，辞以情发”的境界。

2009年冬天极冷，人们记忆犹新，但仍不敌百年之最——1954年的严寒。那正是武汉长江大桥工程开始建设的时候，“江城昨夜雪如花，郢客登楼齐望华”。严寒给工程带来了极大的困难，工人们的建设热情却分外高涨。

“严寒给工地披上了冰和雪的铠甲。在汉口岸上，照明灯发着灰白色的光亮，照耀着三十多米高的万能打桩机，从这里喷发出来的蒸气，像一团灰色的烟雾升腾起来，在打桩机上留下了点点水珠，马上便凝结起来，形成了长长冰柱，坚实地悬挂在上面了。”

“工人们穿着胶鞋在打桩机细细的铁梯上怎么也把不住脚，有人用麻袋缝制了一种“鞋子”，感到可以把滑的时候，许多工人在平地上也穿起了这种鞋子，他们的双脚就隔着一层麻袋片长时间埋在雪堆里了。”

“夜是更加寒冷的。北风掠过工地，在汉阳岸的德立克扒杆上呼啸，伸延着的汉水，无尽地流动着大片冻结了的冰雪。就在这冰雪的激流中间，屹立着四号桥墩的围林，面对陡峭的盖满白雪的河岸上，准备接班的工长方开瑞和他的队友早早来到一间棚屋里，依偎着坐在一起。一只麻雀落在他们的脚下，冻得飞不走了。一个工人拾了起来，放在手心里暖一会，又传给另一个。”

“武汉关大钟的时针指向零点，在敲响1955年第一响的悠扬钟声中，工地扩音器传来了工地党委书记的声音，‘亲爱的同志们，’方开瑞他们倾听着，‘我向大家祝贺新年，我们的桥梁工程正在胜利进行。……’”

这是一个充满生机和困难的除夕之夜，记者没有目见身历的现场体察，绝然写不出那个时代的精神特征，因此受到《人民日报》编辑部的好评。

随着国家建设的发展，现在记者的工作条件有极大改善，远非昔比，但“目见身历”仍是“铁门限”，是决定新闻质量的前提性条件，是不可代替的。

香港凤凰卫视有一个《走读大中华》节目，主持人杨锦麟先生已经57岁了，经常不辞辛苦地走在祖国穷乡僻壤的崎岖小路上，或坐在低矮破屋里和乡民谈心，了解他们的生活境况，2010年2月间一次，他谈了自己的直接感受是“让人心酸”。我们的国家发展还不平衡，赞美盛世很容易，难的是跨过这个“铁门限”，发现那些实际存在的心酸。千百年前的杜甫、辛弃疾们能做到，我们做不到吗？

“寓意则灵”：诗歌的生命

明末清初的唯物主义思想家王夫之写了一本《姜斋诗话》，提出了“寓意则灵”的观点，认为哪怕是“烟云泉石，花鸟苔林，金铺锦帐”，这些自然界的景物，乃至屋内的陈设，只要有了一定的寓意，它们在诗歌里就都有了生命，有了灵魂。

“寓意则灵”比起“文以意为主”，进了一层。“寓”，寓托，须有一定的对象，这个对象就是材料，材料因为有了一定的寓意而产生了灵性，有了灵魂。所以，这四个字比较深刻地表述了主题和材料的关系。

主题和材料是一对矛盾。一方面，是材料产生主题，主题是从材料中酝酿出来的主观认识，没有材料，无从产生主题，也无以表现主题。从这个意义上说，材料第一性，主题第二性。这是唯物主义。另一方面，又是主题统帅材料，材料是一些分散的表面现象，只有在主题的统帅下，才能得到开掘，获得生命，组织成为有机的文章整体。所以，当我们掌握了一定的材料之后，主题便成为矛盾的主要方面，起着主导作用。作品中的一切材料（人物、事件、情节、环境，等等），都要围绕主题去展开，为表现主题服务；而主题所表达的对生活的认识与评价，又必须渗透到一切材料（人物、事件、情节、环境，等等）中去，开掘这些材料的深度，使之蕴涵一定的意义，才能反射出主题的思想光芒。这是辩证法。对于主题和材料的关系，我们应当采取这种辩证唯物主义的认识。

鹳雀楼（遗址在今山西省永济县）是唐代著名的登临胜地。许多诗人在这里留下了自己的诗篇：

登鹳雀楼

（唐）畅当

迥临飞鸟上，高出尘世间。
天势围平野，河流入断山。

前两句写古楼高耸天际，气势磅礴；后两句写登楼所见，景象壮观。但也仅此而已，并不能引起读者思想感情上的反响。

在同类诗作中，王之涣的一首是大家熟悉的：

登鹳雀楼

（唐）王之涣

白日依山尽，黄河入海流。
欲穷千里目，更上一层楼。

诗人登楼远眺，只见中条山云岭横天，太阳渐落山后，光焰万丈，格外耀目；俯瞰黄河奔腾咆哮，直注天际。前两句写出了一幅苍茫壮美的图景；后两句，作者的视野则由饱览山河之胜，伸向更广阔、更高远的境界，给人以无限的遐想。

畅当的诗，虽然也能“状其景”，但读了之后，人们好像只是看了一些静止的画面，至于作者写这首诗的主观意念是什么，他是高兴呢，还是在感慨？就不得而知了。因为作者没有在诗歌中表现出自己感发出来的特定情绪，没有抒情形象，就引不起读者的深思和感情上的共鸣。

王之涣的诗，不仅从前两句的画面中透溢出浩荡的情思，更在后两句中蕴涵着一种豪迈纵放的志趣，寄寓着奋进不已的哲理。这就使这首诗在立意上远远高于畅当的那首，也是这首诗所以独步千古的原因。

从根本上说，所谓寓意，讲的就是诗歌的社会作用和社会功能。《尚书·虞书》里说，“诗言志”，通过诗歌，抒发自己的思想感情，产生一定的社会影响。这个说法有些笼统。《论语·阳货》则细化了，“诗可以兴，可以观，可以群，可以怨”。这里的“兴、观、群、怨”分别指的是启发鼓舞的感染作用，反映社会现实的认识作用，互相感化提高的教育作用，批评不良政治的讽喻作用。而要起到这样的作用，就必须表达一定的观点和主张，这就是寓意。

《诗经》是我国最早的一部诗歌总集，集中了306篇古代诗歌，都有不同的寓意，抒情诗如此，叙事诗也如此。例如其中的《氓》，通过一个被遗弃妇女的自述，诉说了自己的不幸婚姻，揭露男子当初的虚伪：

氓之蚩蚩，抱布贸丝。

匪来贸丝。来即我谋。

女主人公一开始的诉说，就落到那男子抱布前来换丝的“憨态”上，“蚩蚩”，敦厚的样子。诗歌突出女子的这个印象，说明男子的这一特点当时是很鲜明的，因此记忆深刻。可是，“匪（同“非”）来贸丝。来即我谋”。又点出他换丝不过是借口，谋婚才是真正目的，可见是一个有心计的人，联系到他婚后表现的迥异，当初“蚩蚩”的样子，不过是伪装罢了。几笔勾勒，便见出男子性格的端倪。女子从回忆中醒来后，十分痛心地唱出了自己的追悔：

于嗟鸠兮，无食桑葚。

于嗟女兮，无与士耽。

士之耽兮，犹可说也，（“说”同“脱”）

女之耽兮，不可说也。

女子用桑葚比喻爱情果子的润泽甜美，多吃会令人昏醉，她以斑鸠起兴，是为了引发痛定思痛的教训：“于嗟女兮，无与士耽”，天真的少女啊，千万别对男子迷恋过分，因为“士之耽兮，犹可说也，女之耽兮，不可说也”，意思是，男子迷恋爱情，还可以解脱，女子沉醉于爱情，就很难解脱了。

眼泪不能把自己从痛苦中解脱出来，女子终于从绝望中迸发出力量，冲出礼教的闸门，展示了她性格光辉的另一侧面：

淇则有岸，隰则有畔。

信誓旦旦，不思其反。

反是不思，亦已焉哉。

她说，淇河再宽也有岸，洼水漫漫也有边，暗喻自己的愁思却没有尽头；她又想起了男子以前指天说咒的样子，想不到现在竟完全背叛了自己的誓言。既然这样无情无义，就不必再思念他，就这样结束了吧。“反是不思，亦已焉哉。”这八个字喷薄而出，激烈有力，是女子清算这一婚姻悲剧的坚定决心，显示了女主人公的决绝态度，一扫哀伤的阴影，在感情的高峰上闪现出性格的异彩，使这一受压迫的古代女子具有更丰满的形象。正是这样的寓意，赋予了《氓》以不朽的艺术生命。

媒体报道是社会生活的现实反映，但记者对于新闻事实的报道，并不是一种无目的的行为，他们在提供大量新闻信息的同时，应当回答生活中的问题，作用于社会，促进公众自觉性和明朗性的提高，推动社会生活的发展，这种目的性、作用性，也就是新闻主题的寓意。

和古典诗词一样，新闻作品的高下，从根本上说，同样取决于它的主题意义。2010 年全国遭遇少见严寒，雨雪霏霏，道路受阻。2 月 10 日，湖北黄陂人孙水林从天津驾车，日夜兼程，赶回湖北，为的是及时发放农民工二十多万元的工资，却不幸在开封地段遭遇一辆大客车侧翻路坡，孙水林来不及刹车，后面一辆面包车又猛撞上来，引发一串严重追尾事故，孙水林一家五口全部遇难。他弟弟孙东林闻讯赶赴事故现场，将工资款带回，发给工人，没有了账本，他含着眼泪对工人们说，“你们就自己报个数吧。”帮哥哥发完工资，又给自己的工人发了 40 万元。工人们纷纷表示要跟着孙东林继续打工。

车祸时有发生，这件事故的报道却引起了非同寻常的反响。人民日报、新华社和中央电视台三大媒体聚焦“信义兄弟，接力送薪”，认为“20 年坚守不欠薪，这样的承诺，分量比山还重”，报道的反应不断扩大，对于解决欠发农民工工资问题，起到了促进作用，更在道义层面上，产生震撼人心的影响。它告诉人们，正义是一种担当，道德是一种力量。在市场经济大潮中，我们应当如何正确地生活，决不能因追求利益而忽视社会道德和正义。社会的文明发展，在深层意义上取决于道德正义的坚持。英国诗人雪莱说：“道德是我们能够给别人的最宝贵的礼物，它的最大秘密就是爱，是逾越我们自己的本性，而融于他人的思想、行为或人格中存在的美。”我们需要财富，更需要道德的富有，它是灵魂之花。漠视正义，践踏道德的财富，必将带来心灵的堕落，社会的崩坏，这正是人们日益忧虑的问题。

哲理性启示

哲理本是关于宇宙和人生的道理，也就是世界观、人生观的问题。这是最根本的道理。广义地说，那些揭示事物本质比较深刻，发人深思，因而具有普遍意义的道理，往往也称之为哲理。一篇文章如果能在这方面给人以启示或感染，文章的立意就可以说是比较高远和深邃了。《论语》是孔子及其弟子的言行辑录，是一部语录体著述，除个别篇章外，算不上文章，何能传世而不衰？就在这些短短话语中，提出了许多深刻的哲理，在为学、治国、伦理、文学等方面，能够启迪人的智慧，开导人的思想。有人主张孩子应以开发思维为主，反对读经。这很偏颇。中国传统文化中的经书，集中许多哲理，它是思维的成果，也是打开人们思维之门的钥匙。

我国古典诗词中，有一种“理趣”的说法。即用诗来说理，既有诗趣，又有哲理。最具代表性的是：

题西林壁

（宋）苏轼

横看成岭侧成峰，远近高低各不同。
不识庐山真面目，只缘身在此山中。

前两句写庐山的形态，横看是一片连绵的山岭，侧看则是窄窄的一条，成了山峰。诗人接着解释：其所以如此，是因为从远近高低不同角度来观察的缘故，是观察者所处的不同地位造成的。因为身在庐山之中，视野为峰峦阻隘，看到的庐山，只是它的局部，必然带有片面性。如果要认识庐山的全貌，就必须从山中走出来，这时，局限性消失了，看到的就接近于真实。观察庐山是如此，观察世界上的许多客观事物，不都是如此吗？这首小诗之所以千古传诵，并不在于庐山的自然景貌写得多么好，这方面，作者并没有做什么具体的描写，而在于他借庐山的形象，深入浅出地表达了一个耐人寻味的哲理。

赋得古草原送别

（唐）白居易

离离原上草，一岁一枯荣。
野火烧不尽，春风吹又生。
远芳侵古道，晴翠接荒城。
又送王孙去，萋萋满别情。

这是白居易的一首应考诗作，时年16岁。考题限定草原送别的内容，所以前面须加“赋得”二字。前四句写草。“离离”，茂盛的意思，一开始就抓住了春草有旺盛生命力的特征。后四句写别情，就像萋萋芳草一样。“萋萋”和“王孙”（泛指行者），都出自《楚辞》的成句。这首诗所以成为名作，不仅在于作者写出了一个送别的典型环境，“离恨恰如春草，更行更远还生”（李昱《清平乐》），更具警策意义的是“野火烧不尽，春风吹又生”这一联句的哲理意味。烈火再猛，也不可能把埋藏地下的草根烧死，等到春风化雨的时候，野草的生命就会复苏，用她那绿色的衣被重新覆盖大地，恢复草原的青春。这两句言简意明，却发人深省。人民的正义事业就像野草一样，遭到烈火的延烧，但扑灭不了它那生生不息的再生力量。人们在生存竞争的生活历程中，也会遭遇到某种毁灭性的挫败，只要具有野草一样的强者性格，就会有“春风吹又生”的一天。

古典诗词中有一些咏物的名篇，突出物的某些特点，寄托作者的某种情思，在曲尽妙处的基础上，调动读者的想象，产生一种哲理性认知。宋代理学家朱熹写过一首诗：《观书有感》：

半亩方塘一鉴开，天光云影共徘徊。
问渠哪得清如许？为有源头活水来。

从诗句看，似乎写的是水塘，但在题意的启示下，细细读来，“半亩方塘”只不过是书的夸张性比喻。打开书本是方的，读起书来，书里的知识容量可就大得多，就像“半亩方塘”那样了，既可以照见云影，又可以反映天空，它的内容是如此多姿多彩，前两句是对书的咏赞。再看塘里面的水，一眼见底，怎么如此清澈呢？原来“水塘”有自己的源头，活水总在慢慢地流进。这后两句实际上也是一个比喻，是说坚持读书的好处，如同有源头活水一样，能使你的知识不断地得到更新，思维也就永远保持清晰了。这两行诗句现在已独立出来，成为发人深思的名句，启示人们要不断地吐故纳新。作者寓理于物，借助于生动的形象，把一个抽想的道理，表达得既浅白，又深刻，让人在趣味中获得感悟，在感悟中品味哲理。

新闻作品能不能写出类似的哲理性启示？哲理是从平凡而生动的生活中概括出来的某种感悟，是事物联系性被人们认知的一种主体意识，作为写作主体的记者，如果具有深度发掘的思维能力，就能从纷繁的事物中，发现具有普遍意义的哲理。

哲理来源于生活，我们的现实生活丰富多彩，也充满社会矛盾。一切渺小卑微的事物中都可能存在着崇高与伟大。媒体报道既是社会的表现，也是国家的镜子，只要我们深层思考，就会发现一些核心价值问题，而哲理的核心正是人们的价值观念。

2009 年 12 月 21 日《信息时报》报道，黑龙江省东宁县某县长曾在一起讲话中告诫拆房钉子户“不要以卵击石”。卵石之说露骨地表达了官员权力的至高无上，是石头；而受法律保障的公民权利，不过是不堪一击的卵。这个政治悖论是造成暴力执法，乃至引发群体性事件的思想根源。多家媒体予以报道并评论，举了美国西雅图的一个类似事例：一个名叫梅斯菲尔德的 84 岁老太太拥有一座 90 平方米的破旧小屋，开发商开出了几倍于市场价的百万美元作为补偿，老人就是不搬。无奈之下，开发商只好修改图纸，围着这座小屋，盖起一幢凹型大厦，并在生活上给予老太太以种种关怀。这座小屋现在被命名“信念广场”，表达了一种确信的意涵：公民的合法权利不受侵犯，并享有社会保护的空间，这就是一个公民社会基本的政治伦理。

抓住事物的特殊性

人类的社会生活纷纭复杂，人的思想性格千差万别，我们要在写作中加以反映，就应该抓住事物的特殊性，表现出自己的独特认识和见解，这就是创新。那种陈陈相因，蹈袭前人的立意，只能使我们的作品简单化、概念化，不可能帮助人们去认识生活，更不用说使人从中得到什么审美享受了。所以，刘勰说，“夫立意之士，务欲造奇。”他把立意和造奇联在一起，对我们很有启发。这就是说，要创立新意，就必须对事物产生不同于一般的独特认识。

在我国的古典诗词中，登临泳怀是常见的题材，但真正的不朽之作，都是独具匠心，各有不同的寄托。

初唐诗人陈子昂登幽州台（遗址在今北京德胜门外），写了一首古诗：

前不见古人，后不见来者。

念天地之悠悠，独怆然而涕下。

全诗虽只四句，却蕴结着诗人深沉强烈的感情。这个台是战国时代燕昭王为尊贤礼士而建造的古建筑物，作者登临远眺，独立苍茫，自不免引起古今变异的感触，展望眼前的空旷天宇和原野，更觉天地悠远而人生短暂。作者是一个有远大抱负的人，但怀才不遇，所以又有一种不逢知音的孤独感。前三句通过作者深沉的目光和思索，构成了一个无限广阔的背景，第四句“独怆然而涕下”，如同镜头转换，突出了诗人独立高楼，慷慨悲歌的动人形象。诗中没有一个字描写具体的景物，但那沉着的笔力，开阔的境界，雄浑的格调，都使读者从今古茫茫之中感受到诗人那理想无法实现的激愤和悲哀，感受到一种悲壮的美，这是符合诗人那特定的性格和特定的环境的。

北宋的王安石是一位大政治家，大诗人和大散文家。他曾写过一首小诗《登飞来峰》（在今杭州市灵隐寺对面），也只有四句：

飞来峰上千寻塔，闻说鸡鸣见日升。

不畏浮云遮望眼，自缘身在最高层。

第一、第二句说，我登上峰顶高高的塔身，听说鸡鸣的时候，在这儿可以看见太阳升起。第三、第四句写自己站得高，看得远，眼底的景物可以一览无余，不怕浮云把视线遮蔽。写这首诗时，王安石三十岁，只是一个知县。他怀着要求变革现实的雄心壮志，希望有一天能施展他治国平天下的才能，所以一登山岭塔顶，就想到鸡鸣日出时的光明奇景，表示对未来的憧憬。"浮云"在这里比喻保守势力，我不怕浮云遮住视线，因为我站得高，这是多么有气魄的豪迈声音，又寓含着丰富的哲理，和王之涣的"欲穷千里目，更上一层楼"有异曲同工之妙，给人以一种劲健的美。这也是符合人物的特定性格和特定环境的。

再看南宋爱国词人辛弃疾的《南乡子·登京口北固亭怀古》：

何处望神州？满眼风光北固楼。千古兴亡多少事，悠悠，不尽长江滚滚来。

年少万兜鍪，坐断东南战未休，天下英雄谁敌手？曹刘。生子当如孙仲谋。

京口，就是今天的镇江。当时大江以北，已为金人所占。辛弃疾晚年来京口镇守，积极进行抗金准备。他登临北固亭，远眺沦陷了的中原"神州"，以"何处望"三字倾吐了自己的无限怀念和悲痛感情，一开始就给读者以强烈的感染。作者没有在景物描写上多费笔墨，只把目力所及的江山景色浓缩在"满眼风光"四个字里，给人以悠远的想象，并用倒装的句式把它推向后景，于是镜头展开的画面，便是作者伫立在北固楼上翘首中原，壮怀激烈的抒情形象了。他哀叹民族的苦难，但又相信它的复兴。他认为，从长远的观点看，眼前的民族不幸，只是历史中的一个插曲罢了。"千古兴亡多少事，悠悠，不尽长江滚滚来。"像这样兴亡变化的事，千古以来，不知发生过多少，就像那不尽长江的流水一样。他把国家的兴衰命运放在历史长河中加以观察，表现他气魄之雄大，立意之高远。三国时孙权曾以这一带为依据，打退北方曹操的进攻，保卫了自己的国家。诗人从正面肯定了孙权的将才和胆略，认为要实现复国大业，就必须"战未休"，打退金人的进攻。这种超尘的语句，不是学词功力所能达到，而来源于他四十年政治生活和斗争的感情积累，以及从历史书卷中陶冶形成的远见卓识。这首词只有前两句是写景，主要是议论，是形象化的议论，是有情韵的议论，加上顿挫的声调，使读者从词人那深沉的咏叹中，得到哲理性的启示，具有崭新的立意，是一种豪放的美。这也是符合人物的特定性格和特定环境的。

这三首登临咏怀的诗词，都是抒发作者的报国壮志。他们没有着意描写景物，却能创造出完全不同的意境，产生不同的审美价值。这就是因为他们各有自己的立意，通过特定的景物，表现出自己特定的思想感情，刻意求新，不落窠臼。

媒体写作有写实的限制，但面对同一个事实，选取的角度不同，立足的层次不同，突出的特点不同，表达的方式不同，同样可以写出不同的立意。刻意求新，独辟蹊径，正是一个记者展示才华的创造性表现，拘泥于习惯的思路和模式，只会写出千文一面的“八股”作品。

2010 年 2 月 20 日，《楚天都市报》在“17 个市州领导给您拜年啦！”的红色大字标题下，以四个版的篇幅刊登 28 篇雄文，各配彩色照片，个个玉虎啸春，豪情万丈，一看内容，却都是壮词加数字。有的开头是，“天时人事日相催，冬至阳生春又来。”有的换成“牛耕沃野扬长去，虎啸群山大步来。”俨然还是“文化大革命”时期的表态套路。然后是去年的经济成就，最后是今年的奋斗目标。这种应景性“新闻策划”，有一个共性内容，无可非议。但共性需要通过个性来表现，辩证唯物主义告诉我们，没有抽象的普遍性，普遍性寓于特殊性之中。17 个州市难道没有各自的优势与特点吗？何不突出自己的优势与特点，表现自己的特殊性，既可以写出各自的深度，又能缀合成一幅百花园式的绚烂图景！

李东阳《怀麓堂诗话》：“诗贵不经人道语，自有诗以来，经几千百人，出几千万语，而不能穷。是物之理无穷，而诗之为道亦无穷也。”所谓“物之理无穷”，就是事物的特殊性千变万化，是不会雷同的。关键在于发现，古典诗词如此，媒体写作同样如此。

义深而意远

深，就是对事物有透彻的了解，能认识事物内部和外部的矛盾，把握事物发展的规律。具体到以反映人类社会生活为对象的写作中，就是要从社会生活的矛盾内容里，从人物性格的矛盾冲突里，歌颂真、善、美，鞭挞假、恶、丑，挖掘生活的真谛，使读者从对生活，对人生的思索中，提高自己的精神境界，在变革现实的斗争中，认识那些虽然感到，但还没有全部理解的生活内容。

义深而意远，取决于作者的世界观，取决于作者认识和评价现实生活的思想和观点。

唐代天宝年间，长安城内传诵着“五诗人高咏慈恩寺”的故事。慈恩寺就是现在西安市大雁塔所在的地方。唐代当时处在盛世，长安繁丽雄伟，人才荟萃。五诗人就是杜甫、岑参、储光曦、高适、薛据。有一天，他们一同去游慈恩寺，登高极目，即景抒情，各自写了一首五言古诗（薛据的已失传）。开始都是描绘寺塔的雄伟和眼前景色，略去不谈，这里只把集中传达作者思想感情的关键诗句引出来对比一下。

岑参写道：

净理了可悟，胜因夙所宗。

誓将挂冠去，觉道资（学问）无穷。

他在四顾茫茫之后觉得，“净理”（还有下面的“胜因”“觉道”，都是佛家学说），是完全可以参悟的，素来为人们所崇信。所以，他打算辞去官职，趋向佛家的“觉道”了。

储光曦感叹：

俯仰宇宙空，庶（可能或期望）随了义归。

崱屴（音则力 zeli）非大厦，久居亦以危。

这四句的意思和岑参的差不多。他俯仰天地，深感宇宙空虚，自己也希望归向佛学的“了义”（世界寂灭的道理）；看到山势高峻（实喻朝廷），不是可以安居的大厦，更感到呆下去是危险的。

高适则认为：

盛世惭阮步，末宦知周防。

输效独无因，斯焉可游放。

阮步即阮籍，是晋代竹林七贤之一，后遭害。诗的大意是，生在这太平盛世，自己惭愧没有阮籍的才华。虽然官职很小，也要吸取阮籍的教训，保全自己为好，既然报效国家没有机会，还是去游山玩水吧。

以上三首诗的归结，尽管有所不同，但都仅仅限于抒写个人的志趣。

杜甫是读了他们的诗以后写的。他在极写了塔高之后，感时咏怀，写出了这样的句子：

秦山忽破碎，泾渭不可求。

俯视但一气，焉能辨皇州？

他仿佛觉得，眼前的秦山忽然破碎，流经长安的泾水和渭水，现在已清浊不分，低头看去，只见昏沉沉一气，哪里还能辨认出长安呢？表面看，这是描写地面的景色，实际上是抒发对时局的忧虑。这时，“安史之乱”虽然还没有爆发，但唐玄宗长久在位，沉湎酒色，朝政渐渐腐败，藩镇势力强大。杜甫以其政治上的敏感和深邃的社会洞察力，已经预感到国家的危机，祸乱将起。这首诗就是以形象的比喻揭示了国家内部的矛盾重重，指出了潜在的疾患，表现了杜甫的积极问世的人生态度，和忧国忧民的思想感情。这样的主题，其深度自是前几首所不能比拟的了。不久，果然爆发了“安史之乱”，唐朝便由极盛时期开始走向衰落了。

义深而意远，就是要努力开掘题材的社会内涵，通过精心提炼而使它浓缩化，从而更深刻、更有概括力地去反映生活的本质。这对我们表现新闻题材，也有很大的启示。

据记者报道，1950 年 11 月间，陶铸同志在广西领导那里的剿匪斗争。他常常利用晚饭后的时间，在住处附近和广西当时的高层领导人，包括军首长们在一起散步，商谈工作。他们走走停停，把重要的话题解决在不拘形势的谈话之中。

在他们一起散步的时候，首长们带来的警卫员们总是尾随后面，或者撒向四周，形成一个保卫圈。以一位首长平均随带两个警卫员计，合在一起，就是个不小的阵势. 他们全副武装，一双双眼睛射出警惕的光芒，让人产生一种畏惧感，引起了陶铸同志的重视，觉得过分了。他首先叫自己的警卫员们回去，“你们不要跟着”，然后转过头来，语重心长地对大家说，“我们的首长派头不要太大了。”

“警卫配备虽是组织上的安全措施，但在群众眼里，也是一种派头。”他接着说，“首长的派头大了，会成为我们和群众联系的障碍。”他强调群众的视角，在他看来，警卫的簇拥，就像是在群众前面隔起了一道武装的墙壁。“人家躲还来不及呢，怎么接近?”

一次，一起散步的首长比较多，随带的警卫员约三十人之众，不仅是派头，已经形成一支威慑力量了。陶铸同志浓眉紧蹙，他大声地告诉警卫员们：“你们走开些”，然后又一次重复地说：“我们的首长派头不要太大了。”他补充道：“这会脱离群众啊。”这句话他说得很郑重，很深情。解放初期，“脱离群众”被认为是一种危险的倾向。这些军事首长，都是在战火纷飞的年代中滚打过来的，深知人民群众是胜利的保证。他们肃然不语，让人感觉出内心的感悟和警惕。

陶铸同志的告诫，可谓义深而意远。如果我们一直警惕地把脱离群众看成是一种危险的倾向，我们的建设成就一定会比现在还要大得多。

共产党人不是什么“父母官”，人民才是我们的衣食父母。

小大之间

事物的量变和质变也是对立的统一。事物的质变就包含在量变的过程中，在总的量变过程中，会有部分质变，部分质变虽不是全局性的根本质变，但它预示着根本质变的方向，可以促进总的质变，并为整个事物的根本质变创造条件。部分质变的事物虽小，选择这样的题材，却有小中见大的主题意义。

题临安邸

（宋）林升

山外青山楼外楼，西湖歌舞几时休？
暖风吹得游人醉，直把杭州作汴州。

这是作者写在旅店墙上的一首七绝，意思是，在青山绿水之间，有着层层的楼台亭阁，达官显贵们在这里轻歌曼舞，欢乐享受，好像杭州就是汴州（今开封，北宋都城）一样。这个题材看起来很小，不过是西湖的山水，欢乐的气氛，但作者正是从南宋统治者偏安杭州，酣歌醉舞的生活现象中，看到了深重的民族危机，抒发了内心极大的忧虑和义愤。在我国古典诗词中，这种小中见大的题材极为常见。这些作品取材于生活中的一帧速写，一幅剪影，或是几个真实而生动的生活画面，妙趣横生的对话，表现出一个社会侧面的变化，一个高尚心灵的火花，收到见微知著的审美效果。

清平乐

独宿博山王氏庵

（宋）辛弃疾

绕床饥鼠，蝙蝠翻灯舞。屋上松风吹急雨，纸破窗间自语。
平生塞北江南，归来华发苍颜。布被秋宵梦觉，眼前万里江山。

辛弃疾是南宋著名的爱国词人，在家乡山东亲历金人的残暴统治，毅然投身抗金队伍，是一位坚定的爱国志士。但南宋最高统治坚持妥协路线，将这位“经国手”投闲置散，不能展其所用。写这首词时，诗人在江西上饶带湖过着贫困的隐居生活。上片捕捉了一组短镜头画面，迅速组接成一个段落，有声有色，绘声绘影，描写了村居生活的凄凉境况。孤寂空间是小，但暗喻南宋江山的飘摇破败，政治境界则大。下片前两句“平生塞北江南，归来华发苍颜。”概括了自己激荡磊落、豪放悲壮的一生。个人遭遇是小，但身处逆境，梦寐不忘的仍是国家统一，以至一觉醒来，眼前仿佛展现着祖国的万里江山，其爱国情怀又何其大也。全词一小一大，小中见大，构成了鲜明的对比，委婉曲折地表达了诗人壮志未酬，心绪难平的深沉悲凉。

苏轼被逐放南方以后，曾写过一首绝句《纵笔》：

寂寂东坡一病翁，白头萧散满头风。

儿童误喜朱颜在，一笑那知是酒红。

前两句写出了诗人贬谪生活的困境，流露出宦途失意的感慨。语意是深沉的。后两句，从一件生活小事的点染中，闪现出诗人那旷达豪放，丰盛潇洒的身影，又使人感受到一种乐观的精神。诗人那努力摆脱羁绊的人生态度，便这样表现出来了。由于小中可以见大，有借端寓托的写意作用，在我国古典诗词中，用得很是广泛。“山之精神写不出，以烟霞写之；春之精神写不出，以草树写之。”一个富有情趣的“小”，犹如画龙点睛，往往能委曲含蓄地表达出一种意境的深远，更有一种隽永的美。

新华社历史上有一篇经典作品《桌上的表》，是第三次国内革命战争时期的著名通讯，只有五百多字，写的就是一件事情：解放军某部攻占洛阳以后，进入一家楼房搜索，主人走得慌忙，一只瑞士产怀表还在桌上，这个楼上来来往往的战士很多，楼上的东西原封不动地摆着，直到部队出发了，副指导员检查纪律，那只钢表依然放在桌上滴滴答答地走着。记者张明说，他们那个营遵守城市纪律确实好，他本子上记的事例就有几十件，一个一个地比较，他觉得这件事情最有说服力，打仗很需要表，部队又缺少表，看了这只表，谁都喜欢，谁都不拿，写了这件事，其余的事例都可以不用写了，所以说最有小中见大的代表性。

小中所以能见大，是因为这些小的题材蕴涵重大主题的思想因子。任何“巨大的建筑”都是一石一木的积累，小的题材就是“巨大的建筑”的一石一木，发现它的真谛，就能直接反映现实生活的主要矛盾，揭示事物的本质。这是艺术经验，也是美学原理。

选材的哲学

主题不是空洞的意念，需要物化为一系列材料，主题支配材料，材料表现主题，所以选材的出发点是主题的需要。为主题需要的材料，无非是正面表现主题的材料：或揭示事物的本质，或暴露事物内部的矛盾，或指明事物发展的方向，等等。这些材料对主题的酝酿与形成，有着决定的意义，便能起到正面表现主题的作用，所以往往是写作的核心材料。

唐诗中有一类题材叫边塞诗，是描写民族战争的，有的主题是歌颂，有的是暴露，都在一定程度上反映人民真实的思想感情。如：

塞　上　曲

（唐）戴叔伦

汉家旗帜满阴山，不遣胡儿匹马还。

愿得此身长报国，何须生入玉门关？

第一句写盛大的军营，第二句写昂扬的斗志，后两句出典于东汉班超的故事。班超发愤要为统一祖国事业作出贡献，投笔从戎，在西域三十年，立下丰功伟绩。晚年思乡，曾上书朝廷，希望“生入玉门关”，也是人情之常。这首诗反用其意，认为连“生入玉门关”都可以不必，忘我精神就更加突出。它从正面取材，歌颂战士们的爱国主义精神，表现了一种可贵的思想本质。

好花还须绿叶扶。任何事物都不是孤立的存在，总要与一定的环境或其他事物联系在一起。这些相关联的景物与事物，虽不是正面表现主题的材料，往往不可少。好花还须绿叶扶，一个篱笆三个桩，它们能起到烘托和支撑的作用。虽是从侧面着意描写，却能把人们比较隐蔽的心理状态曲折地透露出来，使要表现的事物更加含蓄和隽永。

凉 州 词

（唐）王翰

葡萄美酒夜光杯，欲饮琵琶马上催。

醉卧沙场君莫笑，古来征战几人回？

这首边塞诗表面上看，语言豪迈，胸襟旷达，没有从正面描写战争给人民带来的苦难，但作者渲染了异域的色彩，那琵琶催行，征人欲饮的生活镜头，却让人们可以感受到战士内心的感情：让我饮个痛快吧，自古征战的人，有几个能活着回来呢？人民对于战争的厌倦和不满，如同溪涧分流，透过错综矛盾的情景，就已经非常沉重和深刻地表现出来了。

垫高拽满，蓄好气势。水之发源，总是由小而大，而后波澜壮阔，走向归宿。人们对外部事物的认知，也需要有一个量变的积累过程，作为这一认识规律的反映，无论写诗作文，往往也需要蓄势铺垫。铺垫本有烘托的意思，但在文中的位置不同，取的角度不同，因而在突现主题方面的作用便有所区别。烘托的材料一般分散在文中，围绕主体事物从不同方面起映衬对照的作用，而铺垫则比较集中在文前，为突出主体事物营造出浓重的氛围，让读者有一种“未见其人，先闻其声”的感觉。

塞上听吹笛

（唐）高适

雪净胡天牧马还，月明羌笛戍楼间。

借问梅花何处落？风吹一夜满关山。

这也是一首边塞诗。首先展现的是塞外草原的广阔画面，积雪融化，牧草萋萋，——又是一个春天到来了！牧放回来，赶着马群的战士踽踽独行，——又是一天过去了！然后是明月一轮，戍楼一角的空镜头，透露出一片无边荒凉寂寞的境界。这时，一阵羌笛吹奏《梅花落》的声音从戍楼传来，如泣如诉，顿感思绪翻腾，浮想联翩；一夜北风，梅花该会撒满关山吧，可是这塞外的地方，又哪里会有故乡的梅花呢？“何处落？”一问，隐含着满怀乡思，深沉苍凉。但离开了前两句，便不能产生这样的抒情效果。前两句写景，就是为后两句刻画人物思想感情做好了铺垫。

古典诗词中的正面表现，固有精彩华章，但善于垫高拽满，蓄势铺垫，烘托映衬，于滔滔汩汩中，一转便见主意，往往更能开拓心胸，推倒豪杰。

对于媒体写作来说，这样的艺术技巧，更为表现新闻事实所需要，符合马克思主义的哲学思想。新闻事实并非一种孤立的存在，它在发生、发展过程中，会受到相联系的各种因素的影响和制约，这就是新闻背景。新闻背景的重要性，在于能够反映事物之间的各种联系性。我们的媒体写作习惯于以正面的事实直接表述新闻的主题，却往往忽视从事物之间的联系性，即从与新闻事实相联系的各个方面，交代追述和补充一些必要的材料，以间接地烘衬、深化和阐释新闻主题，帮助读者对新闻的理解，因此写出来的新闻就显得内容单薄，缺乏信息的厚度与认识的深度。

西方的新闻报道很重视新闻背景的运用。他们习惯于广泛阅读，搜寻可能用得上的材料，作为自己的资料储备，或用来观照新的事实，发现它们的新闻价值；或用来核实和补充消息来源提供的事实：对于提高新闻报道的数量和质量起到了重要作用，是写出新闻深度的标志。

概括和典型

表现主题的题材，必须是真实的材料。真实是写实作品的生命。

文学创作和新闻写作都有真实的要求，不同的是，文学的真实主要是本质的真实，描写出来的现象可以虚构。它“可以而且应当比普通的实际生活更高、更强烈、更有集中性、更典型、更理想，因此就更带普遍性”。新闻写作则从本质到现象都要求材料的真实。确定了这一条件，我们才能进一步谈到哪些材料是最能表现主题的题材。

首先是能够概括全局的材料。事物的变化总是存在着量变和质变的两种状态。量变是渐变，质变是突变。它们是对立的统一。事物的发展，总是从量变开始，发展到一定程度，便引起质变，在新的基础上又开始新的量变。量变是质变的必然准备。因此要了解一个事物的质的状态，就离不开对它的数量分析。概括就是对事物量变状态的一种总的认识，是人们分析事物性质的基础。没有概括，便没有认识的广度。

文学创作讲的是艺术概括，是集中个别的典型以表现特定的人物，至于特定的环境和场景，也是把一些典型景物，综合成为对全貌的概括。唐代的杜牧有一首《江南春》绝句：

千里莺啼绿映红，水村山郭酒旗风。

南朝四百八十寺，多少楼台烟雨中。

前两句写的是江南春天的景象：千里原野上，到处莺啼燕舞，绿树丛丛，红花朵朵，溪水环绕乡村，城镇棋罗星布，一面面酒旗在风中飘拂。这些江南景物的集中，就是一幅绝妙的江南春的诗画。这就是典型化的概括。后两句的南朝，指宋、齐、梁、陈四个王朝，都是在长江以南建立的偏安王朝。它们笃信佛教，尤以梁武帝为甚。“四百八十寺”不是确数，极言那时寺庙之多，“多少楼台烟雨中”很是传神，楼台处处，都笼罩在依稀可辨的濛濛烟雨之中，既是江南春天的特有景象，又有南朝政治衰落的讽喻，也是通过典型形象进行的一种概括。

我国古代诗词触景生情，即事而感，往往有具体的实物对象，这种写实的方法，值得借鉴。宋代诗人唐庚的名句“山僧不解数甲子，一叶落知天下秋”。说山里的和尚不懂得干支计时的方法，但看到落叶，便知道秋天到了。这里虽只写了“一叶”，但它是初秋的象征，能使人联想起肃杀秋天的种种景象，便很有概括性。

古代诗词中，月光常用来表现乡思之情。例如：“举头望明月，低头思故乡”（李白《静夜思》），“今夜鄜州月，闺中只独看”（杜甫《月夜》），“但愿人长久，千里共婵娟”（苏轼《水调歌头》），等等。

月光既照了家乡，也照了他乡，既照了亲人，也照了自己，能唤起人们共同的感受，所以便成了具有共性的东西。这是具有概括性的典型生活情景。

其次是反映事物本质特征的典型性材料。选择概括全面的材料，是为了让读者了解事物的一般性，但是，一般和个别也是辩证的统一，一般不是个别，这是对立；一般只能在个别中存在，通过个别表现出它的本质特征，这又是统一。所以我们还必须选择那些最能集中反映事物一般性的个别材料，反映广阔的社会生活，通过个别的具体形象去反映现实的本质，通过局部更深刻地去表现整体的存在。这就是典型。没有的典型的个别，便没有认识的深度。

例如王安石在《咏石榴花》诗中写道：“浓绿万枝红一点，动人春色不须多。”诗人只取了一朵红花，衬以浓绿的枝叶，便让人在想象中获得了审美情趣的极大满足，因此成了千古名句。想象能为一个存在的东西找到最完整的表现，选择最具特征性的个别事物，给读者留下广阔的思维空间，是一种符合美学原理的写作艺术，可以调动读者的心理能力，反映现实的整体和本质。“举一隅而读者以三隅反，见点红而知艳红姹紫正无限在”，这一点红便构成了一个总和，写尽了妍丽的春光。这种艺术技巧在古典诗词中屡有所见。

唐代诗人王维被挤出朝廷，派往西北边塞察访军情，途中写了五言律诗：《使至塞上》：

单车欲问边，属国过居延。

征蓬出汉塞，归雁入胡天。

大漠孤烟直，长河落日圆。

萧关逢候骑，都护在燕然。

诗中“单车”、“归雁”的用词，以及到了萧关，连都护也没有见到的情节，都写出了王维在政治上的失落，本不足奇。这首诗的流传，端在“大漠孤烟直，长河落日圆”这一联句，写出了塞外奇特壮丽的风光，境界开阔，格调雄浑。在浩瀚无边的大漠上，孤立在烽火台上燃起的狼烟，因为没有风而直聚向上，地面上是蜿蜒而去的黄河，西下的落日显得格外的圆。孤烟和落日是大漠的典型景物，可以概括大漠的荒凉，令人称奇；而一个“直”，一个“圆”，则传递出诗人那旷达开朗的情怀，又十分传神，所以王国维誉之为“千古壮观”之名句。

古典诗词以典型形象进行艺术概括的方法，对媒体写作也是一个有益的借鉴。只不过新闻不允许进行典型化的概括，它所选用的材料，必须是事实的本身，是具有事物的共性、一般性、必然性的典型事实。这样的实际材料同样可以调动读者的生活经验，引发他们的想象和联想，自然地加以补充，而成为一种概括性材料。

2010 年 2 月 12 日，国务院总理温家宝在中央春节团拜会上发表讲话说，“我们所做的一切，都是为了让人民生活得更加幸福，更有尊严。”从政治意含上说，这就是高度的概括，在那个场合，总理不可能展开这句话中既重要又丰富的内容。“生活更加幸福”好理解，主要是民生问题，“更有尊严”这一带着感情色彩的说法，还是第一次出现，似已超乎民生问题，具有更深层的指向。我国的政治生活中，对说法和提法，一向是很审慎的，应该怎样理解“尊严”的含义呢？

媒体有解读和传播的责任。它可以发表评论作出见仁见智的诠释，但大量的还是要通过事实的报道，全方位地反映人民生活的状况。不因寻觅工作而请托是尊严，不为买黄牛票受欺诈是尊严，这些不过是浅表的社会现象，可以自主地避免。有些尊严伤害来自体制的原因，欲避不能，只有面对，便成了人民心中的块垒和积怨，就需要媒体通过典型事例的报道和分析，促进体制的改进，才能使人民的权利不被剥夺，生活得更有尊严。人民的尊严不是某个人的面子，从根本上说，是人民依法享有的身份、地位和权利，应当受到尊重和保障的法权问题。“让人民生活得更有尊严”意味着我们在这方面还有许多工作要做。

2010年1月15日，《杂文报》发表《拿什么来温暖罗秋林们的心?》，罗秋林是湖南省的一名律师，他以一个公民身份依法独立参选衡阳市一个区的人大代表，为此首开先河，在网上发帖公布自己的全部财产，还就当选后如何履职，如何与选民沟通作出承诺，并希望当选者都能公布自己的财产。此举赢得网民的一片喝彩，却被有些人指为“作秀”，“爱出风头”，最后以悲凉的大比分输给了一位局长。我国建立民主政治的第一个步骤，必然是人大代表竞选制，罗秋林的行动是一个突破。有评论认为，哪怕只在县、区两级实行竞选制，它的作用和效果也绝对是不可估量的，广大弱势群体受权力侵犯的尊严伤害，必会受到抑制。温总理说，“只有民主才不会人亡政息”，《杂文报》的报道，就是以典型事实解读和传播了温总理的讲话精神。

“凤凰卫视”2010年3月6日播出的“南粤纪事”节目中，报道了暂住证给许多农民工带来的种种尊严伤害，有的甚至付出了生命代价。一个青年对着镜头问，“我们在家乡是公民，为什么在广州就成了次公民呢?”现在改居住证了，但他们渴望的公民尊严感是否能得到平等的满足，仍然是媒体应当关注的问题。

结构与思维

结构是事物联系性在写作上的反映。世界上的事物和现象，都是普遍联系的统一体。写作的目的就是反映事物之间这种联系性；写作的各个内容也只有在一定的逻辑联系中才能获得它的地位，产生它们的作用。好比一只手，如果脱离了身体，名义上叫手，实际上已不是手了，因为“割下来的手，就失去了它独立的存在，就不像原来长在身体上那样，它们的灵活性、运动、形状、颜色等等，都改变了”。同样道理，写作所反映的任何事物，也都不是孤立的现象，都是在和其他事物相联系中存在。如果不表现它们之间的联系，这些事物也就丧失了它存在的意义。

分析与综合是形成结构的基本逻辑方法。

我们常说的思路，就是分析和综合的思维活动过程。任何一个事物总有它的发生、发展和消亡的过程，这是纵的联系。有些作品采取纵式结构，它的思路就是分析和综合事物的时间联系。例如：

江南逢李龟年

（唐）杜甫

岐王宅里寻常见，崔九堂前几度闻。

正是江南好风景，落花时节又逢君。

前两句回忆过去，写唐天宝盛时的音乐家李龟年，常为朱门宾客，声名洋溢长安。后两句写安史之乱后，他和杜甫同样流落江南，饱经离乱，过着兵火余生的悲惨生活。诗人正是从今昔对比中，抒发了一种盛衰之感，表现了作者对祖国命运的忧虑。

任何一个事物又会受到其他事物的影响和制约，这是横的联系。有些作品采取横式结构，他的思路就是分析和综合事物之间的空间联系。

滁州西涧

（唐）韦应物

独怜幽草涧边生，上有黄鹂深树鸣。

春潮带雨晚来急，野渡无人舟自横。

这里“涧边幽草，深树鹂鸣，春潮带雨，野渡舟横”在诗人眼中，都不是各自孤立的景物，他们在同一个空间里相异相通，横向联系起来，便构成了一个意境，烘托出诗人向往自然，寻求宁静的心情。

任何事物的发展过程都存在着自始至终的矛盾运动。分析和综合事物内部矛盾着的两个侧面及其发展变化的情况，按照这样的思路安排结构，往往能见出作品的深度。杜甫的诗句“朱门酒肉臭，路有冻死骨”，两层意思，互相对照，深刻而形象地揭示了唐代社会繁荣景象所掩盖着的阶级对立，成为亘古未有的名句。南朝王籍的诗句“蝉噪林愈静，鸟鸣山更幽”，写景也使人叹绝。“噪”和“静”，“鸣”和“幽”，都是对立的统一。蝉噪方觉林静，鸟鸣更显山幽，动中写静，充满生气，这是诗人深入体察生活，写出了事物内部矛盾性的结果。

事物的联想和想象也属于事物之间的联系性，没有共同点和相似点，不可能引起联想和想象。对于文学性强的写作来说，这种艺术想象活动有无限的广阔性和丰富性。当联想和想象发展到一定程度时，形象就会鲜明地呈现出来。南宋词人辛弃疾在词作中喜欢用典，有“掉书袋”之称。例如：

水龙吟·过南剑双溪楼

举头西北浮云，倚天万里须长剑。人言此地，夜深长见，斗牛光焰。我觉山高，潭空水冷，月明星澹（同“淡”）。待燃犀（照明）下看，凭栏却怕，风雷怒、鱼龙惨。

峡束苍江对起，过危楼、欲飞还敛。元龙老矣，不妨高卧，冰壶凉簟（音“店”）。千古兴亡，百年悲笑，一时登览。问何人又卸，片帆沙岸，系斜阳缆。

这首词用典很多，读起来固然艰涩一些，但并不像有些人说的，艺术形象因此就不鲜明。上片全用典故写成，都是一幅幅生动的故事或画面，有倚天万里的雄放境界，有山高水冷的严峻氛围，有风雷鱼龙的惨淡景象；下片凉簟高卧，也是归隐生活的形象概括；它们互相关联，既概括了矛盾交织的社会现实，又抒发了作者坎坷际遇的复杂感情。没有典故的活用，要造成如此阔大深邃的艺术境界，殊非易事。从辛词的很多篇章看，只要典故用得恰当、巧妙，能使艺术形象和所寄托的思想内容融为一体，那么，作为浪漫主义和现实主义相结合的一种写作方法，毋宁说正是他的一个长处。

事物无论怎样纷纭复杂，从上述三方面去开拓思路，就会比较开阔。按照上述一定的思路去组织材料，结构就能清晰缜密，就会有章法。思路交叉的现象不可避免，但总以一方面为主，是同中有异，主次有别。

媒体写作的结构，出于读者急知心理的要求，需要把事件的结果写在最前面，叫做“导语”，再叙述发生、发展的过程，称为“倒金字塔”结构。这只是新闻写作的模式特点，并无思维逻辑上的特异性。但中国传统文化在思维活动上有一定的定势，往往以事情发生、发展和消亡的过程为主导，于是，纵式的时间顺序就成为主要的结构样式，这在先秦散文中尤为明显，现在我国的媒体写作还可以看到它的影响，很严整，但显得平直、单调和板滞。

西方新闻的结构是在行动性思维的基础上形成的，什么叫行动性思维？这是人在对事物的感知中以自身的行动为支柱的思维。它的特点是把自己的思维同自己的行动实践结合起来，在行动中实现和发展自己的思维。这种直觉的行动思维，没有固定的框框，而是在行动中不断延伸和发展，因而在结构上也就不拘一格，出现了巧妙构成，犹如中国古典诗词的纡折迴环。

我国古典诗词作为抒情言志的艺术品类，基于灵感思维的突发性，多变性，在结构上便有较多的突破，往往以横向发展的空间联系为主，体现为跳荡变化的格局，具有形式美的魅力。这正是现代媒体写作所要汲取的艺术经验。

揉直使曲

做人贵直，直率的人，人们一般都是喜欢的。写作却不能这样，古人的要求却是“崇曲忌直”，不能直，要有曲度。孔子说过，“情欲信，辞欲巧”，信，就是真实，情意要真；文辞要巧，巧，从结构上说，就是揉直使曲，做到曲折多变。一般来说，写作的逻辑顺序，也就是人们思维运动的正常顺序。但是在一定条件下，我们却又可以不囿一格，采取比较跳荡的结构样式。所谓巧设安排，指的就是结构顺序上的倒插补推，错综变化。

唐代诗人杜审言有一首《赠苏书记》的绝句：

知君书记本翩翩，为许从戎赴朔边？
红粉楼中应计日，燕支山下莫经年。

这首诗的内容不过是赠别一位才思翩翩的苏姓朋友，欢送他到北方边疆去做节度使府的书记，希望他取得胜利后早点回家。但在艺术上结构精巧，遂成传世之作。第一、第二句是倒置的写法，突出了“书记本翩翩”的赞语，波澜顿起。第三、第四句是送别主旨，却从妻子着笔，这种正面不写写反面，本面不写写对面，如睹影见竿，更能曲尽委婉深厚之情。一首普通小诗，能写得节奏跌宕，这便是取径深曲的效果。

再看苏轼的《念奴娇·赤壁怀古》：

大江东去，浪淘尽，千古风流人物。故垒西边，人道是：三国周郎赤壁。乱石穿空，惊涛拍岸，卷起千堆雪，江山如画，一时多少豪杰。

遥想公瑾当年，小乔初嫁了，雄姿英发。羽扇纶巾，谈笑间，樯橹灰飞烟灭。故国神游，多情应笑我，早生华发。人生如梦，一樽还酹江月。

这首词上片写景，下片怀古，气势磅礴，格调雄浑，“自有横槊气概，固是英雄本色”，成为词坛定评。起句“大江东去，浪淘尽，千古风流人物”，气势雄放，滔滔滚滚，一下子把全诗思想推向了高峰。结尾“人生如梦，一樽还酹江月”则是低回婉转，沉郁纡深，构成了一种迷茫的意境。这样的起结，便从总体上抑扬映带，呈现出一种奔流起伏的构局，真实地表现出苏轼那广阔的胸襟和内心的忧伤。

杜甫的《茅屋为秋风所破歌》恰好相反。起段五句：

八月秋高风怒号，

卷我屋上三重茅。

茅飞渡江洒江郊，

高者挂罥（音“捐”，网）长林梢，

下者飘转沉塘坳。

这一段秋风怒号，茅飞屋破的景象描写，再现了诗人那贫寒困顿的生活遭遇。语调是徐缓深沉的，寄寓着一种辛酸的感情。结尾则转为激情的呼喊：

安得广厦千万间，

大庇天下寒士俱欢颜！

风雨不动安如山。

呜呼！

何时眼前突兀见此屋，

吾庐独破受冻死亦足。

读到这里，便感到诗人那济世的思想，伴同着喷涌而出的感情笼罩了全篇。这种前低后高的首尾对照，把诗人推己及人的博大胸怀，和由个人不幸想到造福天下寒士的崇高理想，鲜明地表现出来了。

一般地说，开头和结尾有一个照应关系，有些作品，结尾甚至是对开头的回答。

回 乡 偶 书

（唐）贺知章

少小离家老大回，乡音无改鬓毛衰。

儿童相见不相识，笑问客从何处来？

起句直扑题意，可谓开门见山，结尾淡淡一问，蕴涵着诗人的无限感伤和慨叹，便是对于开头的回答，却如空谷余音，久久不绝。既要照应，又有区别，这也是辩证的统一。明代谢榛在《四溟诗话》中说，“起句当如爆竹，骤响易彻；结句当如撞钟，清音有余。”虽非唯一方法，但能表现出开头和结尾这种既相联系又相区别的关系。开头和结尾都要在表现主题上产生自己的作用，这是它们的联系性，但又要有各异其趣的形式，这是它们的区别性。只有从这样的观点出发去安排开头和结尾，才能完满地表现出它们既烘衬主题，又组织层次波澜的结构作用。

不断转换方向是造成结构变化的又一个重要方面。事物既有它的内部和外部联系，只抓某一点，就不能把事物的全貌反映清楚，需要不断地变化角度。这就自然地造成了行文的波折。

破　阵　子

（南唐）李煜

四十年来家园，三千里地山河。凤阁龙楼连霄汉，玉树琼枝作烟萝（喻园林美景，烟聚萝缠）。几曾识干戈？

一旦归为臣虏，沈腰潘鬓（腰瘦鬓白）消磨。最是仓皇辞庙日，教坊犹奏别离歌，垂泪对宫娥。

南唐建都金陵，李煜为后主，贪图安逸，治国无方，亡于宋。但他对音乐作词造诣很深，在中国文学史上有一定地位。此为其被俘汴梁后所写。上片写亡国前，“四十年来家园”，是对南唐立国三十八年历史的回忆，接转“三千里地山河”则是展望时为南方大国的南唐有三十五州版图。一纵一横，思绪交叉。然后定格在“凤阁龙楼连霄汉，玉树琼枝作烟萝”上，抒发了对宫苑生活的怀恋。三个层次，三个方向。最后慨叹自己没有御敌远虑，引来亡国之痛。下片写亡国后。“一旦归为臣虏，沈腰潘鬓消磨”，总写了自己身心俱蔽的痛苦。回想自己被俘离宫的那天，仓皇中辞别祖庙，耳边还回荡着教坊演奏别离歌的声音，具体写场景。“垂泪对宫娥”则是写内心，展现了自己含悲饮恨的无奈。也是三个层次。全词不过六十多字，由于不断地转换方向，李煜就把一个亡国之君的无限伤痛和万千思绪，起伏跌宕地表达得千回百转，淋漓尽致，让读者产生一种情感的共鸣。

媒体报道是一种流动的信息载体，它应该给人以流动的感觉。因此，在反映事实之间逻辑联系的基础上，讲求结构形式的曲折变化，形成一种参差错落、跌宕多姿的格局。这就是说，新闻写作在结构上有两大要求：逻辑性和变化性。如果说逻辑性是新闻结构的合理基础，变化性就是它的艺术表现，要揉直使曲。

刘熙载在《艺概·诗概》中说“诗以离合为跌宕，故莫善于用远合近离。近离者，以离开上句之意为接也，离后复转，而与未离之前相接，即远合也。”这一精辟诗论，完全适用媒体写作的结构安排。

西方新闻结构的基本模式，就是极好的印证。他们的新闻往往有多重信息，但读起来不感到沉闷和呆板，原因就是：分散材料，一次只写一部分事实，突出特点，并不求尽；划小段落，避免内容冗塞，读起来简洁明快；角度多变，呈现不同画面，立体交叉；断续起伏，叙述到一定地方，便予以中断，似勒马长嘶，挥鞭再奔。明断为了暗续，似断而又连缀。这样，便给人以信息丰足，曲折摩荡的感觉。这就是结构的形式美。

从特定方面表现事物的本质

事物的本质要通过一定的现象表现出来。任何现象都可能在某种程度上反映事物的本质，但特定的方面却最能表现出事物的本质。所谓思想明确、认识深刻，就在善于透过特定方面捉住事物的本质，即事物规定性中的基本部分。它是同类现象中一般的、概括的、共同的东西。只有捉住这个最本质的现象，去揭示现象的本质，才有可能用最节约的语言，表达出我们对事物的最丰富的认识。

汉高祖刘邦没有什么文学才华，却也写过一首好诗，流传下来：

大　风　歌

大风起兮云飞扬，

威加海内兮归故乡，

安得猛士兮守四方。

这首诗以雄浑的格调，宏大的气魄，表现出刘邦以武力扫平群雄，衣锦还乡的志得意满，以及他那渴望罗致人才，巩固国家统一的雄图大略。虽然只有三句，却高度概括了刘邦的本质特征。

《易水歌》更少，只有两句：

风萧萧兮易水寒，

壮士一去兮不复还。

两行诗句唱出了荆轲那以身许国、矢志除暴的悲壮情怀。前一句写景，境界开阔，氛围悲凉，是一种烘托。后一句直抒胸臆，如仰天长啸，表达出一个爱国志士的决心，让人对视死如归的英雄气概，产生无限感慨和敬意。语言虽短，回味悠长。这又是多么高贵的本质！

车尔尼雪夫斯基有一句名言：“紧凑——是美学价值的第一个条件，一切其他优点都是由它表现出来的。”从特定方面表现事物的本质，语言就会紧凑，意义才会显豁，思想才会宽畅，形象才会鲜明。

媒体报道限于篇幅，不可能也不需要写出新闻事实的全部，而要达到新闻主题的要求，就很需要借鉴古典诗词的这一艺术经验，选择特定方面去表现事物的本质。

特定方面既是事物最本质的基本部分，就应当是新闻最需要突现的核心内容。美国《合众社》有一条报道英国女王主持泰晤士河水闸落成典礼的新闻，包含了三个新闻事实，一个是泰晤士河水水闸落成，一个是女王伊丽莎白出席典礼，一个是伦敦不断下沉。三个事实组织在一起，就会形成一定关系，体现出一定的逻辑联系。《合众社》的新闻并没有突出女王伊丽莎白出席典礼的事实，也没有报道典礼本身的壮观场面，这和我国媒体的类此报道有很大的差异。它写道：

“伦敦现在一寸一寸地在下沉。它成了造成英格兰北部从地中海升起，南部下沉的一次大地质‘跷跷板’运动的受害者。

“没有人能够确切地说出伦敦下沉的具体数字。但是在伦敦大桥附近挖凿罗马时期修建的考古学家发现，1900 多年来，这些码头比现在的码头低 5 米。

“这就是说，每一百年下沉了 23 厘米。而威尼斯在上个世纪只下沉了 20 厘米。

“由于北海汹涌海潮可能淹没正在下沉的伦敦市，伊丽莎白女王本周末主持泰晤士河水 10 个水闸落成典礼，这将是世界上最大的活动式防水堤，可以在 30 分钟内升高挡住向伦敦伍尔韦奇倒灌的海水。”

应该承认，这样的写法更具有逻辑的合理性。三个新闻事实中，最具本质意义的是这个活动防水堤能够抵挡住海水的倒灌，保卫日益下沉的伦敦的安全；没有这个事实的存在，就没有另两个事实的出现。这条新闻的全新价值正是从这一历史地理条件中产生出来，只有当人们首先了解了这一点之后，对这条新闻的重要性才能在更深层的意义上充分理解，从而表现出最大的关切。《合众社》的新闻稿把这一事实写成导语，是从特定方面表现事物本质的一个范例，它留给读者的鲜明印象，就像《大风歌》和《易水歌》里的人物一样。

余音不尽

柳宗元贬居永州时，写了一首六句七言诗：

渔 翁

渔翁夜傍西岩宿，晓汲清湘燃楚竹。
烟销日出不见人，欸乃一声山水绿。
回看天际下中流，岩上无心云相逐。

在这首小诗里，作者以渔翁自况，表现主人公在山水中独来独往的奇趣，隐隐传达出作者那孤高又不免孤寂的心境。苏东坡读了这首诗后，认为“其尾两句，虽不必亦可”。后人对此虽有争论，但纵观全诗，这结尾两句，只是一段余音，以“无心云相逐”表明自已的孤独无伴。这样的意思在前四句中已经可以品味得出，所以《唐诗别裁》认为删去有“余音不尽”之妙。这段诗评对我们写作各类作品，都是一种艺术性启示。

刘熙载在《艺概·诗概》中说，“绝句取径贵深曲，盖意不可尽，以不尽尽之。”柳宗元这首诗，虽非绝句，作为古体，可以发挥尽意，但这首诗的妙处恰在“烟销日出不见人，欸乃一声山水绿”两句上：早炊的烟气渐渐散去，太阳已经升起，四周空无一人，渔翁站在小舟上，游弋于山水之间，听取摇橹声声，打破一片静谧，在青山间回响，驱除胸中块垒，顿觉心怡气爽，连山水也感到分外苍翠了，诗句构成的意境令人心醉，第五、第六句“回看天际下中流，岩上无心云相逐”，游离诗境之外，倒有一种冲淡的感觉，不如不尽尽之，更有回味。

不尽造成回味，是一种艺术规律，这是因为艺术的终极作用，是要诉诸人们的思维和情感的体验，把一切艺术空间填满，等于把人们的思维空间填满，使之没有思索的余地，没有情感体验的可能，也就谈不上欣赏了。任何艺术形式都是如此。在画纸上满幅着墨，乐谱上满是急促的音符，戏剧中满台是人，小说中人物满篇直白，实则实矣，却窒息了人们想象和联想的心理能力，反而觉得内容单调和拥堵，也就索然无味了。

古典诗词中不乏送别，往往通过景物的描写，渲染离别的悲情。唐人卢纶的《送李端》是一个范例：

故关衰草遍，离别自堪悲。
路出寒云外，人归暮雪时。
少孤为客早，多难识君迟。
掩泪空相向，风尘何所期。

前四句写送别环境：衰草遍地，寒云满天，征途遥远，暮雪纷飞，紧扣“堪悲”二字。后四句则是所以“悲”的原因：自己从小多难，良友如君，相识太迟，今日一别，只有掩泪相向，不知何时才能相见了。全诗以平实语言写来，感情深挚，但已道尽心曲，回味不多。

李白的《送孟浩然之广陵》是一首送别诗，有余不尽，耐人寻味，反较直抒胸臆，更有蕴藉：

故人西辞黄鹤楼，烟花三月下扬州。
孤帆远影碧空尽，惟见长江天际流。

前两句是送别。故人即孟浩然，李白诗友，点明时间、地点和去向。后两句写惜别，诗人写故人挂帆而去之后，自己再度登楼，凭高纵目，可见其惜别之情。但友人渐渐远去，唯见一片孤帆，诗人仍不舍离去，最后连模糊的帆影也消失在碧空的尽头了，只有浩荡的江水，向天际流去。那水天空阔的境界，正是诗人惜别情思的写照，给人们留下“余音不尽”的无限遐想。在众多送别诗中，李白的这首，堪称一绝，就缘于“余音不尽”。

唐代诗人刘禹锡参加当时以王叔文为首的政治革新运动，失败后被贬谪外放郎州，他借玄都观看花一事，写了一首七绝：“紫陌红尘拂面来，无人不道看花回。玄都观里桃千树，尽是刘郎去后栽。”讽刺那些看花的人，不过是把他排挤出去以后，提拔起来的朝廷新贵罢了，因而再次被贬。十四年后回京，他续写七绝一首，重提旧事：

百亩庭中半是苔，桃花净尽菜花开。
种桃道士归何处？前度刘郎今又来。

前两句写出一片荒凉景象：桃花净尽，菜花满地，游人绝迹，盛况不再，连种桃道士都不知去向。结句“前度刘郎今又来”，并不挑明，留下的余音就是：我虽然屡遭打击，但决不屈服，既是对权贵的挑战，也是轻蔑的嘲笑，已尽在不言之中。

媒体写作应是客观的事实报道，记者的观点也要“尽在不言之中”，切忌主观性的陈述。已故著名戏曲表演艺术家俞振飞，以81岁高龄在北京人民剧场登台演出《太白醉写》，被收入《短新闻辑览》，这条新闻竟有1050字，其中，主观性陈述大约占了一半：

“一出昆曲《太白醉写》今晚征服了首都上千名观众。著名艺术家俞振飞以81岁高龄在北京人民剧场登台演出，这在戏剧史上也可传为佳话。

“且看台上俞老，飘逸潇洒。他的气质、神态分明是唐代大诗人李白的形象，一出场那两句诗和几步路便把‘酒中仙’的醉态活画了出来。听他念白铿锵，嗓音清亮，没有深厚的艺术造诣，岂能有今日的舞台功力！

“再看台下的俞老，思路敏捷，神情豪爽。

“再好的演员，也要退出舞台的，享有盛誉的俞老又何以在耄耋之年重度粉墨春秋？十月，俞老在西安演出，每至李白下跪或醉卧金殿时，总是一片满堂彩。人们不止仰慕他的演技，更赞叹他奋发昂扬的精神，这便是他以‘身教’，给青年演员的一种启示，一种促进。

“他要留给后辈的，是艺术的精益求精。塑造这样的形象，没有几十年孜孜以求的努力，没有很好的文化修养，是办不到的。

“他传给后辈的，还有艺术上的不断革新的精神。对此，他是充满了信心的，他说，‘后来有人，事业有望！’”

这样的表述，在我们的新闻报道中是一种“常态”，大多是记者把自己的观感直截了当地告诉给读者。新闻中如果充斥着许多无实体的概念，没有形象的展示，没有观念与形象的一致，也就引不起读者的想象活动。媒体写作按其内容来说，是报道性、纪实性的；但从叙述方法来说，又应当是艺术性、技巧性的。艺术性和技巧性在这里的意思，就是要尽可能表现事实中的真实图像，巧妙地给读者创造一定的想象空间，去联系自己的生活经验，充实他从新闻中获取的信息内容。余音不尽就是一种想象的效果，它不可能从僵硬的观念中产生出来，而来源于生动的，活生生的形象。写不出感性的境界，哪里会有境外之象呢？

感受相通　互相映照

有的事物对人并不具有多种感觉的作用，能不能也从各种感觉方面去描绘它呢？文艺心理学中有一条法则叫“通感”，就是借助于各种不同感觉的相互代替和转换，造成感觉相通，互相映照，以调动读者的想象，去感受生活中的生动形象。

船泊瓜洲

（宋）王安石

京口瓜洲一水间，钟山只隔数重山。
春风又绿江南岸，明月何时照我还？

这首绝句写于王安石两次拜相，离开金陵赴京城的途中。新政有望，固是一喜，阻难犹在，仍一忧也。此诗流传不衰，不为写出了诗人此时矛盾复杂的感情，主要还在“春风又绿江南岸”的佳句。“绿”本是视觉感受的一种色彩，但用在这里，它的涵义已超越视觉形象，融进了诗人的政治理想和人生思索。古汉语常把名词、形容词用作动词，称为使动用法，这一语法特点增加了汉语的优美和深刻，它丰富了词义的内容，更重要的是可以激发人的通感作用，活化一个静态的概念，使之具有生命的活力，并产生动感的效果。据说，王安石几经修改，最初是“到”字，后改为“过”，再改为“入”和“满”，最后才选定这个“绿”字。“春风又绿江南岸”，人们的感受就丰富多了，不止看到在春风吹拂中，江南的草木开始返绿的景象，还可以感觉到万物萌动的生机，呼吸到春天的气息，嗅到了到处弥漫的盎然春意。“绿”字的这种用法，唐诗里已见，如李白“东风已绿瀛洲草”即是，但王诗中的

“绿”字，还有一番含义，意味着他可以再次实现自己的新政抱负，具有政治的内涵，这是他超越前人的地方，也是通感产生的效果。

唐代诗人贾岛有一首诗，也曾在字句斟酌上煞费工夫：

题李凝幽居

闲居少邻并，草径入荒园。

鸟宿池边树，僧敲月下门。

过桥分野色，移石动云根。

暂去还来此，幽期不负言。

诗人访友未遇，却能将一件平常小事，写成传诵千古的诗篇，就在于他调动了读者的各种感受能力，写透了一个“幽”字。“闲居少邻并，草径如荒园。”一条杂草丛生的小路通向荒芜的小园，周围没有人家：写出了幽境。月光朦胧中，只见栖息树上的鸟儿，没有惊恐地安息，这里的夜晚是多么静谧，写出了幽的氛围。作者（“僧”，自比）来看望隐居这里的老友，是推门，还是敲门呢？他思考良久，还是用了一个“敲”字。一推就进去，一切归于宁静，能引出什么表象的联想和想象呢？“敲”字可以使读者看到作者伫候门外的身影，几声清脆的敲门声，划破宁静的夜空，回荡开去，有一种幽远的感觉，更能感受到幽居的宁静。回路踏过小桥，一片色彩展现，更觉友人居处有一种走出繁华的幽静，这是映衬。仰望夜空，云朵飘过，心驰神往，仿佛石头也在移动一样。诗人与友人有归隐之约，“幽期不负言”，点出了诗人心向往之的生活情趣。这首律诗中的“僧敲月下门”，引出一段“推敲”的诗话，传为美谈，说明我国古典诗词非常重视字句的锤炼。但要指出的是，锤炼字句，不能止于简约，更重要的标准，还是要尽可能调动人的多种感觉能力，加深读者对事物的情感体验，达到审美的层次。

媒体写作学习古典诗词中锤炼字句的功力，同样能起到感受相通，互相映照的作用。我国著名记者、前新华社社长穆青同志的通讯《一篇没写完的报道》，中间有一段描写“造反战士”闯过“老坚决”的苗圃的情景：

“老坚决”在怒吼，“树苗犯啥错误了，你们要造反？”人们从怒吼的声音中感受到一股刚直劲和泥土气，“老坚决”的性格已跃然纸上。

“自称‘造反战士’的人挑着旗子闯进了苗圃”画面中的一个“挑”字，透出了农民的讥讽。

“这些‘罪状’老汉都听不懂”，“罪状”一词写出了老汉的情绪，他对那些造反行为感到迷惘和愤怒。

感受相通，互相映照，就是人在感知某一对象时，某种感官可以获得另一种感官才能得到的感觉，因为人的各种感官的感觉，在大脑中会形成联系，互相沟通。这是人们常见的心理现象，是产生审美想象的基础。各门类艺术都会利用自己的艺术手段，调动这种心理能力，增强艺术的表现力和感染力。媒体写作要报道事实，事实中既然存在这种心理现象，那么，运用通感作用，提高新闻作品的表现力，就是一种合理的方法。

比喻和象征

在语言艺术中，比喻和象征有着极为生动的表现力，因此是经常使用的方法。这种“引类譬喻”的方法利用了两个事物之间的某些相似之点，使读者能由一个表象联想到另一个，或更多的表象，把它们联系起来，构成了形象丰富而意义深刻的内容，因此在思想和艺术上起到积极的作用。

白居易的《琵琶行》有一段描写琵琶女的弹奏：

大弦嘈嘈如急雨，小弦切切如私语。
嘈嘈切切错杂弹，大珠小珠落玉盘。
间关莺语花底滑，幽咽泉流冰下难。
冰泉冷涩弦凝绝，凝绝不通声暂歇。
别有幽愁暗恨生，此时无声胜有声。
银瓶乍破水浆迸，铁骑突出刀枪鸣。
曲终收拨当心画，四弦一声如裂帛。

这一段摹写音乐的诗句，所以能如此绘声绘色地再现千变万化的音乐形象，主要就是运用一系列比喻，从人们熟悉的声音和事物中，引发出相似联想，表现了音乐的节奏和旋律。那忽而“莺语花底”的轻快旋律，忽而“银瓶乍破”、“铁骑突出”的高潮迭起，使读者仿佛置身于一个“珠圆玉润”的音乐境界，感受到琵琶女那如泣如诉、起伏回荡的心潮，为这位天涯沦落的女子谱写了一曲扣人心弦的悲歌。

象征和比喻不同。比喻是借助具体事物来表现另一个具体事物的特点，是以物比物；象征则是借助具体事物来表现某一种认识和意义，是以物喻理。使用典故就是象征的作用，用典无非是借助历史故事或历史文献中的言辞，来表现对所写对象的认识。历史故事本身有一定的形象性，流传过程中又逐渐凝聚了世人的历史感情，能引发人们种种表象的联想。历史文献中的某些言辞，因为和一定的历史环境、语言环境相联系，也能引发人们某些表象的联想。因此，在写作中，适当地运用典故，能在表象的联想中展开更为复杂的运动，从而以较少的语言，形象地表现出更多的意义。一个贴切的、形象鲜明的典故，它的表现力甚至不是一般语言所能达到。再看辛弃疾的一首词：

永遇乐·京口北固亭怀古

千古江山，英雄无觅孙仲谋处。舞榭歌台，风流总被雨打风吹去。斜阳草树，寻常巷陌，人道寄奴曾住。想当年，金戈铁马，气吞万里如虎。

元嘉草草，封狼居胥，赢得仓皇北顾。四十三年，望中犹记，烽火扬州路。可堪回首，佛狸祠下，一片神鸦社鼓。凭谁问：廉颇老矣，尚能饭否？

这首词借助于孙权和刘裕英雄业绩的回忆，揭露了南宋王朝腐朽苟安，祸国殃民的投降政策，抒发了自己壮志未酬的激愤心情。全词一共五层意思，一层一个典故，除廉颇外，都出于京口（镇江）的故事。这些典故概括了深刻的历史经验，展示了广阔的战斗场面，使作者登临之际，得以冲破时空的局限，驰骋丰富的想象，在悠远广袤的境界里舒卷风云，指点江山，造成宏大的气势，寄托警切的命意，并以精练的语言形式展现出一幅幅生动的历史图景，极大地增强了语言的形象感。没有典故的象征性表述，不可能达到这样的认识深度，也产生不了这样的审美效果。

比喻和象征都是形象化的表现方法。高尔基说，“在诗篇中，在诗句中，占首要地位的必须是形象，表现形象中的思想，比披着字句的外衣，尤其是披着陈腐字句的外衣的思想更为有力。”这是因为人们的认识过程，总是表现为由具体到抽象，由感性认识到理性认识，由感觉、知觉，而产生思维和判断。感性认识不仅直接提供思维和判断的材料，还能调动人们的心理能力，引发种种的想象和联想，丰富信息含量，进而深化人们的思维和判断。这就是各门类艺术都必须给概念以形象的道理。媒体写作要达到自己的传播效果。同样离不开这一认识规律的运用，这是辩证唯物论的哲学规律，也是美学——艺术哲学的规律。

中央电视台《话说运河》第一回标题是“一撇一捺”：“从地图上看，那长城恰似阳刚的一撇，运河正是阴柔的一捺，正好构成中国汉字里一个最重要的‘人’字，人类的‘人’，中国人的‘人’，雄踞在华夏大地上。”作者把运河和长城联系在一起，引发出观众对于有关表象的种种联想和想象，才展现出如此开阔的境界，表现出如此雄浑的气魄。这个开头并没有损害事实的真实性，倒是大大增强了事实的立体性和历史感，概括了广阔的时空内容，因而极大地丰富了人们对于运河的民族自豪感。

比喻和象征可以突现事物之间的相似点，是一种修辞方法。媒体写作使用这种方法，要符合新闻的真实性原则。它只是借助于比喻和象征的语言形象，启发读者去进行再造想象，达到对于新闻事实的理解，了解事物所具有的特点，而并非就是事物的本体。

1982年12月20日，世界著名的钢琴家阿尔图·罗宾斯逝世了，享年95岁。路透社的报道写道：

“两岁那年，他第一次坐在钢琴旁时，便坠入了‘情网’而不能自拔——这种爱情，以后持续了九十多年。他曾经说过，‘我演奏时实际上是在谈恋爱。’钢琴家绝对应该演奏他衷心热爱的乐曲。”

真的爱情，是人类最美好的感情之一，这种感情内容能够被人们充分体验和理解。作者用“爱情”来比喻这位钢琴家对音乐事业的衷心热爱和执著追求，把两个事物之间的相关属性联系起来，就非常深刻而又细腻地表现出钢琴家那美好的心灵世界，突出了人物的特点。

写出事物的动感

世界上万事万物，无不处在运动变化之中，就是人的精神现象，也是在运动过程中形成的。运动是一切物质存在和精神现象的共同属性，所以，我们要表现事物的真实形象，就不能静止地描绘事物的外表，而要从运动中去再现事物的生动形态和内在的质感。

我国古典诗词中的许多静物，总是写得生动活泼、富有生机，都在于以动写静，静中有动，因此显得活动而有精神。请看：

山园小梅

（宋）林逋

众芳摇落独暄妍，占尽风情向小园。

疏影横斜水清浅，暗香浮动月黄昏。

霜禽欲下先偷眼，粉蝶如知合断魂。

幸有微吟可相狎，不须檀板共金樽。

在历代咏梅诗中，这首堪称千古绝唱，主要是第二联“疏影横斜水清浅，暗香浮动月黄昏”，把梅花的体态和风神写绝了。其所以绝，不仅在于“水清浅”、“月黄昏”的背景，衬托了梅花清秀高洁的资质，更在于“疏影横斜”、“暗香浮动”，有一种流动感，使不动的景物显示出了动态的美，它把人们带进了这样一种意境：在朦胧的月光下，稀疏的梅枝伸展在清浅的水面之上，散发着淡淡的幽香，随风飘散，好像“浮动”在空气中一样。连欧阳修也不禁赞道，“前世咏梅者多矣，未有此句也。”

杜甫晚年多病，定居在成都草堂，写有一首《水槛遣心》：

去郭轩楹敞，无村眺望赊（远的意思）。
澄江平少岸，幽树晚多花。
细雨鱼儿出，微风燕子斜。
城中十万户，此地两三家。

这也是一首赞赏自然景物的律诗。诗人长期过着颠沛流离的生活，终于安定下来，凭栏眺望，看到成都草堂境地开阔乡僻的自然景色，有一种离开尘嚣的闲适心情。这首诗的第三联“细雨鱼儿出，微风燕子斜”也是写出了动感，成为传世佳句。“出”字描绘了鱼儿游上水面，喷吐水泡的欢腾，“斜”字则表现了燕子在微风中掠过天空的轻盈。诗人正是捕捉了事物细微的动态，才能写出草堂四周的幽雅恬静和盎然情趣，达到“缘情体物，自有天然之妙。”

王维的《山居秋暝》里也有一联名句：“竹喧归浣女，莲动下渔舟。”这两句先写听到的“竹喧”声音，和看到的“莲动”景象，然后再写“竹喧”和“莲动”的原因，推出浣洗归来的妇女，和沿流而下的渔舟，这样，就构成一幅有层次、有节奏的电影镜头般的活动画面，表现出山居生活的幽趣，创造了一种恬静谐美的意境。

至于处在动态中的事物，就更要表现它的动态形象，才能写得生动真切，富有立体感。辛弃疾报国无门，经常以酒浇愁，他写过一首词：

西江月·遣兴

醉里且贪欢笑，要愁那得工夫。近来始觉古人书，信着全无是处。

昨夜松边醉倒，问松“我醉何如”。只疑松动要来扶，以手推松曰“去”。

上片写醉酒的原因，反语更觉深沉。下片从言语、心理、动作等多方面，写出了神思恍惚的醉意，又写出了摇摇晃晃的醉态，真是活灵活现，惟妙惟肖，一共才二十多字，充分体现了辛弃疾的语言功力。

媒体竞争的主要指标之一是快速反应，当新闻事实刚刚发生，还处在动态发展中的时候，往往就需要发出第一手报道，这类动态新闻本身存在着变化的内容，写出动感，就是写出了它的时间进展的可见性，写出了空间转换的连续性和统一性。

中国乒乓球在世界乒坛上的霸主地位，经常遭到韩国的挑战。刘南奎是韩国的杰出选手，有一次和中国选手滕义进行单打半决赛，《体育报》记者写道：

“1平，5平，9平，12平——这是滕义同刘南奎争夺男单前四名之战的开始。

“滕义久攻不下，比分拉不开，急得用球拍当扇子直扇风，静下心来，灵机一动，他改变了战术，狠逼反手。刘南奎不甘心只推不攻，连续侧身。滕义突然变线，扣杀正手。刘南奎奔跑扑救，放举高球。滕义跳起来狠扣，一个放，一个扣，场面自然很精彩，可优势却暗暗转向了滕义一边。拿下一局，再拿一局，第三局战到20比15时，滕义大吼一声，狠命扣中，终于把夺魁呼声最高的刘南奎淘汰出局。”

这条新闻不过一百多字，但整个比赛的进程，运动员心态的微妙变化，竞技动作的惊险激烈，都写得有声有色，绘形绘神，充分表现了“智取”的特点。这种写出动感的动态新闻，比起报道一个战绩，加一点用乒乓球术语组成的过程叙述，要精彩有趣得多。它的成功之处，就在于把动态新闻放在一个连续不断的时空实际中，让读者去直接体验新闻在感觉上的深度。

写出事物的动感，就是要抓住事物的转折性节点，给予显著性表现，并把他们连接为一个节奏分明的过程，展现出它们在运动中的发展。

警句：语言的花朵

晋代文学理论家陆机说，“立片言以居要，乃一篇之警策。”（《文赋》）可见警策的语言是一句话，一段话，在诗文中居于关键的地位，是使全篇增辉生色的语言，我们可以称之为警句，它是语言的花朵。

诗文中要有警句，就像舞蹈中要有感人的，激情的动作，音乐中要有表达热情和激情的乐句，电影和话剧的对话中要有精彩的台词一样。一部电影如果对话很多而又不精彩，就很难说有较高的思想性和艺术性。写诗作文如果通篇没有使人振奋，发人深省的语言，也很难说是一篇佳作。写作中经常出现这样的情况，平淡的语言一旦与警句相结合，并形成整体之后，就会出现艺术升华，全文改观。

悯　农

（唐）李绅

春种一粒粟，

秋收万颗子。

四海无闲田，

农夫犹饿死。

这首诗的前两句，说明土地给予农民的报酬是慷慨的，丰实的，语意平常。但再读后两句：“四海无闲田，农夫犹饿死”之后，感受便突然改变，引发出深沉的社会思考，全诗的思想顿现异彩，而成为我国古典文学中的优秀篇章。由此可见警句的重要。

警句不同于诗眼和文眼。诗眼和文眼是透露主题的窗口，警句则是照亮主题的光焰。从警句同诗眼、文眼的联系和区别中，可以看出，警句的特征是，它能集中地反映事物的本质和特点，给人以深刻的启示，或愉悦的审美感受；警句是思想和艺术的结晶，是诗文中的闪光点。古典诗词中的许多传世之作，所以受到人们的广泛喜爱，往往就是其中的某些警句，使人读了意兴纵横，感悟极深。人们结合自己的阅历、思想和艺术趣味，再给这些警句注入新的体味，便能产生激励人们在各种矛盾斗争中前进的思想力量。

望　岳

（唐）杜甫

岱宗夫如何？齐鲁青未了。
造化钟神秀，阴阳割昏晓。
荡胸生层云，决眦入归鸟。
会当凌绝顶，一览众山小。

这首诗咏赞了东岳泰山：登山远望，齐鲁大地，无边葱绿，尽收眼底；近看山前山后，阴阳分割，神奇秀丽；云气层层涌来，如在胸中荡漾；暮色笼罩，归鸟投林，眼角都看得发裂了，但还不能离去；泰山啊，我一定要登上你的绝顶，再看脚下的群山，就会显得很小了。这最后一联“会当凌绝顶，一览众山小”，正是全诗立意精警之所在，表达了诗人的高远志向和坚毅精神，能开阔人的眼界和心胸。胡耀邦同志就曾引用这联诗句，鼓励大家要以这种“凌绝顶”的精神为建设现代化的社会主义祖国而奋斗。

宋代女词人李清照词风婉约，但在金人入侵中原时，也曾写过激昂诗篇《乌江》：“生当作人杰，死亦为鬼雄。至今思项羽，不肯过江东。”南宋灭亡时，文天祥抗敌被俘，决心以死报国，写下《过零丁洋》，最后两句是“人生自古谁无死，留取丹心照汗青”。这些句子都凝聚了高度的爱国主义精神，成为我们民族语言中的精华。

有些句子虽无启人智慧的深刻寓意，但抒情真挚，感人肺腑；写景自然，怡人耳目；想象新颖，出语隽奇，能在艺术上给人以美的感受，因此受到人们的喜爱。例如：

虞　美　人

（南唐）李煜

春花秋月何时了，往事知多少？小楼昨夜又东风，故国不堪回首月明中。
雕栏玉砌应犹在，只是朱颜改。问君能有几多愁，恰似一江春水向东流。

李煜的词写亡国的哀痛，是出于对帝王生活的怀恋，没有多少积极意义，但在艺术上有独到之处。这首词中的“问君能有几多愁，恰似一江春水向东流”，堪称精粹。用一江春水比喻愁的多，用春水东流比喻愁的无尽，概括性强，比喻形象而具体，感情真实而深刻，使人在审美情感上得到了满足。我国著名电影《一江春水向东流》片名就出自这一警句。这就是一种艺术美。

山　行

（唐）杜牧

远上寒山石径斜，白云生处有人家。

停车坐爱枫林晚，霜叶红于二月花。

这是一幅美丽的图画：深秋的大自然被描绘得如此绚烂，霞满云山，枫染层林，是一个令人心醉的火红的世界。作者以独具的见地和才力，一扫秋天落叶断枝的衰飒和忧伤，赋予这个季节以溢彩流丹的构图和暖色，产生了一种热烈的，充满生机的美感效果，所以流传千古。

警句因为有着发人深思或引人吟味，即思想和艺术两方面的作用，古今中外，有成就的作家都十分重视锤炼语言中的警句。杜甫曾在一首诗旦写自己“为人性僻耽佳句，语不惊人死不休”，“佳句”指的就是警策的语句，可见他是何等重视警句的提炼了！写诗如此，写其他作品又何尝不是如此。越是篇幅短小，越要注意语言的警切精美，才能撼动人心，引起共鸣。

媒体写作中，记者不宜发表主观性议论，但不等于报道中不可以有警句。记者可以从采访对象口中，发现那些发人深思或引人吟味的话语，作为警句客观地报道出来，提升新闻内容的精彩度。新闻中的信息，无非存在于事件和人物的内容里。人物的语言是贮存和释放信息的重要手段，有直接引语和间接引语。西方的新闻报道更多地使用直接引语，具有更大的可信性，往往是人物讲话中最重要、最本质的意思所在，它所传递的信息还具有集中性和潜在性的优点，能够闪现警句的深刻性内涵，是间接引语不可比拟的。

美联社记者在访问中国清皇族的代表人物爱新觉罗·溥杰后写道，他说，声音是那样安详，“我并没有忘记过去。老实说，过去的物质生活比现在好得多，但那时我和人民水火不相容，当然，我从来没有想过到人民中去，而现在，我成了人民中的一个成员”。读者从这一坦诚的，没有矫饰和遮掩的话语中，感受到这位清朝贵族在历经沧桑变化，终于认识自我以后的心态：解脱、和谐和充满恬静的满足。一个代表性人物的话语，能够反映了中国社会的深刻变化，让人浮想联翩，这就是警句。

2010年3月5日，温家宝总理在第11届人大3次会议上作了政府工作报告，中央电视台主持人鲁健报道说，“温总理在报告中有一句话让我感受特别深刻，他说，‘我们不仅要通过发展经济把社会财富这块蛋糕做大，这是政府的责任；我们也要通过合理的收入分配把蛋糕分好，这是政府的良知。’”温总理话中的“政府的责任”和“政府的良知”，可谓意涵深刻，掷地有声。“责任”是分内应做的事，是政府人员的天职，是法律层面的要求；“良知”则是天赋的道德观念，反映政府人员道德操守，是做人的品质要求，这样的直接引语，不仅触动人的思想，还感受到心灵的震撼，就是深切动人的警句。

深刻的见解触发读者的思考

警句如果要启迪人的认识，自己就要有认识，能从自然和社会的事物中概括出一定的事理，表达出一种深刻的见解。古典诗词中有一类咏史诗，在历史遗迹的凭吊中，感发自己的咏叹，暗示千古兴亡之所由，给人以深刻的启示。其议论之高，见识之卓，是这类诗词流传下来的主要原因。

金陵怀古

（唐）刘禹锡

潮满冶城渚（zhǔ），日斜征虏亭。
蔡洲新草绿，幕府旧烟青。
兴废由人事，山川空地形。
《后庭花》一曲，幽怨不堪听。

金陵是六朝古都。六朝帝王们凭借这里地理环境的优势，纵情享乐，先后亡国。刘禹锡由和州返回洛阳途中，路经金陵，有感于此，写下这一诗篇。前两联写景。“冶城”是当年东吴冶铸兵器的地方，早潮上涨，满江风涛，已经不可寻觅，剩下一些土堆。傍晚时分，斜阳的余晖抹在征虏亭上，东晋征虏将军当年在这里宴请宾客的场面不复存在。如今，江心的蔡洲长满了绿草，雄视大江的幕府山，仍像往昔一样，升起缕缕青烟。山川风物，在历史的风雨中没有多大改变，只是繁华不再，这是什么原因呢？后两句便是诗人的议论，也是这首诗的思想精华：“兴废由人事，山川空地形。”他认为，山川地形的险要不足为恃，国家的兴衰，主要取决于政治的好坏。南朝后主陈叔宝所作的《玉树后庭花》内容颓靡，是公认的“亡国之音”，刘禹锡借史讽今，暗喻当时的唐王朝统治者正在步历史后尘，依托关中平原，沉溺声色享乐，实在是不足取的。晚唐诗人杜牧诗云“商女不知亡国恨，隔江犹唱《后庭花》”即出于此。到这时，唐王朝已趋没落，印证了刘禹锡诗中的见解。

刘禹锡反对因循守旧，主张不断革新，因此在政治上遭到打击，贬官边地，长达二十三年之久。但他对世事变迁和仕宦升迁，抱着旷达的胸怀。有诗为证：

酬乐天扬州初逢席上见赠

巴山蜀水凄凉地，二十三年弃置身。
怀旧空吟闻笛赋，到乡翻似烂柯人。
沉舟侧畔千帆过，病树前头万木春。
今日听君歌一曲，暂凭杯酒长精神。

首联感叹自己，次联怀念故旧，许多老友已经去世，只有吟诵《闻笛赋》来悼念了。第三联是全诗的思想核心：“沉舟侧畔千帆过，病树前头万木春。”这里的“沉舟”和“病树”都是自嘲，意思就是，我虽然长期沉沦，但看到同僚们高升，直如千帆过去，万木逢春，还是应该高兴的。这是对乐天（即白居易）赠诗的回答：请不必为我这些年的寂寞、蹉跎而伤感，我还是要“长精神”，坚持自己的道路。这说明刘禹锡有高远的思想境界，并不以一己功利作为立身处世的标准。他在诗中虽然流露出某种惆怅，但那坦然超脱的襟抱，奋进不已的执著，仍然给人以深沉的感动，启示人们在逆境中如何做人。这联诗句在十年“文革”时期，曾经被用来表示新事物必将取代旧事物的历史潮流不可阻挡，和作者的原意大相径庭，是一种实用主义的曲解。我们并不应拔高古人的思想。

古典诗词中，还有一种咏物类题材，是一种比兴手法，“比显而兴隐”，借物的咏赞，表达一种高尚的志趣和情操，给人以激励和启示。这方面的开山之作，当推屈原的四言诗《桔颂》：

后皇嘉树，桔徕（同“来”）服兮。（桔树是天地所生的好树，适应南方的气候和土壤）

受命不迁，生南国兮。（天性不能迁移，只在南国生长。）

深固难徙，更一志兮。（根深蒂固，难以迁移，意志专一）

绿叶素荣，纷其可喜兮。（绿叶白花，蓬勃生气，让人喜欢）

曾（同“层”）枝剡（yǎn）棘，圆果抟兮。（层层枝条上长着尖刺，结着圆圆果实）

青黄杂糅，文章烂兮。（果实成熟时，青黄连接，皮色灿烂）

精色内白，类任道兮。（鲜亮皮色，白色内瓤，似是一个可担重任的人）

纷缊（yùn）宜修，姱（kuā）而不丑兮。（香气浓郁，形体合适，美好得无可类比）

以上第一段，写桔子的内质和外形，下面第二段，托物言志：

嗟尔幼志，有以异兮。（啊，你幼年的志向就与众不同）

独立不迁，岂不可喜兮。（你品格独立坚定，怎不叫人欣喜）

深固难徙，廓其无求兮。（你根固难移，是因为心胸开阔，没有私利追求）

苏世独立，横而不流兮。（你清醒地独立世上，横绝突兀，永不随波逐流）

闭心自慎，终不失过兮。（你深思自慎，终身不做坏事）

秉德无私，参天地兮。（你大公无私，美德高出天际）

……

《桔颂》是屈原早期诗作，当时，诗人在政治上还没有遭到楚国贵族势力的迫害和打击，便能以极大的热情追求自己的理想，立志为祖国做一番事业，成为一个有高尚节操的人，为日后的整个生活道路打下了坚实的思想基础。屈原实践了自己的志向，他在遭到诬陷被迫流亡之后，所写的许多杰出诗篇，如《离骚》，表现出对祖国，对乡土的眷恋，对贵族腐朽势力的嫉恨，与《桔颂》的内容和感情是一脉相承的。因此《桔颂》可以说是了解屈原伟大人格的自我写照，是屈原的一座诗碑。

咏物诗既要咏物，又要写人，是咏物与抒情的结合，要寓情其中，而不是附情其外。如果只是停留在咏物上，无论写得怎样曲尽妙处，总是意义不大，境界不高，只有在曲尽事物的基础上，写出人物的情思，不停留在物上，咏物就有了含义，才能启迪人的智慧。

古典诗词中的咏史或咏物，都是诗人的一种寄托，是一种主体意识的感发，它和媒体写作反映客观事实的要求，有目的性的不同，自不可同日而语。但媒体写作的视野广阔，方法灵活，凡见解深刻，能启迪智慧的抒情性、议论性内容，只要有出自新闻人物的依据，记者就完全可以作为事实写进自己的作品，同样能产生古典诗词的艺术魅力。

新华社有一篇通讯《保持共产党人的本色——沈鸿同志的从我做起，从每次件事做起》，是一篇延安精神的颂歌。通讯开始写道：

在国务院机械工业委员会副主任兼一机部副部长沈鸿家的书房里，写字台玻璃板下压着一张纸，已经由白变黄了。那是周恩来总理逝世后，沈鸿从诗人赵朴初的“挽诗”中摘录下来的：

无私功自高，不衿威益重。

云鹏自风抟，蓬雀徒目送。

这首五言绝句，前两句咏赞了周总理的人格特质、历史贡献和崇高威望。后两句是说，大鹏可以在云中翱翔，草间的小雀却只能徒劳仰望，是永远不可及的。在这里，云鹏暗喻总理，蓬雀比做江青之流。“文化大革命”期间，周总理苦撑危局，却因不愿与“四人帮”同流合污而遭到江青之流的迫害和贬损。这两句是对当时历史背景的高度概括，更加衬托出总理那永远值得人民纪念的伟大风范。一共 20 个字，见解之透，启迪之深，已成为这篇通讯的最大亮点。

用敏锐捕捉细节

语言无非是用来反映我们对客观事物的认识，表达我们的思想感情，因此，对客观事物的敏锐观察，是做到语言精警的前提条件。敏锐的观察主要表现在两个方面，一个是敏锐地观察到事物的本质，另一个是敏锐地捕捉到事物的特点。这两方面当然不是可以截然分开的。

南宋诗人叶绍翁有一次去看望朋友，主人不在家，没能进去。正觉扫兴的时候，看见墙头上伸着一枝红艳艳的杏花，便敏锐地想到那满园的春色。于是写诗记叙此行，并抒发感慨。

游园不值

应怜屐齿印苍苔，小扣柴扉久不开。

春色满园关不住，一枝红杏出墙来。

意思是，主人当会同情我的木屐在苍苔上已经印出了痕迹，园门却好久也没有敲开。园门虽紧，那满园的春色已经关不住了，一枝红杏不是伸出墙外来了么！诗人透过一枝红杏花，仿佛看到了那满园的春色，表现了满园的春色。也许是作者的寄托，也许是后人的理解，这两行诗句便用来表现一切有生命力的事物，都是不能禁锢的，它必将冲破封锁，透出勃勃的生机，这是事物本质所决定的。诗人抓到了事物的本质，所以能一语惊人。

宋代还有一个诗人叫徐俯，是苏门四学子之一黄庭坚的外甥。他写过一首诗，也是传诵一时：

春游湖

双飞燕子几时回？夹岸桃花蘸水开。

春雨断桥人不渡，小舟撑出柳荫来。

这首诗写江南春湖景色，主要是抓住了特点。画面上有双飞的燕子，夹岸的桃花，一静一动，静中有动，都能表现春天的景象。但诗人不是直白写出，而是对空发问，双飞的燕子啊，你什么时候飞回来？透出了一种惊喜之情。桃树夹岸，可见其密，桃花蘸水，表现花开之盛，一个“蘸”字，可谓神来之笔。后两句写出了一个小小的情节，更为传神：春天多雨，雨后水涨，桥被淹没了，游人走不过去，正在着急的时候，一只小船从柳荫处撑了过来，慢慢悠悠，越来越近，此时此刻，它会给游人带来怎样的惊喜呢？ 这两句写出了江南水乡的风光和情趣，真是历历如画，精彩极了。

法国作家福楼拜曾对他的学生莫泊桑说，“对你所要表现的东西，要长时间很注意地观察，以便能发现前人没有写过的特点。任何事物里，都有未曾被发现过的特点，但人们往往习惯于回忆前人对这事物的看法，却忽略了最细微的事物里，也会有一点点未被认识过的东西，等待我们去发现。”

美是一种肯定性价值，无处不在，但没有审美的艺术敏感，是不可能发现并捕捉到它们的特点的。审美的敏感，并非艺术家的“专利”，而是人们在生活实践中不断发现和孕育出来的一种文化积淀，是人对客观事物的一种“我”化了的反映。正是生活实际中的美，孕育了诗人的审美感受，他才能将这样的素材，信手拈来，而不显得矫揉造作。这对我们写作新闻作品，也是一种可贵的启示。

记得在“文化大革命”中，林彪在天安门城楼上检阅数以万计的“红卫兵小将”。一位西方记者报道说，“林彪挥动着手里红色的毛主席语录，他的食指夹在书页的中间，好像刚刚看过，马上还要再看一样。”这位记者可真是观察敏锐，捕捉及时了。

某些特征鲜明的细节既可帮助读者深入理解新闻的主题，又可以使他们获得一种感性的解释，这在西方媒体很受重视，称为“宝石”。但细节瞬间即逝，需要及时捕捉。曾获普利策新闻奖的新闻名篇《甘地遇刺：父亲死了》，写刺客向他开了三枪后，“甘地当即摔倒在地，他用印度教的手势，举手至额，以示宽恕他的刺客。”“他临死前没有说一句话，在开枪前的一瞬间，他说——一些目击者相信他是对刺客说——‘你来晚了。’”甘地是一个和平主义者，领导印度人民争取民族独立运动中，倡导不合作思想。这两个细节说明，他至死坚持这样的精神，这是甘地的伟大。他的不幸遇刺，是一起突发的世界性重大事件，记者能敏锐观察，及时捕捉到这些细节，说明他训练有素，具有高超的新闻专业能力。

写出人物的内心世界

写作的内容，无非是人、事、物，人是核心。离开了人的活动，就没有事的发生，没有物的发现，所以写人最重要。而表现人物的重要手段，归纳起来无非两种方法，一种是写人物的语言、行动和表情等外部表现，另一种是写人物的内心活动，揭示其思想、心理等精神世界的奥秘。两者紧密联系，但前者是表象，后者才是实质，是人物形象能否站立起来，并具有典型意义的根本标志。

古典诗词限于篇幅，即便在叙事诗中，也以描写人物心理或人物自我的心理表白作为表现人物的主要手段。二者各有所长，但毫无疑问，人物的自我剖白能够不受限制地、更深刻地表现人物的心理活动。

李白有一些以爱情和离别为题材的诗篇，就出之于女子的口吻。例如《长干行》，抒写了一个商妇对远出在外的丈夫的思念。商妇和丈夫是由两小无猜的童年伴侣结为夫妇，所以感情弥笃，但婚后不久，丈夫便外出经商去了。诗歌通过人物的内心独白，回忆了“郎骑竹马来，绕床弄青梅”的童年生活，回忆了“低头向暗壁，千唤不一回”的初婚情景，然后集中抒写了丈夫远行以后，自己的忧伤和思念：

门前迟行迹，一一生绿苔。
苔深不能归，落叶秋风早。
八月蝴蝶来，双飞西园草。
感此伤妾心，坐愁红颜老。
……

那温柔细腻的感情，“直从胸臆中流出，萦回曲折，一往情深”，步步深入地展示那纯朴的性格和忠贞的爱情。

最感人的莫过于屈原在他的著名抒情长诗《离骚》中的内心独白：

众皆竞进以贪婪兮，凭不厌乎求索。

羌内恕己以量（猜度）人兮，各兴心而嫉妒。

忽驰骛以追逐兮，非余心之所急。

老冉冉其将至兮，恐修名之不立。

朝饮木兰之坠露兮，夕餐秋菊之落英。

苟余情其信姱（美好）以练要（纯美高尚）兮，

长颇颔（饥饿状）亦何伤！

虽不周于今人兮，愿依彭咸（古贤臣，投水而死）之遗则。

亦余心之所善兮，虽九死其未悔。……

长太息以掩涕兮，哀民生之多艰！

……

举贤而授能兮，循绳墨（法度）而不颇。

皇天无私阿兮，览民德焉错辅。

夫维圣哲以茂行兮，苟得用此下土。

瞻前而顾后兮，相观民之计极。

夫孰非义而可用兮，孰非善而可服？

……

在节选的第一段里，诗人以强烈的义愤抨击楚国腐败贵族集团，指责他们"皆竞进以贪婪"、"各兴心而嫉妒"，前一句揭露他们贪婪追求私利的本质，后一句痛斥他们嫉妒贤能的行径。"竞进"，竞相追逐，"兴心"，打主意，此处指玩弄阴谋。对于他们这种争权夺利的所为，诗人轻蔑地自白："非余心之所急"，他想的只是"恐修名之不立"，是要树立一个好名声。为此，诗人表示，即便饮露餐菊，长期忍受饥饿，也没有什么悲伤的。诗人坚持这样的人生信念，并决心以死殉国，把它看成是值得用生命代价去追求的高尚品德。在国君昏庸，奸佞当道的楚国政治现实中，屈原毫不犹豫地把自己置于反动统治集团的对立面，从鲜明的对比中，展示了自己俊杰的人格形象，表现出一种崇高的美。这是屈原留给我们民族最宝贵的精神遗产。

节选的第二段诗句，是屈原对理想的集中表述。针对楚国当时的政治积弊，诗人提出了一系列革新主张，想把楚国建成一个强大的国家。其中最重要的是"举贤而授能"，"循绳墨而不颇"。所谓"举贤而授能"，就是不分贵贱地选用贤能人才，把治理国家的权力交给他们，这是用什么样的人治国的问题。所谓“循绳墨而不颇”，就是修名法度，无私地按法度办事，“颇”，偏私。这是如何治国的问题。在《离骚》中，诗人多次提到“民”字，这是贯穿屈原理想的一条思想主线。在皇权高于一切的封建专制时代里，直接向国君说教是一种犯上的行为。“皇天无私阿兮，览民德焉错辅。”诗中假托上帝会无私地辅助有德行的人，提出只有具备美德才智的君主，才能享有天下。不义不善的人，上不为上帝所用，下不为人民所服。这些话委婉曲折，是借上帝的神权，劝请国君爱民的一种讽谏。屈原追求政治革新的进步性，就在于他的爱国理想中渗透着人民的精神。

由于这种政治要求触犯了楚国贵族集团的利益，他受到了重重的迫害和打击，被迫流亡出走。但是他没有放弃对未来道路的探索。他最后写道：

路漫漫其修远兮，吾将上下而求索。

“修远”，长远；“上下”，上天下地；“求索”，追求寻找。诗人以冷静的思考，艰难的准备，表达了矢志不渝的决心。这是在深沉凄怆的政治氛围中，唱出的执著追求真理的赤子心声，涌动着一种悲壮的美。

屈原在《离骚》中的深情独白，袒露了自己的精神世界，彰显了一个伟大的灵魂，是我们伟大民族的骄傲。两千多年来，多少仁人志士从他那充满爱国情感而又警策动人的诗句里，汲取了鼓舞的力量。温家宝总理在2010年3月14日的全国人大第11届3次会议结束的记者招待会上，就引用了“亦余心之所善兮，虽九死其未悔”抒发他的心志。可见无论在思想和感情上，《离骚》的丰富蕴涵都是无可匹比的，真可谓“绝唱高纵，久无嗣响”。

媒体写作中的人物，不仅要写他们做什么，还应该写出他们怎样做，揭示其复杂的内心状态，展现其内心隐秘的内心世界，让人物的活动具有可信的思想基础，才是有生命的人。

但人物的内心世界是纯主观的意识活动，是一个隐秘的世界，而媒体写作必须遵守客观性原则，既不能像文学创作那样，依靠自己的想象去描写人物的心理状态，又必须把人物的心灵世界表现出来，才能写出人物的深度，唯一的方法就是白描。

白描原是中国画中用墨线勾描物象，不着颜色的画法，借用在这里泛指一种表现手法，即使用简笔勾勒，不加烘托，以形传神地刻画出生动鲜明的形象。在新闻写作中，白描是不可缺少的艺术技巧。因为人对客观世界的认识过程总是从感觉开始。感觉是认识的基础和来源，能引起思维中的表象运动，产生丰富的想象和联想，它在认识运动中所起的作用，不是其他认识形式所能代替的，这对于表现人的人的内心世界尤为需要。人们常说“言为心声”、“察言观色”意思就是，人的情感活动和心理现象会从他的语言、表情和动作中透露出来。《简·爱》里有一句很深刻的话：“灵魂在眼睛中有一个解释者，——时常是无意的，但却是忠实的解释者。”对这些外化的现象，进行准确的白描，就可以把人物的内心世界揭示出来。

公审“四人帮”是重大的新闻事件。新华社的通讯《在被告席上》写道：

“在两名身穿蓝色制服的女法警押送下，一心想当‘女皇’的野心家江青走进了法庭。今天她身穿黑色上衣，脚穿黑绒棉鞋，头发照旧梳得溜光，鼻梁上架着一副深色宽边眼镜，一举一动还保留她惯有的那种矫揉造作的姿势。她还运用了当演员时的一点表演技巧，在众目睽睽之下，故意抬着头，把脚步放得很慢，做出一副令人恶心的样子。她的席位排在被告席中间的一个铁栏里，在宣读《起诉书》的过程中，她有时摇头晃脑，有时左顾右盼，以掩饰自己心头的不安。

“在十年动乱中诡计多端的张春桥，今天在法庭上一直歪着脑袋，不是歪到这边，就是歪到那边，他的两个嘴角向下撇着，两只眼睛左右斜视，还是群众形容的那副‘奸臣相’”

江青历来飞扬跋扈，仗势欺人，现在落到受审的地步，威风扫地，便在表面上故作矜持。她故意抬着头，表示不把法庭和审判长看在眼里，脚步放得很慢，似是镇定自若，实则以夸张神情显示自己的身份感，稳住内心的慌乱。张春桥一贯阴险狡诈，用斜视的眼神窥探左右，是自知大势已去，黔驴技穷，与其低头认罪也救不了自己，就不如以沉默的轻蔑进行虚弱的抵抗，支撑自己的形象，以待政治风云的变幻。这两段文字是通讯中的叙述重点，记者不作形似肖像的细致描写，而是抓住人物外形、行为、状态上的某些特征性表现，暗示其内心的活动，揭露灵魂的丑恶，这就是白描技巧的艺术表现力。

简洁是白描的外在特点，传神是白描的内在品格。它凭借虽少，却能要而不繁，切中肯綮，表现出事物的生命和神韵。新闻中写人状物，不要做静止的烦琐的描写，更不要有脱离事物特征的空泛形容，诸如“高兴地说”、

“悲痛万分”等等，这类缺乏表象活动的干瘪语言，不能引发读者的想象和联想，对于表现人物的内心世界便毫无作用。

选好主要的表现角度

角度是人们观察事物的出发点、切入点和聚焦点。可以有不同的角度，但必须选定一个主要的角度，以这里看去，最能把观察对象的特征突出地表现出来。桂林有座老人山，形状像个静坐的老人，但不是从哪个角度看它都像老人，只有爬到明月峰上看去，老人山的特征才显现出来。状物如此，叙事也如此。杜甫的组诗“三吏”、“三别”，描写了“安史之乱”给人民带来的惨重灾难，是反映当时社会现实的一面镜子，但主要的表现角度不同。“三吏”从官吏一方着笔，采用问答体，通过官吏的回答，赤裸裸揭露官吏的狡狯、残暴和吏治的腐败。“三别”则从人民一方落墨，选择了三种不同身份的人，以人物独白形式直接写出了他们被迫从军，辞亲别家的痛苦经历。

角度的选择，关系到主题的意义和审美的效果。请看两首梅花诗；

一树寒梅白玉条，迥临村路傍溪桥。
不知近水花先发，疑是经冬雪未消。

到处皆诗境，随时有物华。
应酬都不暇，一岭是梅花。

第一首正面取像，像特写镜头。首先映现出那晶莹如玉，皎洁似雪的一树寒美，给人以明丽的美感。然后镜头拉开，出现村落、溪桥的全景，看过去整株大树都是白的。“疑是经冬雪未消”，诗人竟错把梅枝看成了雪枝，可谓“错”中见奇了。

第二首则着墨于四周的环境，用摇镜头展现出那处处富有诗情画意的美丽景物，和那熙来攘往的赏花游客，末句才带出“一岭是梅花”的全景。诗人虽然没有直接描绘梅林的广阔、明艳和幽香，但从画面创造的氛围中，读者已领略到梅岭景色的不同寻常了。如果采取正面取景，便难于产生如此蕴涵丰富的审美效果。

多角度地进行细描刻画，对事物作面面观，可以形成具有立体感的艺术形象。请看下面这首：

落　　梅

（清）律然

和风和雨点苔纹，漠漠残香静里闻。
林下积来全似雪，岭头飞去半为云。
不须横管吹江郭，最惜空枝冷夕曛（落日余晖）。
回首孤山山下路，霜禽粉蝶任纷纷。

前四句分别从颜色、香气、林下、岭头等不同方面，精心刻画了落梅的情态，是正面直写；后四句则抒写了主观感受，描绘了孤山路下，鸟飞蝶舞的景象作为映衬，面对特定的境界，回想梅开时的盛景，又增怀恋和惆怅，扩大了人们的审美感受。

媒体报道不可能面面俱到，也要选择一个最好的角度，表现一个特定的主题。美国合众社记者访问了孔子的故乡曲阜，他写道：

"到达曲阜的最美妙时刻或许是天黑之后。从火车站到县城的半小时汽车行程中，沿着漆黑的乡间公路奔驰，在汽车前灯射出一开一闭的光柱里时不时闪出幽灵似的骑自行车人的身影。

"突然间，一座巨大的环形砖砌城楼隐隐映入眼帘，汽车穿过城楼下面深邃的城门洞，耳边响起从时光剥蚀的城墙上折回的隆隆回声。

"被浮云掩住的月光映照在这座古城的女墙上，这或许是参观古老曲阜最吸引人的序幕了。"

记者选择夜入曲阜展开他对这座古城的描写，是一个迷人的角度。第一段写乡间公路上，在汽车光柱里不时闪过骑自行车人的身影，透出中国特有的风情神韵；第二段写进入巨大城门时的隆隆回声，不禁引起人们对中国古老文化的历史联想；第三段写回望古城上的浮云、月光和女墙，使人从静谧中感受到一种诗意的美。在这里，既有动象，又有静景，动静结合地把这一段行程中的景物写活了。读者闭上眼睛，脑海里便会映现出那文化积淀深厚的曲阜的图像，一开始就给人以历史的神秘感。

长城是最伟大的世界景观之一。美国《迈阿密论坛报》记者却从另一个独特的角度进行了报道。他写道：

“迟至目前人们才知道人类最伟大的工程之一——万里长城正在一块砖一块砖地逐渐消失，这是多么令人难以置信的事。

“然而，就真有这样的事，所以中国政府出面加以制止。中国没有万里长城还叫中国吗？难道世界各地的旅游者不远万里跑到中国来参观不成为长城的长城吗？

“这件讨厌的事，责任并不在从中国历史文物上撬掉几块砖，或是在风雨侵蚀的砖石上刻下自己姓名的庸俗的游客身上。

“不是的。真正破坏者是中国北方的贫苦农民。他们没有考虑到长城所象征的光荣历史，只把它当作建筑材料的来源。”

这是一个崭新的角度，记者让人们看到了一个令人担忧的事实，那就是长城面临的危机，这个主题比报道长城的雄伟更具重要意义。选择这个独特的角度，说明记者有前瞻的思维；他对中国的深层关注，说明他对世界古老文明的历史遗产，怀有强烈的保护意识。

化景物为情思

自然景物具有各种属性和特征，他们和人的性格品质，生活感情会有相似之处，能够引起人们的联想。因此，在景物描写中，根据主题的需要，把自己的感情意念，融进景物中去，化景物为情思，变客观为主观，可以造成幽远的境界，产生无穷的意味，达到抒情的目的。

这种用景物烘托思想感情的写法，早在《诗经》里就已经有了。例如《秦风·蒹葭》，表现一个青年男子想去寻找自己心爱的姑娘，在河边徘徊往复的情景：

蒹葭苍苍，（芦苇密密苍苍）
白露为霜。（白露凝结为霜）
所谓伊人，（我的心爱人儿）
在水一方。（她在河水那旁）
遡洄从之，（逆流上去找她）
道阻且长。（道路艰难漫长）
遡游从之，（顺流下去找她）
宛在水中央。（像在水的中央）

开头的“蒹葭苍苍，白露为霜。”就是写景，描绘出深秋早晨河边凄清迷茫的画面，烘托出男子寻求“伊人”而不可得的心情。

再如《小雅·采薇》，描写出征士兵在归途中回忆同猃狁（xiǎn yǔn）作战时的艰苦情况，以及猃狁侵扰带来的生活灾难，最后写道：

昔我往矣，（想我离家时光）
杨柳依依。（杨柳随风飘扬）
今我来思，（如今征战回来）

雨雪霏霏。（雪花纷纷扬扬）
行道迟迟，（一路慢慢走来）
载渴载饥。（饥渴煎熬肚肠）
我心伤悲，（我的心儿凄怆）
莫知我哀。（谁知我的忧伤）

在这一章里，作者借助景物的描写，抒发了忧时伤事的感情。“杨柳依依”，使人感受到征人离家时的那种眷恋之情。“雨雪霏霏”，则又展露了他在归来途中的凄苦心境。说明景物描写，可以创造特定的艺术氛围，加强人的心理效果，形成景物描写和人物感情的浑融妙合。

氛围的创造不同于具体表现社会生活的环境实写，也不同于寄托思想感情的主观抒发，而是通过景物描写，借助人的心理感受，为人物的活动、事件的发展，烘托出必要的气氛和情调，达到感染人的目的。

元代的散曲小令里，马致远的《天沙净·秋思》就是运用了这一手法：

枯藤老树昏鸦，小桥流水人家，古道西风瘦马。夕阳西下，断肠人在天涯。

这首小令表现了一个异地游子对于故乡的思念之情。五句中，只有最后一句“断肠人在天涯”是从正面抒写了游子的感情。诗人以主要的笔墨勾画出一幅深秋景象的图画，造成了凄清、孤独、暮色阴沉的浓重氛围，给人以强烈的感染。这首小令虽然情调比较低沉，但在艺术上获得了很大的成功，被誉为“寥寥数语，深得唐人绝句妙境”。所谓“绝句妙境”，在很大程度上，指的就是描绘景物，烘托氛围，以表现情思的艺术效果。

在媒体写作中，只有和人的活动联系在一起、和事实联系在一起，景物才能成为写作内容的一部分。媒体写作并不就是叙写干巴巴的事实，事实中的人物，在特定情景下有情感活动的存在，需要记者去发现，而作为写作主体的记者，由此产生一定的精神感受，也是情感的一种体验，于是他所描写的周围的景物，也便似乎有了某种感情意蕴，有了灵性，成为可以表情达意的对象。构成特定的情感氛围，新闻内容也便有了更丰富的表现。这就是化景物为情思的美学追求。

《纽约时报杂志》有一篇特稿《奥斯维辛没有新闻》，荣获当年普利策新闻奖。奥斯维辛是波兰的一个小城，二次大战期间，德国法西斯在那里建立了一座集中营，用各种毒刑杀害了平民和战俘四百多人，其中大部分是犹太人，犯下了人类历史上空前残酷的杀人罪行。这篇特稿有一个另外的名称叫《布热金卡：阳光明媚，鸟语花香》。它是这样开头的：

“从某种意义上说，在布热金卡，最可怕的事情是这里居然阳光明媚温暖，一行行白杨树婆娑起舞，在大门附近的草地上，儿童们在追逐游戏。

“布热金卡的太阳居然在照耀，这里居然有光亮，有绿树，有儿童的笑声，——这简直是不可思议的，就像在噩梦中发生的事情一样。布热金卡应当是个永远没有阳光、百花凋谢的地方，因为这里曾经是人间地狱。”

阳光明媚，树叶婆娑，草地如茵，儿童嬉戏，这些和平美好的事物会自然地在人们心中引起一种肯定性体验。但是记者却认为，在布热金卡，这一切成了“最可怕的事情”，似乎布热金卡不该这么美好，虽然它已经告别了灾难的过去，重新展现美丽的景貌，它在人们记忆中却永远和最可怕的灾难联系在一起，每一个到这里参观的人都不会忘记这一点。

这篇特稿通过参观者的眼睛，再现了当年布热金卡所遭受的苦难，却以“阳光明媚，鸟语花香”的景物描写作为开头，记者在这里利用修辞手法造成了巨大的感情落差，寓含着多么强烈、深沉的愤慨，不是很值得人们去体验吗？这就是化景物为情思的美学效果。

再看一篇特稿：“这里就是寒风凛冽，千里冰封大地球之底，一个寂寞的未开发的地方，即使到现在，仍然没有什么人迹。这儿方圆几千英里之外，是一片无边无际的平坦的冰，极地高原原始的寂静吞没了所有的一切。

“‘天哪！这是一个可怕的地方。’罗伯特·福尔肯冻死在雪地以前几个星期在日记上草草写下这几个字，仍然在人们耳边回响。这是69年前的事，但是那些探险者的亡灵似乎现在还在这块凄凉地方游荡。”

这是美国记者马戈特·霍恩布洛尔报道南极大陆状貌的特稿《世界之底》的开头，在这段描写中，记者化景物为情思，以诗意的描绘勾画了环境严酷的南极风貌。其中引用了69年前冻死在那里的探险家罗伯特·福尔肯在日记上写下的话，把人们带到了一个凄凉、死寂而又神秘的世界，为这篇特稿抹上了抒情的色调。在这里，没有什么“豪情满怀”或“深深悲哀”之类的空洞词语——那种不附丽于具体事物的主观化的感情表白，不过是缺乏生命力的空喊，不能引起读者的感情共鸣。

化景物为情思，就是记者把自己的感情融化在景物的描写之中，渗透在字里行间，是一种情景交融的写法，古典诗词如此，媒体写作也应当如此。

景物描写的主题要求

景物描写与写人状物是不同的，有矛盾性，但是它们在共同表现主题的意义上又有同一性。矛盾的主要方面是写人，人是主题的体现者。景物描写说到底是为了表现人，是为了表现人的思想、感情和行动，或者是为了表现人在其中生活的典型环境。高尔基说，“使景色生动的正是人物。”这就是说，在大多数情况下，景物的描写必须同写人联系起来，服从于写人的需要，也就是服从于主题的要求，而不是单纯地、孤立地、无目的地写景。

那么，写景有些什么主题要求呢?

首先，写景要有特点，要显现出时代的、环境的、乃至情感的氛围和色调。

如上所说，写景并无独立的目的，它是人物所处社会和自然环境的一种背景描绘，或者是人物感情心理的一种兴寄折射，因此，景物的特点实际上就是选取足以表现时代气息、环境氛围、或烘托人物情感变化的特征性事物，组成一幅情景交融的画面，以引发人们独特的审美体验和感受。例如：

凉　州　词

（唐）王之涣

黄河远上白云间，一片孤城万仞山。

羌笛何须怨杨柳，春风不度玉门关。

这首边塞诗的起句，有的本子作“黄沙远上”，认为可以突出边塞苦寒的实际，曾在历史上引起优劣的争议。“黄河”、“黄沙”，都是边塞的特征性事物，但在塞上孤城这一主体形象的后面，黄沙连绵，苦则苦矣，视觉形象却很单调，衬以高山黄河、白云漂浮的远大背景，飘忽灵迴，情景俱出，就极有层次地勾描出一幅壮阔苍茫的山川图画，表现了祖国西北的地理风貌，在戍边将士的乡思离情中增添一些激越明朗的旋律，产生悲慨雄浑的抒情效果，所以被历代评论家赞为“唐音”的典型代表。

其次，写景不要过细，要有整体感，有境界。写景的作用既在于表现一定背景，或烘托出一种感情，只要能起到这样的作用就可以了，并不需要描绘详尽，过于求实。这里也有一个形似与神似相统一的问题。“写景需曲肖此景”，这是形似。但是一切景物又都有精神可寄，还需要透过形似达到神似。而神似要靠人们的心领神会，必须给人留下充分想象的空间。在绘形上过于翔实，毕现其态，流于匠气，就会失去景物的神韵。唐代的诗人贾岛有一首五言绝句：

寻隐者不遇

松下问童子，言师采药去。

只在此山中，云深不知处。

后两句“只在此山中，云深不知处”可以说写尽了高山耸立云端的佳境，并不那么具体，却让人回味无穷，造成了一种朦胧悠远的意境，写出了一种整体的美。

最后，写景不要在语言上过分雕琢，更不能堆砌辞藻，要力求朴素、简洁、深刻，让人看了能立刻形成想象。

艺术的魅力就在于能够形成人们的想象。景物的某些属性，如色彩、质感等，都具有不可忽视的审美意义。描写景物主要是要表现它们的感情特征，通过想象引起人们的美感。刻意雕琢，铺陈花饰，就会有失自然的天趣，等于扼杀想象的形成，所以是不足取的。古今中外的作家，在描写上都是脱尽铅华，返璞归真，达到真率自然的境界。我国晋代诗人陶渊明就是一个突出的代表。他有一首《饮酒》诗：

结庐在人境，而无车马喧。

问君何能尔？心远地自偏。

采菊东篱下，悠然见南山。

山气日夕佳，飞鸟相与还。

此中有真意，欲辨已忘言。

这首诗的语言，如同作者远离官场，回归自然的心境一样，是那么平淡和超脱。特别是“采菊东篱下，悠然见南山”达到质朴素美之极致，却写出了诗人那内心世界的宁静与闲适，神溢画境，千古流传。真率自然的语言，从胸臆中流出，更有感染力。“问君何能尔？心远地自偏”，问君何能如此呢？答道，心既远离了官场，自然就觉得住的地方僻静了，“此中有真意，欲辨已忘言”，我陶醉其中，真不知如何去说了。诗人那摆脱世尘污染，不受车马喧扰的人生追求，尽在其中，这又是深刻。

粉饰并不等于精美。杜甫的《送蔡都督》中，有一诗句“身轻一鸟过”，句末的“过”字，并不是多么漂亮的字眼，它很平常，却把一种活泼的情趣和恬静的心境一同表现了出来。这就是精美。精者，精当；美者，能引起人们的想象，也就是神形兼备了。唐代诗人齐已写了一首《早梅》，里面有“前村深雪里，昨夜数枝开”的句子，当时的大诗人郑谷看了后，认为“数枝”已经不早了，挥笔改为“一枝”。花枝减少了，但突出了早梅耐寒的性格，使人获得了更大的美感。这也是精美。“月圆如镜，繁星满天”，好像是很漂亮的句子，却不如曹操《短歌行》里的“月明星稀”，能够立刻形成想象，因为月圆的时候，天上的星星稀疏得不见多少了，可见曹操这四个字写得精当。前八个字引不起人们的想象，就不是准确的写景。

古典诗词中关于写景的上述主题要求，对于媒体写作是完全适用的，也是应当遵循的美的规律。合众社总编辑史蒂文森在《过长江三峡》特稿中曾对长江做了这样的描写：

“这是一条怒涛奔腾、凶猛不羁，然而却能为人造福的大河，它浩浩荡荡地流过中国的心腹地带。

“这条中国最著名也是最可畏的激流源自海拔 5486 米的青藏高原。最初，它几乎只是一条清澈的涓涓细流，随后就迅速地变成颜色宛如加了牛奶的咖啡那样的滚滚洪流，一泻 6299 公里，咆哮着奔向上海附近的大海。”

这篇特稿的主题，就是对中国第一大河的礼赞。记者把一些枯燥的地理内容——长江的位置、它的长度、发源地和入海口，巧妙地融进了长江的实际状貌之中。他没有对三峡作局部的细致描写，没有用精美辞藻去雕琢它的奇观，而是把整个长江放在一个宏观的视野中，去展现它的种种特点：在作者疏笔勾勒的这条激流的图景中，人们感受到的是，它那凶猛的性格，造福的潜能和浩荡的气势；惊叹它由“涓涓细流”而成为“滚滚洪流”的复杂变化；看到它那“牛奶加咖啡”的浊浪；听到它奔向大海的咆哮。只用一百多字，便准确传神地写出了长江那具有深沉气息和宏大气概的地理风貌，给人以丰富的整体感，让读者留下了对长江的许多想象和向往，堪称景物描写的经典。

“一切景语皆情语”

王国维在《人间词话》里说过，“一切景语皆情语”，可见景物一经摄入笔端，就应该带有作者独特的感受和情绪，达到“情景交融，物我双会”。形成这种交融和双会的方法，一种是触景生情，一种是缘情写景。

杜甫晚年漂泊到了成都，耕读浣花溪畔。成都是当年蜀汉建都的地方，城西北有诸葛亮庙，称武侯祠。诗人寻幽凭吊，写下一首七律，表达了对这位伟大政治家的才智品德的崇敬和功业未遂的悲叹。全诗融情、景、议于一炉，既有历史的评说，又有现实的寓托，在历代文人咏叹诸葛亮的诗篇中，堪称绝唱：

蜀　相

承相祠堂何处寻？锦官城外柏森森。
映阶碧草自春色，隔叶黄鹂空好音。
三顾频烦天下计，两朝开济老臣心。
出师未捷身先死，长使英雄泪满襟。

首联以问答起句，突出感情的激荡不平。“寻”字下得好，意思是思想上的追求，政治上的向往，刻画出诗人那追慕先贤和虔诚造谒的悠悠我思。这里柏树成荫，“森森”一词像长镜头展示柏树那伟岸、葱郁、苍劲、朴质的形象特征，使人联想到诸葛亮的精神，肃然而生敬意。

第二联“映阶碧草自春色，隔叶黄鹂空好音”，静动相衬，情趣动人，像一幅春天的水彩画，一首春天的奏鸣曲，无限美妙地表现出武侯祠内那春意盎然的景象。但在诗人眼中，自然界的春天来了，祖国中兴的希望又在哪里呢？不免又产生一种落寞惆怅的感觉。“自春色”、“空好音”，并不表示祠内之寂寞。作为一个智慧典型，诸葛亮的英名从未黯淡，要说寂寞，不过是诗人此刻的自我感受罢了，作者正是把自己的主观情意渗进了客观景物之中，使景中含意，才写出这样情景交融的句子，把自己内心的忧伤从景物描写中透露出来，反映出诗人的爱国精神。

第三联“三顾频烦天下计，两朝开济老臣心”，浓墨重彩，笔力雄健，高度概括了诸葛亮的一生，在广阔的历史背景上，刻画出一位忠君爱国、济世扶危的贤相形象。怀古为了伤今，这时，安史之乱尚未平定，这联诗句表现了杜甫对朝政腐败的愤慨，他那忧国忧民的思想凝聚为对诸葛亮的倾慕之情，寄寓着国家命运的美好憧憬。

诸葛亮的形象既有崇高的美的形态，又有悲剧的审美性质。诗的最后一联“出师未捷身先死，长使英雄泪满襟”，咏叹了诸葛亮病死军中的历史不幸。诗人那沉痛的感情，如同大海的波涛，是那样浪滚滔滔，震撼着人们的心，又是那样的浩浩荡荡，使人觉得无边无际。诸葛亮的死是令人痛惜的，但他那赍志以殁的悲剧性结局，无疑又是一首生命的赞歌。他用行动实践了“鞠躬尽瘁，死而后已”的誓言。这位古代杰出政治家的精神境界由此得到进一步的升华，让人产生奋发兴起的力量。由于社会的矛盾，历史上有多少英雄志士怀着壮志未酬的遗恨，在生命行将结束的时候，从这联诗句中获得感情上的慰藉，看到生命的最后闪光；历史上又有多少人吟唱这联诗句，抒发了对这些英雄志士的同情和慨叹。可见这联诗句有着巨大的审美价值，和政治概括力量。这是这联诗句，连同《蜀相》全诗“长使”人们喜爱，传诵不绝的原因。

如果说《蜀相》是触景生情的典范之作，那么，盛唐诗人岑参的七言古诗《白雪歌送武判官归京》在缘情写景上就创造了典型的送别环境：

北风卷地白草折，胡天八月即飞雪。
忽如一夜春风来，千树万树梨花开。
散入珠帘湿罗幕，狐裘不暖锦衾薄。
将军角弓不得控，都护铁衣冷难着。
瀚海阑干百丈冰，愁云惨淡万里凝。
中军置酒饮归客，胡琴琵琶与羌笛。
纷纷暮雪下辕门，风掣红旗冻不翻。
轮台东门送君去，去时雪满天山路。
山回路转不见君，雪上空留马行处。

这首古诗是岑参在西域轮台所作。轮台在今新疆偏西的腹地，岑参被派到那里接任节度使判官，诗为送其前任归京所写。前面的绝大篇幅都是写景，诗人着力描绘了北风卷地的凛冽威势，展现了漫天飞雪的迷茫境界，刻画了雪凝冬林的瑰丽景象；然后转向室内，通过雪飘帷幕、狐裘不暖、角弓不控，铁衣难着的幅幅画面，从人的主观感受上进一步写出了边塞奇寒的艰苦生活；最后放眼窗外，只见荒漠瀚海上冰雪纵横，广阔天空里暗云密布。这样层层递进，作者对于塞外苦寒的咏叹，便随着景物描写的步步展开而起伏跌宕。在交通极度不便，气候如此恶劣的条件下，来到这里戍边，实在是一件非常艰苦的事。但在诗人的景物描写中，呈现出来的却是一片新奇和壮丽，充满豪迈俊爽的感情。“忽如一夜春风来，千树万树梨花开”，在诗人笔下，一夜之间的漫天飞雪，大地竟如同南方的梨花盛开一般。这首诗所以千古流传，是和这一佳句分不开的，其写景之奇俏，令人叹绝，把戍边将士的这一情感特征，表现到了极致，反映了唐朝兴盛时代的民心和精神。

景物本身没有感情色彩，景物描写给人以怎样的感受，实际上是人物情感的一种折射和移转。所谓“缘情写景”，就是从主人公的情感出发去描写景物，使之带有人物的情感，达到写景以抒情的效果。作为一首边塞诗，这首诗的写景一扫苍凉忧伤的气氛，给人以雄健豪放的感觉，这是它不同于一般边塞诗的明显特点。

既是送别，不免要表一番惜别之情。“轮台东门送君去，去时雪满天山路。山回路转不见君，雪上空留马行处。” 诗的最后四句，就像戏剧中的尾声，留下诗人的惜别深情，回味悠长。

同诗人一样，媒体记者也是有情感活动的认识主体。但报道中的情感性内容不能依靠主观的议论抒情，也不是平淡的陈述可以表达，而必须直接写出新闻事件和人物的画面和形象，借助于人的感觉能力，达到客观事物和现象的再现，才能引起读者的情绪反应，产生古典诗词那样寓情于景，一切景语皆情语的审美效果。

我国著名女记者子冈的新闻作品，尤其是通讯，很是感人。1938 年 7 月 12 日，她在报道日本侵略者轰炸武昌后街头惨相中写道：

“沿街电线上挂着炸飞了的布片衣襟，没有人去取下来，也许那上面还粘着血肉。小孩在拾碎玻璃，穷人冒着飞扬的灰尘在寻找瓦砾下的衣物箱笼，有时嗅到一阵血腥，挖出来一条腿，一只胳膊，或是辨不出眼睛、鼻子的焦黑头颅……死者家属跑过来，刹那间竟认不出是自己的父母子女。”

在这段文字中，记者没有直接表达自己的感情，但她描写的景象却像一幅幅灰暗色调的照片显现在眼前，一股血腥味扑面而来。报道中的每一个字，都饱含着记者的愤怒，浸透着她的泪水。半个多世纪过去了，仍然能唤起我们对民族灾难的沉痛回忆，没有自己情感的体验和涌动，是写不出来的。

富有情感内容的体验，是一种感性认识。她不会改变客观事实的真实性，而是这种真实性的更深层的感知和发现，更精微的表现和渗透，就像电视图像的彩色扫描，会给人以更丰满更真切的美感。

埃菲通讯社在报道阿根廷足球队夺得1990年世界杯冠军时写道：

“电视转播一结束，人们就欣喜若狂，纷纷走出家门和工作单位，走向独立纪念碑广场欢庆。许多人从大楼上往下抛撒了数百万张彩色纸片，天空犹如下了一场彩雪。

“年轻人脸上涂着蓝白两色的国旗图案，手里挥舞着国旗，热情地喊着阿根廷守门员戈伊凯切亚的名字，因为他在最后决定胜负的点求大战中起了关键的作用。还有不少人穿着阿根廷队员穿的球衣欢呼雀跃，有的敲着锅盖又唱又跳。梅内姆总统兴奋得跳了起来，同坐在他旁边的人紧紧拥抱。”

这条新闻既把举国欢腾的场景写得有声有色，使人如临其境，又把人们内心的感情活动表现了出来，使读者产生了体验的深度。这样的报道绝不是陈述方式所能达到的。

义生文外，话里有话

含蓄是一种艺术美。文意深厚含蓄，耐人寻味，符合人们的审美心理。俄国文艺理论家别林斯基说过，“无论在哪一种情况下，美都是从灵魂深处发出的，美隐藏在创造或者观察他们那个人的灵魂里”。含蓄使人体会到言外之意，弦外之音，象外之象，便能从心灵深处发出一种审美的感受。而一目了然，直露无遗，除了特定的需要以外，只能使人们的思想和情感活动被只有简单联系的事物所充塞和支配，不能展开思维，引发不出联想，陷于被动沉寂的状态。这样写出来的东西，即使产生了某种审美效果，也是有限的、表面的、瞬间的，更何况社会生活的复杂内容，又往往不是有限的语言所能尽意呢！

我国古代写作理论中就很重视含蓄的表现方法。刘勰在《文心雕龙》里有一章《隐秀》，专门讲了含蓄的问题。“隐也者，文外之重旨者也。”他认为，含蓄就是在文词的固有意义之外，有着更深刻的意涵，即所谓“义生文外”，话里有话，但不说破，而是“秘想旁通，伏采潜发”，让那隐秘的音响从侧面传达出来，潜伏的文采在暗中闪光。唐代诗人司徒空在《诗品》里解释含蓄的意义是“不着一字，尽得风流”，正面没有一个字表现描写对象，却能写尽它的精神风韵。含蓄要达到这样的效果，要求当然更高。所以，历代文人无论写诗作文，都视含蓄为贵。讲究蕴藉、寄意，“神余言外”，“句中有余味，篇中有余意”，蔚成我国古代优良的写作传统。

唐代诗人孟浩然有一首七律：

望洞庭湖赠张承相

八月湖水平，涵虚混太清。

气蒸云梦泽，波撼岳阳城。

欲济无舟楫，端居耻圣明。

坐观垂钓者，徒有羡鱼情。

孟浩然是一位山水诗人，与王维齐名。这首诗的前四句，写洞庭湖的壮美景象和磅礴气势：从平静的湖面上望去，那境界的宽阔，像是整个天空都包容在里面；水气蒸腾，吞没了云梦泽；风涌波涛，整个岳阳城都像被撼动了一样。这是写得好的。但这首诗的主旨却在后四句，意思是：面对浩瀚的洞庭湖，我想横渡却没有船只，在家里待着实在有愧盛明的时代。坐在湖边观看那些垂钓的人，自己也只能有羡鱼之情啊！他真的是坐观垂钓，并有羡鱼之情吗？不是的，不过是比喻自己有出来做一番事业的愿望，苦于无人引荐罢了。张承相就是张九龄，也是当时有名的诗人。孟浩然希望张九龄能把自己引上仕途，求取一点功名，他把自己的真意包容在创造的形象里，不露一点形迹，感情又表达得委婉动人，而没有巴结乞求的俗气。这就是含蓄的好处。

含蓄就是用隐蔽的暗示方法，借助于描写的形象，触发人的联想和想象，产生无穷的意会，从而丰富作品的认识内容。李白有一首诗，名《玉阶怨》：

玉阶生白露，夜久侵罗袜。

却下水晶帘，玲珑望秋月。

这首诗描写了宫廷妇女的苦闷心情。全诗没有一个字正面写怨，却把古代宫女的怨情表现得很深刻，很强烈。古代女子一旦进入深宫，便与外界隔绝，一辈子过着幽囚的生活。它们既不能有自己的爱情，也不能与家人团聚。皇帝的淫威，嫔妃的倾轧，还随时有可能吞噬自己。生活的孤寂，前途的忧虑，和对自由的渴望，凝成了满腔的幽怨，在这首诗里，全都通过画面形象透露出来了。女子那夜立玉阶，不愿离去的身影，那透过窗帘凝视秋月的神情，表现了一种痛苦的，一言难尽的感情深度，有着很强的感染力。这就是“不着一字，尽得风流”的含蓄美。

含蓄还可以从侧面取象以表现事物的本意，因此，借助于外物或事件的描述，便能婉转曲折地表达出作者的思想感情。清代桐城派散文家刘大櫆说，“理不可以直指也，故即物以明理；情不可以显出也，故即事以寓情。”这里的“即物以明理”，“即事以寓情”，互文见义，说的就是婉转曲折的含蓄手法。

“即事以明理”的写作方法，在我国先秦散文中就已经广为应用，《战国策》中的许多策论，往往借助于一个故事讲明一个道理。这一写作传统在诗词中也得到了继承和发扬。爱国词人辛弃疾的《菩萨蛮·书江西造口壁》写道：

郁孤台下清江水，中间多少行人泪。西北望长安，可怜无数山。

青山遮不住，毕竟东流去。江晚正愁余，山深闻鹧鸪。

辛弃疾于1175年受命驻节江西赣州，途经造口。1129年，金兵大举南侵，曾追踪宋高宗伯母隆裕太后到造口，沿途抢掠杀戮，南宋人民惨遭灾难。回忆这段历史悲剧，诗人感慨万千，在造口壁上写下这首词。郁孤台，赣州西南名胜，唐李勉郡守时，曾将“郁孤”改为“望阙”，表示心念朝廷。诗人借用这个故事以示对北方失土的怀念。台下的江水浩荡汹涌，正是作者此时心潮难平的描状。“中间多少行人泪”的“行人”，比喻当年金人侵略下流离失所的人民，他们的泪水流淌成河，汇进了这无尽无止的清江水里。寥寥几个字，便把那难以摹写的一场民族灾难在人们的想象里，化成了各种悲惨凄绝的图景，作者那无限沉痛的民族感情也仿佛一字一泪地滴落在灰暗的历史画面上。这一切虽然过去40年了，但祖国的山河并没有收复，“西北望长安，可怜无数山”，长安，唐朝的京城，这里实指北宋京城汴梁，遥望失去了的北方国土，群山重叠，哪里还能看得见呢？“可怜”一词，把作者那爱国伤时的复杂感情，表现得极为深沉。

“青山遮不住，毕竟东流去。”作者以挺进的笔势，再次强调他坚持抗金斗争的政治主张，意思是正义的事业，就像江水东流一样，有着不可阻挡的历史动力。这种高远的认识，它所概括的历史广度和含义的深度，已经超越了原来的地理内容，具有普遍的意义，成了形象生动而有富有哲理魅力的警句，振起了全词的精神，成为全词思想的高峰。这首词“即事以明理”，极具说服力，但无法改变南宋统治者的投降主义路线。“江晚正愁余，山深闻鹧鸪。”诗人只好以景结情，抒发了自己的一怀愁绪。

“即物以寓情”，滥觞于《诗经》。《诗经》中的比兴手法所以受到人们的喜爱，成为我国诗歌创作的传统经验，就是和它的含蓄美分不开的。“比则蓄愤以斥言，兴则环譬以托讽。”“蓄”和“譬”，都是作者感情之蕴藏，并把它寄寓在景物的形象之中，才使“味之者无极，闻之者动心”。唐代天宝年间，有一首宫女写的《杏叶诗》：

一叶题诗出禁城，谁人酬和独含情？

自嗟不及波中叶，荡漾乘春取次行。

这首诗写一个宫女用树叶题诗，让它随御沟的流水漂出宫廷，但是谁又能发现叶上有题诗加以酬和呢？自己只有孤独地排遣这深宫的苦闷了。接着转进一层，嗟叹自己还不如这丢下的一片树叶，树叶可以在春波中荡漾，享受到自由的情趣，自己呢？没有再写，“情不可以显出也”，再写就太露，没有了回味。在物和人的对比之下，宫女对于自由和光明的渴想，已尽在不言之中了。

乐　游　原

（唐）李商隐

向晚意不适，驱车登古原。

夕阳无限好，只是近黄昏。

李商隐是晚唐时期一位有才华的诗人，但当时的唐王朝政治上已经非常腐败，社会矛盾更加尖锐。李商隐虽有抱负，不能施展，思想不免消沉。这首小诗便反映了这种情绪。“向晚意不适”，天色快黑了，心情本来忧郁，傍晚愈感不适，于是乘车到了长安郊外，登上乐游原这个胜地，眺望游览。只见锦绣似的彩霞铺满西天，金色的阳光照遍大地，夕阳无限美好，只是好景不长，快到黄昏了。诗人正是借助于景物的描写，抒写了自己事业无成，无限叹惋的感情。虽然并不正面涉及自己，但诗人那“迟暮之感，沉沦之痛”，已使人受到了感染，甚至在情感上产生共鸣。这是这首诗所以流传下来的原因。

媒体反映生活以直面事实为主，但在通讯或特稿中，往往也采取婉转曲折的手法，更具使人信服的雄辩性和耐人寻味的表现力。二次大战期间，苏联作家吉洪诺夫写了一篇著名通讯，《新生命的降生》，文中写道：

“伊丽娜高高举起那初生的婴孩，像是在向这一片阴森的伟大城市夸耀。她把这暖烘烘的呱呱啼哭的小东西窝在衣服里面，贴肉紧抱在胸前，他踏着雪去，那是一片洁白无瑕，未经人类足迹踏过的雪。

“在她身后，服务生扶着那产母，困惫地跟了上来，产母在积雪中时时绊跌，她的焦干的嘴有声无力地说，‘我自己能去，……’疲乏而且发窘了的服务生，则总是反复地说，‘咱们快到了，现在不怎么远了……’

“她们到了那产科医院，正在床上睡好，而且被照料得很舒服的时候，那

产母挨着伊丽娜，而且用了率直的差不多是严厉的口气问道：‘你叫什么名字？’

“‘你为什么要知道我的名字呢？’伊丽娜反问。

“‘我一定要知道’。

“‘我的名字叫伊丽娜。可是你问这干什么？’

“‘我要用你的名字来叫我的女儿，让她记得你，你救了她的命，我从心底里感激你……’于是她吻了伊丽娜三次。伊丽娜转过身去，忽然落了眼泪。为什么要落泪呢？她自己也不知道。”

这一段生活情节看起来很平常，不引人在意，作者却敏锐地发现了它的意义。这事发生在被德国法西斯军队包围的彼得格勒（现在的圣比德堡）街头，几个普通的苏联人冒着风雪救助一个即将临产的妇女。作者只是对人物心理特征和环境氛围作了一些描写，对话再普通不过了，却让读者看到了在“黑云压城城欲摧”的彼得格勒，苏联人民是那样的镇定自若，他们在危难中，表现出坚强意志和患难相助的高尚品德。

媒体写作中的事实意义，不需要记者去注解，真实应该有一个标准，那就是自然，就是事实的本真，记者不应该用拔高了的思想去写，而是展现事实中固有的朴素的东西，让读者以自己的灵魂和心灵去感受，从体验中深化自己的理解。记者的才华，就是表现他们是一些什么样的人，达到义生言外，话里有话。

以露写藏，相映生辉

尽在不言之中，是一种含蓄，率直言之也并非不是含蓄。含蓄的可贵，在于隐藏着深一层的意思，使人品味不尽。“不着一字”是隐蔽，露中有藏，还是有隐蔽。某种复杂的感情，完全寄寓于言外，人们不易把握，就需要稍作透露。以露写藏，使形象与思想感情融合起来，相映生辉，这样的露，是为了有效的藏，可以把读者的思维导向更深的意蕴中去，所以是必要的。

苏轼在贬谪黄州期间，写有一首《鹧鸪天》：

林断山明水隐墙，乱蝉衰草山池塘。
翻空白鸟时时见，照水红蕖细细香。

村舍外，古道旁，杖藜徐步转斜阳。
殷勤昨夜三更雨，又得浮生一日凉。

这首词用十几种色彩鲜明的自然景物描绘出夏雨后的山村小景，表现了诗人喜爱自然，恬淡自适的心境。但是，隐藏着的深一层意思，却是对于人生飘浮的慨叹，暗含着一种凄凉的情愫。结句“又得浮生一日凉”表面上看，是写夏雨带来了凉爽，是写实的露，仔细品味，却是妙语双关，恰恰透露出苏轼内心的悒郁，使全词的感情更加含蓄深沉，给人留下了“韵外之致” 的想象。

杜甫在安史之乱中，饱经流离之苦，终于回到陕西鄜州的羌村，与妻儿相聚，写下组诗《羌村三首》。“其一”写的是他刚回来时见到家人和邻舍的情景。

峥嵘赤云西，日脚下平地。
柴门鸟雀噪，归客千里至。

妻孥怪我在，生还偶然遂。

邻人满墙头，感叹亦嘘欷。

夜阑更秉烛，相对如梦寐。

前面八句，展现了四幅色彩鲜明、绘声绘影的动人画面：那是一个太阳落山，彩霞满天的傍晚；长期流离在外的杜甫忽然从千里以外回来了，他推开柴门，惊飞了鸟雀，发出聒耳的噪声；妻儿出来一看是他，太过意外的惊喜，不敢相信的事实，居然出现在眼前，一个“怪”字，表现了他们那发呆的眼神中隐含着多少疑问，这是真的吗？他还能活着，并且回来了！是怎么回来的？经历了怎样的苦难？想不到，实在是想不到啊！消息传开，邻舍们都过来了，挤满了小院，墙头上都爬着人，纷纷议论着，发出阵阵的感叹声。……这是用诗句拍出的快速摇镜头，画面之间的连接和转换，把我们带进了一千多年前安史之乱，看到了一个乱世社会的人民苦难，有一种亲临身受的感觉，这就是“露”的阅读效果。

最后两句“夜阑更秉烛，相对如梦寐”，意思是，直到深夜还剪灯叙话，对面相看，像在梦里一般。虽然没有一句话，却胜似千言万语的表白，这就是藏了。前面充分的露，正是为这句的藏，作好铺垫。这样的诗句，就有含蓄不尽之意，那复杂的感情内容，全在不言之中。读者结合自己的生活体验，展开自己的想象，比直露的表白，能感受到更丰富的蕴涵。

含蓄不是隐晦。含蓄寄深意于形象，象外有旨，可以思而得之。隐晦则无明确的含义，又无鲜明的形象，因此不可捉摸。两者是不可混淆的。

媒体写作是一种大众传播的工作，报道人们欲知的社会信息是它的职责，因此公开性就是它的基本属性，没有公开性，还叫什么报道？但在特定境况下，这种公开性会受到某些合理的或不尽合理的制约，就需要把话说得含蓄一点，甚至藏头露尾，把最敏感的意思藏诸义外，让读者自己去分析解读，于是就出现了露与藏的关系问题。

从哲学的观点说，露与藏是一对矛盾，露是现象，藏是本质，现象是人们感官所能感觉到的事物的外部联系，本质则是事物的内部联系，是事物规定性的基本部分，它隐蔽在事物的内部，人们不能直接感知，需要通过思维才能把握它的存在。露与藏既是对立的，又是统一的。本质不是不可捉摸的东西，透过现象的分析，可以看到事物的本质。现象的露，就是本质的表现，不表现本质的现象，没有认知的价值。

2010年3月10日，中新社有一条全国政协会议新闻，题名“针砭官员不正之风，政协大会发言8分钟赢得9次掌声”，很受读者的好评：

“千篇一律的会议和生搬硬套的官样文章，被群众戏称‘常说的老话多、正确的废话多、漂亮的空话多、严谨的套话多、违心的假话多’，全国政协委员朱振中话音未落，人民大会堂万人礼堂，已响起热烈掌声。

“朱振中说，‘近些年来，中央和各省加大力度狠抓作风建设，成效明显。但一些地方、党政机关、领导干部，仍存在或出现一种不实事求是的不正之风。’如

“搞形式。贯彻中央指示也好，抓工作也好，不从实际出发，而是给上级、给领导看；上面怎么部署，就依样画葫芦，层层开会，层层发文件；上级精神未吃透，下面情况没搞清，就照抄照转或‘穿鞋戴帽’，以不变应万变，层层作‘决定’，搞文字游戏。

“唱高调。不顾条件是否具备，社会是否需要，能否做到，什么都要高级、高端、高标准、高规格，什么都要最大、最快、最优、最佳，什么都要国际一流、世界一流；动不动就是‘新口号’、‘新概念’、‘新思路’、‘新规划’，动不动就是中心、核心、龙头、高地，动不动就是集群、体系……

“他们不怕做不到，就怕别人看不到、听不到。最后是报喜不报忧，更恶劣的是弄虚作假。

“耍花架子。喜欢赶时髦、变花样、造气氛、装‘门面’，追求轰动效应：提倡建立主体功能区，到处都是‘中心区’、‘示范区’、‘宜居区’、‘中央商务区’、‘国际会展区’、‘金融服务区’、‘生态旅游区’、‘休闲度假区’、‘欧陆风情区’”。

“一些‘重点’工程，不计成本、不惜代价，原本好好的建筑也统统拆了推倒重来或新建，反反复复折腾，成了既浪费资金又影响群众工作和生活的‘扰民工程’。这样的‘政绩’好看不实用，却兴师动众，劳民伤财。

“究其根源，朱振中指出，说到底是一些干部心里没有装着老百姓，一心想着自己的仕途，这是‘投领导所好’错误思想的产物，是升官靠表面‘政绩’的错误政绩观的产物。第七次掌声响起。

“投领导所好，不如实事求是，一切从实际出发好；说得好、写得好、唱得好、吹得好，不如干得好，不如干出实绩好。第八次掌声。

“健全科学的选人用人机制，决不能让实干的老实人吃亏，更不能让夸夸

其谈、弄虚作假的人有市场、得好处。……在选人用人上要更多地相信群众、依靠群众、顺应民意。发言结束，全场掌声热烈，且经久不息。”

朱振中的八分钟发言，所以能引起掌声不断，是因为——正如新闻发言人赵启正所说，是他能如此“直白地批评官场不正之风。”人们痛恨的这些官场现象，一下被他如此无情地揭露出来了，感到痛快淋漓，这是露的效果。

没有现象的揭露，何能认识事物的本质？藏，就是事物的本质，朱振中所概括的这些现象，成为官场之风，有深层的原因。发烧会有病因，不正之风盛行官场，是体制性问题之使然。这就是本质的藏，朱振中则少有触及。没有真正意义上的各级选举，没有具有实效的民主监督机制，这些官场不正之风恐怕也只有一吐为快而已。

作为艺术形式的古典诗词，以露写藏是一种含蓄美；报道性的媒体写作，则应当透过现象引导人们把握事物的本质，写出主题的深度。

朱振中能作如此尖锐的发言，并见诸媒体，联系其他内容的报道，如选举法的修改，说明 2010 年两会已经有了进步。

“壮辞可得喻其真”

刘勰在《文心雕龙·夸饰》里说，“神道难摹，精言不能追其极；形器易写，壮辞可得喻其真”。“神道”，抽象的事理；“形器”，具体的事物。他认为，抽象的道理难以描摹，精妙的语言也不能说出究竟；具体的事物容易描绘，夸张的言辞可以表明它的真相。因此，“文辞所被，夸饰恒存”。凡是文辞所及的地方，夸饰的手法总是要用的。这说明，夸饰是一条写作的规律。

夸饰，就是夸张性的修饰。在描写形容客观事物或主观感情的时候，作者对于需要强调的方面，给以艺术的夸张的表现，使读者产生想象和联想，产生感情交流，从而获得更鲜明、更深刻的认识。这种诉诸人们感官的表现手法，运用得当，能产生一定的审美感。

早在《诗经》里，夸饰就有了实际的运用。如《王风·采葛》：

彼采葛兮，（那人正在采葛啊）
一日不见，（一天不见他）
如三月兮，（就像三月长又长啊）

彼采萧兮，（那人正在采蒿啊）
一日不见，（一天不见他）
如三秋兮，（就像三季长又长啊）

彼采艾兮，（那人正在采艾啊）
一日不见，（一天不见他）
如三岁兮。（就像三年长又长啊）

在这首恋歌里，用“三日”、“三季”、“三岁”形容，都是艺术夸张，回环婉转，层层递升，表现了男子对姑娘越来越深切的思念。没有夸张，便没有这首诗。“一日三秋”的成语，源出于此，一直被人们所沿用，可见它的艺术生命力。

表现具体的事物，需要夸张地突出它的特征，显示它的精神，才能给人以美的感受。杜甫的七言古诗《古柏行》：

孔明庙前有老柏，
柯（树枝）如青铜根如石。
霜皮溜雨四十围，
黛色参天二千尺。
君臣已与时际会，
树木犹为人爱惜。
云来气接巫峡长，
月出寒通雪山白。
……

这首诗描写了四川夔州诸葛亮庙前的古柏林：“霜皮溜雨四十围，黛色参天二千尺”，说树皮苍白，光泽润滑，足有四十围粗；树叶青黑，高耸云天，能有二千尺高。这些显然都是夸张的形容，意在突出古柏的既高且大。柏树苍劲、伟岸、质坚、芬芳，古来被看成是崇高人格的象征，是庙堂主要的观赏树木。杜甫这首诗托物寓意，咏柏为了喻人，既表达了对于诸葛亮的崇敬，又寄寓了诗人大志未遂，难受重用的愤慨。这些感情内涵融进了古柏的形象之中，给读者以直观的感受。所以，夸张地描写古柏的高大，就成为显示它的独立卓绝、坚贞正直的品格所必须采用的艺术手法。

宋人沈括在《梦溪笔谈》一书中曾据此诗句，认为柏树的比例失调，违背常理，殊不知艺术真实不同于科学真实。作为一种艺术形象，作者笔下的景物，并不是某一景物的简单摹写，而是客观与主观的高度统一。作者通过景物的描写，反映自己的思想感情，以及对生活的认识和评价。这就决定了艺术的描写必然带有夸张的性质，唯其不“真实”，才能更真实地表现出事物的神髓精蕴。很难想象，在这首诗里，不用夸张的手法，而用科学语言去表现古柏，会是怎样的效果！

形容和描写事物离不开比喻，而比喻又往往和夸张相联系。夸张需用比喻的形式，比喻要借夸张的力量，这样才能构成鲜明的形象，产生强烈的效果。李白离开安徽贵池时，写了一首七绝，感谢当地豪士汪伦踏歌前来送行的情谊，题名《赠汪伦》：

李白乘舟将欲行，忽闻岸上踏歌声。

桃花潭水深千尺，不及汪伦送我情。

这首诗的语言极为朴素，感情却十分真挚。如何表现抽象的思想感情，并使之具象化呢？这首诗用了比喻的方法。但正如《唐诗别裁》里说，“若说汪伦之情，胜于潭水千尺，便是凡语。妙语只在一转换间。”可见比喻虽然能把思想感情化为可感的形象，但不一定就构成“妙境”。这首诗用“不及”二字，从反面勾勒，转换之间，起了夸张的作用，把诗歌所要表达的感情大大升华了，给人以十分深刻的感受，因此成为名句。

李白的诗具有浪漫主义风格，他的名句“黄河落天走东海”（《赠裴十四》），极写黄河之高，气势磅礴；“黄河如丝天际来”（《西岳云台歌送丹邱子》）极写黄河之远，境界辽阔。这些写景的比喻，也都因为用了夸张手法，才得到人们的审美评价。

夸张的要求，一是高于实际，二是合于情理。夸张固然要以实际为基础，但它的目的，主要并不在于再现客观实际的本身，而是通过被夸张了的客观实际的描写，表现作者的主观情意。所以夸张不能接近于事实，而要驰骋想象，表现出更大的意象，才能发挥夸张的作用。李白的“白发三千丈，缘愁似个长”（《秋浦歌》），是以白发之长，喻写愁思之深。岳飞的“怒发冲冠”（《满江红》）是以头发直立，形容愤怒至极，都是夸张的极致，生活中不会有这样的实事，人们便不会误解。这样的夸张，才能把作者的感情态度突出地表现出来，使读者受到心灵的撞击。如果夸张接近于事实，引起误会，夸张也就失去了意义。南宋的爱国主义登临词作中，不乏拍栏、看剑的动作描写。吴渊在《念奴娇·我来牛渚》中，有“栏杆捶碎，酒狂忠愤俱发”的句子。他以“栏杆捶碎”，表现苦闷之深，虽是夸张，却可以被误认为事实，如果用那么大气力捶碎栏杆，就不是在抒情了，就失去了真实性。辛弃疾在《水龙吟·登建康赏心亭》中写道：“把吴钩看了，栏杆拍遍”，并不过分夸张，但高于实际，能够把作者那深虑国难，愤懑不平，而又莫可如何，无法言表的内心痛苦深刻地表现出来。可见高于实际，并不就是夸张的程度问题，还有一个如何夸张才能合于情理的问题。二者的统一，才是艺术的夸张。汉赋中盛行夸张，但用得诡怪浮滥。如杨雄的《羽猎赋》写“鞭宓妃以饷屈原”，鞭打洛神宓妃，让她款待屈原；张衡的《羽猎赋》说“困玄冥于朔野”，把水神玄冥囚禁于北方原野，就是凭空地浮夸形容，违背事理了。这样的“夸张”就失去了艺术的光彩，而成为虚夸的现象。

夸张既是一种艺术的手段，就只有在需要或可以艺术表现的对象上才能使用。

在一些纪实性作品中，需要具体分析写作的内容，凡必须符合客观真实的事物，就不能任意夸张，这也是我们必须遵守的原则。1958 年到 1960 年的“大跃进”年代，全国媒体一股风似地刊登工农业生产大放“卫星”的“报道”，水稻亩产可以达到几万斤之多，产量一个比一个高，这已经不是夸张，而是陷于一种疯狂状态的浮夸，导致了全国性饥荒的历史性灾难，这就是所谓“三年自然灾害”。媒体报道对此起到了推波助澜的作用，是我们应该永远吸取的教训。

对立造成和谐

两千多年前，古希腊卓越哲学家赫拉克里特就以朴素的辩证法思想，概括了艺术表现上的一条重要规律，即：相反者相成，对立造成和谐。他说，“绘画在画面上混合着白色和黑色、黄色和红色的部分，从而造成与原物相似的形象。音乐混合不同音调的高音和低音、长音和短音，从而造成一个和谐的曲调。书法混合元音和辅音，从而构成这一整体的艺术。”写作是用语言反映现实生活的一种表现手段，现实生活本身就是由许多对立物联合造成的和谐。它包括：人与人之间的矛盾，人与物之间的矛盾，事与事之间的矛盾，等等。在写作中把对立的因素表现在一起，从互相对照中，突出事物的本质和矛盾主要方面的特征，这同样是写作艺术中必须遵循的法则。

人是社会生活的主体，错综复杂的社会关系和复杂的生活现象，是通过人的活动体现的。写作要反映社会生活，就离不开写人。而作为社会的人，由于各种具体条件的差异，必然形成各自的精神特征和不同的性格内容。这些对立性因素的互相联系和制约，反映着社会生活的矛盾，是构成社会生活深邃内容的基础。

在我国古典诗词中，许多篇章的艺术感染力，都来自人物与环境的对立。屈原的长篇抒情诗《离骚》是这方面的典范。那时，楚国已濒于危亡绝境，诗人虽有救国主张和高远理想，但不能见容于贵族统治集团，反被再度放逐，亡走江南。最后决心一死殉志，以反抗黑暗的政治现实。诗歌最后写道：

已矣哉！国无人莫我知兮，又何怀乎故都？既莫足与为美政兮，吾将从彭咸之所居！

意思是说，国中没有了解我并和我志同道合的人，我又何必怀恋这故国呢？既然没有人同我一起为实现美政理想而奋斗，我只好追随古贤人彭咸，为保持清白，坚持理想情操而殉身了。这个尾声概括了全诗的内容，说明《离骚》这首诗所以光耀千古，在于从诗人高峻人格与污浊现实的尖锐矛盾中塑造了一位纯洁高大的抒情主人公形象。

南唐后主李煜由于个人的不平常遭遇，他后期的词作在这方面也有一定的代表性。例如，他在《浪淘沙》里写道：

帘外雨潺潺，春意阑珊。罗衾不耐五更寒。梦里不知身是客；一晌贪欢。

独自莫凭栏。无限江山，别时容易见时难。流水落花春去也，天上人间。

词的上片说，只有梦里才忘记自己是“客”（实际是俘虏），也只有在梦里还能贪恋片刻的欢乐。可是梦醒以后听到雨声，春光将尽，五更寒冷，心头的凄凉，便使人格外难于忍受了。下片由凭栏引出江山难见，抒发了亡国丧家之痛，但又无可奈何，陷于绝望的恨情之中。李后主以深怀的悲伤，写出了自己与现实环境的对立，把亡国者的哀痛，表现得极为真切，分外沉重，赢得了人们的同情，这在艺术上是有成功之处的。

事物都是矛盾的统一体。生和死、祸和福、真理和谬误、真善美和假恶丑……都以相对的一方作为自己存在的条件。所以，把互相对立的事实写在一起，相互映照，纵横比较，便可以更鲜明地表现出事物的本质和特征。唐代诗人陈陶写过一首《陇西行》：

誓扫匈奴不顾身，五千貂锦丧胡尘。

可怜无定河边骨，犹是春闺梦里人。

诗的前两句写的是“誓扫匈奴”的战争。这种战争有的是捍卫民族利益的正义战争，但这里指的，则是汉民族统治阶级利用人民的爱国情绪进行的扩张战争。穿戴锦衣貂冠的将领都死了几千人，士兵伤亡之众就可想而知了，说明征边战争给人民带来了巨大的牺牲。后两句写的是，年轻的妻子思念征战在外的丈夫，睡梦中仿佛看见丈夫归来，却不知丈夫已经埋骨无定河边，永远不会回来了。诗中的“无定河边骨”和“春闺梦里人”联系起来，从事实的对比中，倾诉了人民的反战心情，道出了诗人对这类战争的谴责。

相反事物的对比，还可以表现在景物描写上。例如世界上的事物本来就存在着动和静的矛盾。“动是绝对的，静是暂时的，有条件的。”如果把动和静的这种对立关系，表现在艺术描写的景物之中，使静中有动，动中有静，形成和谐统一的艺术整体，就会产生强烈的艺术效果。这方面的例子在古代诗词中多不胜举。唐代诗人王维的许多山水诗，就体现了这种艺术辩证法。

他很喜欢创造静谧的意境，但在描写静物的前提下，总是常常插进一些动景的描写，衬现出静境的幽深。试看他的《鸟鸣涧》：

人闲桂花落，夜静春山空。

月出惊山鸟，时鸣春涧中。

这首小诗写的是静景：夜静、山空、万籁俱寂。生活在这样的境界里，没有人事的纷扰，世尘的杂念，所以“人闲”，连人的内心也是宁静的，这就写出了一片透彻的静谧。但大自然不会有绝对的静止，“桂花落”不就是一种动的景象吗？桂花花瓣细小，轻轻飘落，已是不易觉察，更何况是在夜间呢？而连这样细微的动态，诗人也能觉察，可见情境之静了。渐渐地，月亮悄悄出来了，它那水一般澄明的清辉，泛起梦幻般的轻纱，伴随着地上斑驳的树影，在恬静之中更增加了几分柔和的色调。就在这时，栖息的山鸟似乎被一片月光的投影所惊动，一声鸣叫打破了夜的宁静，留下的是更加悠长的静的回味。桂花落和山鸟惊，都是动的描写，却增添了静的美感，展示了自然界丰富复杂的和谐，写出了人们生活中藏着的心理意蕴。这就是静动对比产生的艺术魅力。

我们的现实生活中，存在着许多对立性事实，例如政策与法律的碰撞，官员权力与公民权利的矛盾，明规则与潜规则的对立，凡此等等，不一而足。就是一个事物中，也存在着互相对立的两个方面，存在着统一性和斗争性，即双方共处于一个统一体中，互相渗透，互相贯通，各向其相反的方向转化。媒体报道事实，应该从哲学的角度，看到事物之间的对立性，及其相互依存、互相渗透的关系，才能找到事实的症结，写出主题的深度，达到认识的和谐。

我国经济的快速发展带来了生态环境恶化问题，并且日益严重，这就是对立性事实。但媒体很少写出环境恶化对人民生活造成的影响，往往以局部改善的现象掩盖事实的全貌。有一条新闻报道说，记者“在鄱阳湖沙湖见到一群白鹤和天鹅，近处有白鹤 97 只，远处湖中是白花花一片，数不清楚。出现世界上最大的白鹤群”，并认为“这样的场面是各级党组织和政府动员人民起来保护鸟类的结果”。看了这条新闻，你会觉得鄱阳湖的生态环境好得很，这就掩盖了江西普遍存在的环境恶化的问题。这种以偏概全，追求宣传效果的做法，实际上改变了事实的总体面貌，也不符合媒体写作中的客观性要求。

在各地城市改造中，存在着强制房屋拆迁的问题，拆迁户以《物权法》保护自己的合法权益，政府部门则依《房屋拆迁条例》强制执行拆迁，有些开发商甚至以暴力拆迁，造成许多群体性事件。这就是政策与法律的碰撞。人们在报道中看到，近段时间，暴力拆迁和抗拆自焚的画面接二连三地进入人们的视野，从内蒙古赤峰到成都再到青岛，2009年至少已有3起因拆迁引发的自焚事件。我们的媒体，不能只把报道限于悲剧事件的本身，而要从这些极端惨烈的事件中，看到围绕拆迁引发深层矛盾的激化，是政府没有摆正条例与法律的关系。政府搞城市改造，制定拆迁的政策，是公共利益的需要，这是一方面；但另一方面，保护公民的房屋财产不受侵犯，是法律的神圣使命，又不能把政策置于法律之上。分析了这两个对立面，就可以找到破解困局的办法。据报道，在专家们的联合建议下，新的拆迁条例已经制定出来，先赔偿，后拆迁，就可以化解矛盾，造成新的和谐。媒体记者如果能延伸当时的报道，进一步采访专家，把他们的意见写在后面，其新闻价值与社会影响力，就远高于直面淋漓的鲜血了。

分析矛盾，延伸报道，就是对立造成和谐的辩证法思想在媒体报道中的运用。

虚实映带

有限和无限也是对立的统一。有限是无限的具现，无限是有限的延伸。在写作中直接表现对象的本身，造成直觉的实感，是实写，这是有限的；绕过对象，表现它所产生的效果，调动人的想象，是虚写，这是无限的。虚实映带，或曰虚实相生，就是实写和虚写的结合，以实带虚，以虚补实，化虚为实，避实击虚，互相映衬，互相补充，使有限的描述和无限的想象统一起来，表达出尽可能丰富的写作内容。

人们的认识要有一定的感性内容，这是认识事物的起点。实写以直接感受性为特征，以事物的具象为内容，为读者提供外界事物的生动图景，例如人物的肖像，景物的特点，事件的过程，等等，往往是不可缺少的。神寓于形，情溢于景，意余于境，都是物质性因素和精神性因素的对立统一。郑板桥画竹，须有“萧萧数叶”，才能唤起“满堂风雨”，说明精神依赖物质，才能反映物质：实写是基础。

但是，艺术是靠想象而存在的。艺术的魅力就在于它可以调动人的审美想象，去填补那没有直接表达出来的艺术空白。法国作家巴尔扎克说，“真正懂诗的人会把作者诗句中露出的一星半点的东西拿到自己心里去发展。”高尔基说，“要能够相当强烈地打动读者，只有作家把描写的一切——情节、形象、状貌、性格，等等，历历地浮现在读者眼前，让读者想象他们，并以自己的经验，印象和知识去补充和填补。”这就是说，虚写以引发想象性为特征，可以收到“象外之象，景外之景”的效果。

这就是虚实映带的艺术辩证法。

以实带虚就是实写人物或事物的一方面，而把另一方面，也许是更重要的一方面，通过间接的表达方式，或者只作一点暗示性的透露，留给读者去想象。它可以巧妙地表现多方面的内容。

杜甫晚年曾在四川夔州看过公孙大娘弟子表演的剑器舞。公孙大娘是唐玄宗时代著名的剑器舞蹈家，那时，唐朝国势强盛，歌舞技艺空前繁荣。公孙大娘的剑器舞在童年杜甫的记忆中曾留下深刻印象，如今，五十年过去，经历了安史之乱的唐朝，已经由兴盛走向衰落，成千上万的梨园弟子，歌舞人才，多已凋零，再看公孙大娘的弟子表演，想到巨大的历史变化，杜甫感慨万千，写了一首诗，题名《观公孙大娘弟子舞剑器》：

昔有佳人公孙氏，一舞剑器动四方。
观者如山色沮丧，天地为之久低昂。
㸌如羿射九日落，矫如群帝骖龙翔。
来如雷霆收震怒，罢如江海凝清光。
……

这前八句写的就是杜甫当年观看公孙大娘舞剑器那种神采飞扬的记忆，四面八方的观众前来观看，人们为她的技艺惊讶失色，天地都为之起伏低昂，诗人用了一系列比喻，对他的剑器舞动作，从起始到收尾，从剑光到身手，都作了夸张的形容。这些实写充分表现了当时剑器舞水平的高超，和下面的内容形成鲜明的对比：

先帝侍女八千人，公孙剑器初第一。
五十年间似反掌，风尘澒洞昏王室。
梨园弟子散如烟，女乐余姿映寒日。
……

这几句则是虚写，五十年一笔带过，就如反掌之间，如今，梨园弟子都已烟消云散了，只有残存的公孙弟子，还在冬日残阳下映出那凄凉的倩影，这是什么原因呢？“风尘澒洞（迷漫）昏王室”一句，点出了全诗的题旨，一场安史之乱把整个大唐帝国搞得昏天黑地，那巨大的社会变化，人们可以想象了。诗人以简短的语言概括了这一祸乱事件带来的历史灾难，不禁黯然神伤，显示了杜诗“沉郁顿挫”的抒情风格。

以虚补实就是以自己的感受去调动读者的想象，创造虚境，补充实境，加强作品的审美效果。由于语言艺术不受时空的限制，它在这方面有着较大的便利，因此成为文学作品中常用的手法。苏轼有一首题画诗《惠崇春江晚景》，便是以虚境补充实境：

竹外桃花三两枝，春江水暖鸭先知。

蒌蒿满地芦芽短，正是河豚欲上时。

惠崇是北宋初期的和尚，工于绘画，犹善水禽。诗的前两句，就是苏轼对惠崇这幅春江晚景画面的再现：丛丛青竹，掩映着几枝绽放的桃花，绿波荡漾的江面上，游动着几只鸭子，静中有动，画出了盎然春意。后两句则是作者由春江之暖想到长江下游春初的蒌蒿菜和名贵的河豚，就是画外的虚境了。虽然虚实有异，但作者利用语言艺术的特殊功能，使虚的联想化为实的形象，把春江晚景的主题表达得更充分，扩大了人的审美感受。

乐府诗《陌上桑》叙述了一名太守调戏采桑女罗敷，遭到拒绝和讥笑的故事。诗歌实写了罗敷向太守夸夫的内容，表现她坚贞机智的性格，但在她的美貌上，却采用了虚写的手法：

行者见罗敷，下担捋髭须。

少年见罗敷，脱帽著帩头。

耕者忘其犁，锄者忘其锄。

来归相怨怒，但坐观罗敷。

人们不能从这些诗句中具体感知罗敷的容貌，但其美貌的程度不是可想而知吗？这里虽是虚写几笔，读者的想象能力却被极大地调动起来，会根据记忆中的美女表象，创造出罗敷的形象，这个形象虽然是不确定的，她的美貌却是确定的，无与伦比的。

虚实相生是我国古典美学的重要特征。所谓“相生”，就是互相作用的意思。实写具体的存在，能产生感觉的效果，可以出形象，它是有形的，但人们的印象却是有限的。虚写象外的事物，能引发想象的效果，可以生意象，意象在这里指感性上的神会，它是无形的，人们的感受却是无限的。所以虚实结合历来被看成是我国艺术表现上的重要法则，并且十分强调虚的作用。我国古代的绘画常在画面上留下空白，调动观赏者驰骋想象，把有画部分引起的联想，在无画的空白处，形成无形的画境。这样就能做到“画在有笔墨处，画之妙在无笔墨处。”这个美学原理同样可以作为各类写作的艺术借鉴。

媒体写作要写实实在在的事物，也可以做到“画之妙在无笔墨处”。下面的通讯报道了一位乡村农技站长的事迹。记者写道：

“我们来到了枣阳县梁集棉花站。刚进大门，职工段仁兵告诉我，田站长一大早就到后湖村去了。

"我们搞了两辆自行车，迎着徐徐的轻风'跟踪追击'。到了后湖村，村里的同志说，'田站长到二组李德忠家里帮他干农活去了。'我们赶到李德忠棉田时，不见田站长。老李说，'他在这里说我棉花栽稀了，每亩要栽4000株，帮我栽呀，补呀，刚走。这是他给我的种棉技术资料，要我向大家宣传。'

"我们赶到宋弯村已是汗涔涔了。村头，不少农民围成一团。走进一看，原来是田站长正在帮村民宋安发做麦后棉方块育苗。他一边做，一边向身边的农民示范说，'方块育苗下籽前一定要药剂拌种，做到湿土方格、湿籽、湿土盖，出苗后5至7天还要搬动方格蹲苗。' 田站长看到我们，忙挤出人群，双手搓了搓沾满的泥土，对我们说，'我下来看看，准备跑三个村，还没有完成任务哪。'

"'丁铃铃'，他和我们又一起骑着自行车向耿垸村驶去。"

这篇通讯通过移动的视点，把一个基层的农技干部的工作景象，交织成一股不断的信息流，映现在我们眼前。这是千千万万农村科技工作者中的一个。年复一年，他们带着仆仆风尘，骑着自行车，行驶在乡间土路上，风风火火、勤勤恳恳地到处忙碌着。他们的工作、作风和精神，给了我们深切的感受。

新闻写作以直接感受性为特征，以事物的具象为内容，为读者提供外界事物的感性认识，做具体"有物"的实写，可以使读者获得一种实在的信息，产生新闻的真实感，所以，实写是基础。

但在新闻实践中，并不是事事都有实写的可能，也不是事事都有实写的必要。由于种种原因，记者有时会失去直接描写对象的时机，或者出于写作上的考虑，记者没有直接去描写对象的本身，而是绕过对象，描写与他相关的其他事物，描写对象产生的效果，让读者间接地认识对象的特点和性质。这种认识，因为是建立在读者想象活动的基础上，是引导他们从已有的描写中产生某种必然联想的结果，所以是虚写。

在这篇通讯中，前面写了三次追而未遇的过程，田站长都没有出现，但是读者的想象活动却因此活跃起来，开始凝聚起对他的认识，既为后面的实写铺垫蓄势，又与之相得益彰，这就是虚写的作用。

传神：一种精神的流泛

生活现象既有可以直接感知的具体的存在形式，又有透过人的联想和想象活动而产生的一种情态和神韵。典型性指的是前者，即集中部分生活现象的具体内容以反映整体的面貌；传神性指的是后者，即描绘出事物的主要情态以传达出整体的精神。二者不是对立的，但又不能等同。所谓“传神”，指的是准确地把握并体现出对象“内在的生命”，即事物的“本质特征”，或“具有决定意义的东西”。这是它与典型的相同点。但典型表现为高度集中化的形式，而传神则是事物内在精神的自然流露，要靠人的观察，捕捉和艺术表现。

传神总是表现在事物的某一局部上，但既是一种精神的流泛，就必然和事物的整体脉息相通，加上欣赏者在主观感受过程中给予的种种补充，这种局部的表达就能产生整体的效果。

唐代诗人柳宗元参加了以王叔文为首的政治革新运动，失败后贬谪永州，写了一首五言绝句：

江　雪

千山鸟飞绝，万径人踪灭。

孤舟蓑笠翁，独钓寒江雪。

前两句勾出了一幅雪天寒江的画面：群山丛中，飞鸟尽绝；纵横径上，人踪全灭。在这严酷的境界里，一叶扁舟漂泊水上，空茫的江面透溢着萧森的寒气，一个蓑笠渔翁却在船上独坐垂钓，四周几缕微波，再无其他景物。在诗歌描绘的画境里，雪天寒江无疑占据了绝大部分篇幅，构成了画幅的背景，独钓的渔翁只是局部的一点，但在阔大背景的烘托下，他却成了唯一的主体人物，那傲睨一切，凛然不屈的精神，被刻画得如此深刻，在人物心中流泛，感染了读者。这就是柳宗元的“内在的生命”，是他的人格形象的主要特征。而《江雪》的传神，也正是这首小诗传世不衰的原因。

传神总是带有某种程度的不确定性。正是这个特点，使它有可能诱发欣赏者再创造的想象活动，获得生动的艺术情趣，从而产生整体的效果。所以在反映客观生活的写作实践中，应当充分估计大多数人的生活经验和审美心理，着力于唤起他们相应的联想和想象，而避免对物象做机械的描绘。

《诗经·卫风·硕人》中描绘了卫庄公夫人庄姜的形象：

手如柔荑，（双手像白嫩柔滑的春荑）
肤如凝脂，（皮肤像洁润细腻的凝脂）
领如蝤蛴，（颈项如雪白柔长的蝤蛴）
齿如瓠犀，（牙齿如瓠瓜子洁白整齐）
螓首蛾眉，（小蝉样方额，蛾须般秀眉）
巧笑倩兮，（俏丽一笑现出一对酒窝）
美目盼兮。（美目顾盼流露无限情意）

诗的前五句用一系列比喻对卫庄公夫人的美貌作了细致的描绘。这些比喻生动具体，反映了事物之间的相似特征，能在不同方面表现卫庄公夫人的容貌美，但它们都是一些简单的表象联想，构成不了人物的整体美。清人孙联奎《诗品臆说》云：“《卫风》之咏硕人也，曰‘手如柔荑’云云，犹是以物比物，未见其神。至曰‘巧笑倩兮，美目盼兮’，则传神写照，正在阿堵，直把个绝世美人活脱脱请出来在书本上滉漾。千载而下，犹如亲其笑貌。”这就是说，诗的后两句虽然没有上述比喻那些确定的含义，但给欣赏者留下可以联系生活经验的想象空间，从而由一个表象联想到更多的表象，使它们彼此联系起来，在人物整体上获得了形神统一的审美效果。这首诗不过是古代奴隶主阶级对于其代表人物的赞颂，内容并无积极意义，但在描写人物的技巧上有一定的可取之处，尤以“巧笑倩兮，美目盼兮”开创的传神法，奠定了它的文学地位。

景物描写同样需要运用传神法。唐代诗人刘禹锡写过一首七绝《乌衣巷》：

朱雀桥边野草花，乌衣巷口夕阳斜。
旧时王谢堂前燕，飞入寻常百姓家。

乌衣巷在金陵（今南京市）秦淮河南，孙吴军营所在，军士穿乌衣，故名。到两晋时代，名臣豪门王导和谢安皆居此，邻近的朱雀桥为秦淮河上一浮桥，熙熙攘攘。当年这一地区曾煊赫一时，冠盖往来，车马盈门。但四百年以后，刘禹锡居金陵时，往日繁华已不复在。刘禹锡在这首诗里，把历史的沧桑变化，寓于平常的景物之中，景小意深，富含哲理。但诗人在景物描写上，并不大肆铺陈，只用了“野草花”和“夕阳斜”六个字。朱雀桥行人稀少，路边才长满野草，乌衣巷夕阳一抹，显得衰败没落。可见景物描写的整体感，并不依赖于细致的描绘，而在于抓住特征性部分，传递出一种神韵。所谓“神韵”，就是从事物情态的想象中感悟到一种精神韵致。后两句通过飞燕则把“王谢堂前燕”和“寻常百姓家”联系在一起，从历史对比中道出了题旨：富贵荣华都是不可能长久的，发人深思，因此成为名句。

传神是中国古典诗词的美学特征，可惜在我们现在的媒体报道中没有充分继承和发扬，反映了年轻一代新闻工作者在文化素质上的缺失，反倒从西方的媒体报道中，可以看到这样的精神韵致。美国《迈阿密论坛报》记者这样描写四川的说书艺人：

“在一间烟雾腾腾带着古老风味的竹椽屋子里，说书艺人钟春（音译）精神抖擞地高坐在一把摇摇晃晃的椅子上边。

“他用粗犷的四川方言讲着三千年以前的故事。他用了两件道具：一把有画的折扇和一块雕花的惊堂木。

“这两样道具是为了加强书中的戏剧效果，讲到蛊惑人心的妃子时用扇子，讲到凶残的皇帝时用惊堂木。在讲到故事结局时也用来表达凛然正气。

“皇帝迷恋他的宠妃（折扇轻摇）。

“皇帝和他的宠妃残酷地杀害了那位不幸的皇后。（惊堂木“啪”的一声!）。

“在东鹅巷的茶馆里，老人们用长长的烟杆抽着烟，从有缺口的碗里抿着浓茶，发出一声声心领神会的叹息。苦命皇后这个故事是老人们很早以前从他们爷爷口中就听到过的。他们几乎同说书人一样熟悉这个故事，然而如果不是一讲再讲，又怎么能成为故事呢?

“皇帝疯狂般宠爱他的妃子，把讲逆耳忠言的人投入一个蛇窖里，或把他们绑在柱子上，剖腹挖心，（啪!）他甚至把自己的两个儿子逐出宫廷。（啪！啪!）

“听书的老人们对两个王子的命运不太担心，因为这是两个健壮的小伙子。老人们都知道在下一回将会说到他们会回来为被杀害的母亲报仇。”

在这里，茶馆的浓重氛围，说书艺人的卖力表演，说书的传统内容，听书老人的入迷情态：一个低层次的文化休闲场所的情景，全都溶解在形象之中，构成了一幅四川古老传统的茶馆风情画，独具地方色彩的神韵，真是白描入化，令人信服。

什么叫传神？传神指的是捉取物象本质而产生的美学感染力，它要求透过事物内在性格的动态特征表现事物的生命和神韵。运动是客观事物的共同属性，事物的生命和内在性格，只有在运动中才能充分地表现出来。所以，在新闻中写人状物，不是要求对事物的外在特征作静止的繁琐的描写，更不是脱离事物特征的空泛形容，这样的语言表现，不能在受众头脑中映现出生动的表象活动，也就不能感受和把握事物的生命，产生神余言外的意趣。

执正以驭奇

奇正之说，出于《孙子兵法》。古时用兵，以对阵交锋为正，设计邀截袭击者为奇。《孙子·势篇》说，“三军之众，可使必受敌而无败者，奇正是也。……凡战者，以正合，以奇胜。故善出奇者，无穷如天地，不竭如江河。”孙子兵法在奇正相生中强调了出奇制胜。刘勰学习了孙子兵法的朴素辩证法思想，运用于写作。认为，“正”，典雅，端正，指的是《诗经》开创的写实的传统；“奇”，新奇，独特，指的是《离骚》形成的浪漫的传统。他强调写作应以正为主导，“执正以驭奇”，依照雅正之路，驾驭新奇文风，并以此作为作品的审美标准之一。

写作中的奇正关系，反映了现实和理想的辩证关系。德国美学家席勒说，“真正美的东西，必须一方面跟自然一致，另一方面跟理想一致。”这样的双重关系，在写作实践中是一种客观存在，任何作品都是现实与理想的矛盾统一，区别只是主次的不同。或是从生活的写实中透露出对理想的追求，或是在现实的咏叹中渗透着理想的力量。现实是理想的土壤，理想是现实的升华，现实是基础。所以，在处理奇正关系上，首先还是要把握住“雅正”的写实传统；但也要匠心经营，不拘成法，语言精确，结构各异，达到“平易而不执泥，隽伟而不险怪”，这就是驭奇了。

杜甫是我国伟大的现实主义诗人，他的作品真实地反映了安史之乱前后的社会现实，表达了热爱祖国，关怀人民的思想感情。他所开创的“即事名篇”，都是从现实事件出发，表达了忧国的情思和深沉的感慨。但在人民欢庆的时候，他在诗作中，也会敞开自己的浪漫情怀。《闻官军收河南河北》就是一例：

剑外忽传收蓟北，初闻涕泪满衣裳。

却看妻子愁何在，漫卷诗书喜欲狂。

白日放歌须纵酒，青春作伴好还乡。

即从巴峡穿巫峡，便下襄阳向洛阳。

唐代宗广德元年，唐军在洛阳附近大胜叛军，收复河南河北，消息传来以后，流落在四川的杜甫写下此诗，表达了“喜欲狂”的心情。“喜欲狂”三字成为这首诗的“诗眼”。他先是喜极而泪，然后是“漫卷诗书”，都是写实。这时的杜甫已52岁，“白首”点出头发都白了，垂垂老矣，但想到“青春作伴好还乡”，他却要“放歌”、“纵酒”，这不是一种狂态吗？他心潮澎湃，直如长江洪流，奔腾而下，“即从巴峡穿巫峡，便下襄阳向洛阳”，急欲水陆兼程，倏忽之间，回到家乡，这在当时的交通条件下，不是一种狂想吗？

积极浪漫主义是李白创作的主要风格，体现为奇变的特点。但他也写过《丁都护歌》这样的现实主义杰作：“吴牛喘月时，拖船一何苦。水浊不可饮，壶浆半成土。”表达了对于船工运石劳动的同情。就在一首诗里，他也是奇正参伍，使浪漫的想象和现实的感受结合起来。著名诗篇《梦游天姥吟留别》，是李白遭受权贵排斥南下吴越时写的一首留别诗，向友人倾诉自己的抑郁心情。诗歌以主要篇幅描绘梦境，刻画出天姥山的奇丽景象，隐喻自己追求光明的愿望，表现出奇特的构思和丰富的想象力；诗的最后则由幻想的惊悸中回归现实，发出深沉的感叹：“别君去兮何时还，且放白鹿青崖间，须行即骑访名山。安能摧眉折腰事权贵，使我不得开心颜。”这几句变奇为正，拨亮了全诗的主题。原来作者对于名山仙境的向往，是出于对权贵的抗争。他那不肯谄媚附势，屈膝求荣的傲岸品格，便在奇正相生中得到了突出的表现。

辛弃疾在自己的词作中也常写梦境以抒发自己报国无门的思想感情。例如：

破阵子·为陈同甫赋壮词以寄

醉里挑灯看剑，梦回吹角连营。八百里分麾下炙，五十弦翻塞外声。沙场秋点兵。

马作的卢飞快，弓如霹雳弦惊。了却君王天下事，赢得生前身后名。可怜白发生。

梦境是虚幻的，当然是一种浪漫的想象。但作者“梦回”的，却是自己青年时代的战斗生活。辛弃疾1161年在家乡济南参加农民抗金起义军，第二年率部归向南宋，到这时已经十多年了。现在终于回到了那魂牵梦萦的军营，听到从各个营垒响起的阵阵号角刺破深沉的夜空，他那亲切的感受，激动的心情，自是不待言的。于是吩咐犒赏广大的士兵，军营里飘散着烤牛肉的香味，奏起了边塞的乐曲，到处洋溢着欢乐征战的气氛。在那平沙旷野之上，军旗漫卷，军伍齐列，战马并足，刀戟如林，大好的秋天，正是用兵的时候，而这一天终于盼来了。当作者横枪跃马，检阅军队的时候，人们可以想见他那内心的喜悦了。作者描绘的梦境，依据的是作者过往生活的回忆，虽然带有理想的成分，但又具有写实的内容，整首词的构局奇特。起句“醉里挑灯看剑”，写现实的苦闷，立即转如梦境，描绘出一幅幅雄壮豪迈、激动人心的战斗图景，并踏着自己的感情石阶，升到了大张民族正气的理想境界；结句“可怜白发生”，又回到现实的苦闷中来。现实的苦闷包孕着不能实现的理想，而在理想的激励下，现实的苦闷又被映衬得更加浓重，这样，就把现实和理想的矛盾表现得十分突出。这首词正是从这种奇正变化中焕发出它的艺术光华。

古人有云，“正而无奇，则守将也；奇而无正，则斗将也。”写作中的“执正以驭奇”，就是在写实的基础上，兼容并蓄不同倾向的词采文风，融进奇特的想象和构思，做到刚柔并济，奇正相生。哪怕是极平实的文字，倘有一段流光溢彩，人们也就不以平常相看。这种惊人之句，并不一定是在语言上刻意求奇，而是说恰到好处，为人所想道而不能道者，便可以说是新奇了。

这样的奇正变化在媒体写作中无疑也可以借鉴运用。媒体写作有一定模式，这是正；但又要不拘模式，尽可能变化求新，这就是奇。拿会议新闻来说，我们总是一种写法：什么时间开什么会，哪些领导人参加了，然后是“会议指出”、“会议认为”、“会议强调”等等，成了一套刻板的“会议八股”，是应该思变求新了！下面这个文例：《周口店“北京人”遗址环境亟待改善》，你能想象也是会议新闻的一种写法吗?

“当游人在丢弃了杂物的‘北京人’的故乡胡作非为的时候，考古工作者仍在寻找下落不明的5个头盖骨。这些头盖骨是20世纪人类学方面最伟大的发现之一。

“人们认为，这些传奇般的洞穴人——‘北京猿人’在60万年前生活在太行山的这片草木茂盛的丘陵地带，这里位于北京西南50公里。

“当地的‘北京人’展览馆里的绘画把这一物种描绘得身材矮小（高约1.56米），有一双忧郁的眼睛，长嘴巴，蓬松的毛发，像猿一样的弯着腰。

“第一个头盖骨是60年前出土。另外4个是1937年抗日战争爆发前发现的，但此后美国资助的这项研究工作停顿了下来。

“从那以后，这5个头盖骨都失踪了。它们的下落成为本月早些时候在北京举行的一次国际会议的热门话题。

“目前尚存的只有另一个‘北京人’头盖骨。这个头盖骨是1966年发现的，目前锁在北京中国科学院的保险柜里。这些头盖骨的下落并不是围绕‘北京人’发生的唯一的问题。

“周口店公园是北京居民举行野餐的好去处。那里不仅有展览馆，还有一大片森林、发掘头盖骨时留下的35米深的大坑，和据说是‘北京人’居住过的山洞。

“但是，游人的乱刻乱划损坏了发掘的石灰岩，而且遍地都是丢弃的杂物。最近一名游客发现地上有许多软饮料塑料瓶和中学生笔记本上撕下的纸。

“在专家们反映周口店‘北京人’发掘坑附近一家大石灰厂造成的噪音和烟雾污染问题以后，北京市政府于去年2月1日实施了一系列规章制度，以保护‘北京人’遗址不受污染。”

这是法新社对北京举行的关于周口店“北京人”问题的一次人类学国际会议的报道。它的信息空间已从会内延伸到了会外，并把它和人们的实际生活联系了起来，所以读起来一点不枯燥。一些政务性、专业性、学术性会议，广大读者不感兴趣，法新社记者便不着眼于会议的形式，而是从内容出发，从会议中找到一个公众关注，又为公众理解的问题，作为自己的写作目标。他把主要精力放在会外的观察和采访，联系相关的事实与背景，做出上述充分的报道，只在适当地方穿插交代会议的议题、时间和地点。这一由会内写到会外的会议新闻，内容上贴近人民的生活，有深厚的社会底蕴，信息量更为丰富，并易为公众所接受；形式上可以形成写作的特点，不落窠臼。这就是执正以驭奇的美学效果。

后记

《更上层楼：媒体写作与古典诗词》是用于新闻专业，乃至高校通才教育的一本交叉性内容的选修教材。书中上编的内容取材于媒体现象和教学体会，不是人云亦云的知识重复，也不是语言生涩的“理论”造作，它的主要特点是：实践、实用、实力，即从实践中提出理论，服务实用，以提高青年学子的专业实力为目的。书中的“新闻定义的再认识”、“新闻价值体系的逻辑分析”和“适用于媒体写作的美学标准”等文，针对性强，尝试在理论上有所突破，请读者比较研究。鉴于媒体写作的国际趋同性，本书结合普利策新闻奖的获奖作品，对于新闻专业的基本功，进行了专题的分析；下编与中国古典诗词的写作艺术相交叉，从新闻写作的需要出发，分析了古典诗词一百多首，但不同于一般的诗词赏析，而是汲取我国传统文化中的艺术营养，充实当今新闻学子的知识结构，进一步打好新闻写作的基础，以展现我国新闻文化的民族特色。

作为一名新华社老记者和新闻教育工作者，作者认为，基于新闻专业的知识多元化和能力型特点，新闻院系应该多开选修课目，教师无需多讲，引导学生自学，多看书，多讨论。本书力求理论与实际相结合，相信容易被看下去，学生买回去阅读，教师只需要组织几次讨论，集中各自的体会和心得，既开发了创造性思维，又参与了间接性实践，收获便能真正属于自己。美国哥伦比亚大学新闻学院的选修课目达到几百门之多，正是这些来自不同方面的溪流活水汇成了新闻教学园地的一片沃土，很值得我们借鉴。

这本书是一个尝试。在新闻学院打印书稿时，几个研究生在翻看中表达了他们的兴趣，一个女生送我出去，一送再送，她那求知的神情，让我浮想联翩。我们的新闻教学，乃至整个的教育思想、体制、课程设置和教学方法，也实在需要一个大写的“改变”了。

本书的出版，正逢出版界转型改制的困难时期，广东教育出版社领导给予了无条件支持，并提出了很中肯的意见，我很感动。在此谨向钱永红、黄红丽同志，还有我的责任编辑王亮同志表达最诚挚的谢意。

姚里军

2010 年 6 月于华中科技大学